학생부터 성인까지
온 가족 영단어 지침서

단어와 풍부한 예문들

무한지존
영단어
VOCA

영어학습연구회 / 정희영 감수

도서출판 예가

a preface

문법도 그 나라말의 구조를 이해하기 위해서는 필수적인 사항이지만, 우선은 어린아이가 단어를 하나하나 익혀가듯이 외국어도 단어를 통해 익혀나가는 것이다. 이런 점에 있어서 단어의 숙지는 매우 중요한 외국어 학습 과정의 하나라고 생각하며 기본적으로 의사소통을 하기 위한 어휘를 갖고 있어야 하는 것은 당연한 일이다.

첫걸음을 떼고 어느 정도 영어 어법을 익힌 학습자라면 누구나 다 회화나 작문을 원하게 된다. 그러나 어휘 실력의 부족 등으로 인해 쉽사리 영어를 표현할 수 없다는 것에 한계를 느끼게 된다.

물론 모든 어휘를 하루아침에 습득한다는 것은 불가능하다. 그러나 체계적으로 학습한다면 빠른 시일내에 어휘 실력을 향상시킬 수 있으므로 언제나 즐거운 마음을 갖고 꾸준히 노력하는게 가장 좋은 방법이다.

끝으로 이 책은 언제 어디서든 항상 휴대할 수 있도록 포켓북 사이즈로 만들었으며 쉽게 찾아볼 수 있도록 사전형식으로 꾸며져 있다.

이책의 특징

❶ 단어와 예문을 한 번에
자신이 원하는 단어를 곧바로 찾을 수 있도록 사전형식으로 꾸몄으며 단어와 예문을 동시에 볼 수 있는 실용서이다.

❷ 정확한 한글발음 표기
모든 영단어는 네이티브처럼 발음 할 수 있도록 한글표기와 악센트에 중점을 두어 표기하였으며 영어를 모르더라도 누구나 쉽게 읽을 수 있도록 하였다.

❸ 활용빈도가 높은 예문
모든 단어에는 짧은 예문을 두어 영어회화나 작문에 곧바로 쓸 수 있도록 하였다.

❹ 휴대하기 편한 포켓북
가방에 쏙 들어가는 포켓북 사이즈로 제작하여 언제 어디서나 들고 다니면서 항상 찾아볼 수 있도록 하였다.

Contents

A	6		**N**	295
B	40		**O**	306
C	64		**P**	318
D	116		**Q**	363
E	146		**R**	365
F	171		**S**	397
G	194		**T**	453
H	208		**U**	473
I	223		**V**	482
J	244		**W**	487
K	249		**Y**	500
L	253		**Z**	501
M	271			

A

abandon ■0001
[əbǽndən] 어밴던

타 버리다, 버려두다, 포기하다

Don't abandon hope.
희망을 포기하지 말라.

abbey ■0002
[ǽbi] 애비

명 수도원, 사원, 성당

He was buried in Westminster Abbey.
그는 웨스트민스터 성당에 안장되었다.

abide ■0003
[əbáid] 어바이드

타 자 남다, 살다, 머무르다

You'll have to abide by the rules of the club.
당신은 클럽의 규칙을 따라야 할 것이다.

ability ■0004
[əbíləti] 어빌리티

명 능력, 수완, 할 수 있음, 재능

Show me your ability.
당신의 능력을 보여주세요.

abject ■0005
[ǽbdʒekt] 앱젝트

형 비천한, 비굴한, 처참한

Most of her life was spent in abject poverty.
그녀의 대부분의 생애는 아주 가난했다.

able ■0006
[éibl] 에이블

형 ~할 수 있는, 유능한

He will be able to come tomorrow.
그는 내일 올 것이다.

abnormal ■0007
[æbnɔ́ːrməl] 애브노-멀

형 비정상의, 예외의, 변태적인

They thought his behaviour was abnormal.
그들은 그의 행동을 비정상적이라고 생각했다.

a

aboard
[əbɔ́ːrd] 어보-드 ■ 0008

🔹 배에, 차내에, ~에 타고

Welcome aboard.
어서 오십시오.(승선, 탑승시)

abolish
[əbáliʃ] 어발리쉬 ■ 0009

🔹 (제도, 법률 등을) 폐지하다

This rule should be abolished.
이 규칙은 폐지되어야 한다.

abound
[əbáund] 어바운드 ■ 0010

🔹 많이 있다, 충만하다

This lake abounds with fish.
그 호수에는 물고기가 풍부하다.

about
[əbáut] 어바우트 ■ 0011

🔹 ~에 대하여 🔹 대략~, 거의

We used to sing songs about him.
우리는 그에 대한 노래를 부르곤 했다.

above
[əbʌ́v] 어버브 ■ 0012

🔹 ~보다 위에 🔹 위로, ~이상

Mt. Seorak was above the clouds.
설악산은 구름 위에 솟아 있었다.

abroad
[əbrɔ́ːd] 어버로드 ■ 0013

🔹 국외로, 널리, 해외로

I want to go abroad to study sometime later.
언젠가는 해외로 유학가고 싶다.

absence
[ǽbsəns] 앱선스 ■ 0014

🔹 부재, 출타, 결석, 결근

He came during my absence.
그는 내가 없을 때에 왔다.

A

absent ■ 0015
[ǽbsənt] 앱선트

형 부재의, 결근의 타 결석하다

I was absent last week.
나는 지난주 결석했다.

absolute ■ 0016
[ǽbsəlù:t] 앱설루-트

형 절대의, 완전무결한 명 절대적인 것

God is the absolute being.
신은 절대적 존재이다.

absolve ■ 0017
[æbzálv] 업절브

타 방면하다, 무죄를 언도하다

We should not absolve him from legal responsibility.
그를 법적인 책임에서 벗어나게 해서는 안 된다.

absorb ■ 0018
[əbsɔ́ːrb] 업소-브

타 흡수하다, 병합하다

The bumper absorbs shock on impact.
범퍼는 충돌 때 충격을 흡수한다.

abstain ■ 0019
[əbstéin] 업스테인

동 삼가다, 그만두다, 기권하다

He took a vow to abstain from alcohol.
그는 술을 끊기로 서약했다.

abstract ■ 0020
[æbstrǽkt] 앱스트랙트

형 추상적인 타 추상하다

That is a very abstract idea.
정말 추상적인 생각이에요.

abundance ■ 0021
[əbʌ́ndəns] 어번던스

명 풍부, 다수, 다량, 윤택

We had food in abundance.
우리에게는 식량이 풍부 했다.

a

abuse
[əbjúːs] 어뷰-스
■ 0022
명 남용, 악용 타 남용하다

Sometimes, people abuse others without any reason.
가끔씩 사람들은 아무런 이유도 없이 다른 사람을 욕한다.

academic
[ækədémik] 애커데믹
■ 0023
형 학원의, 대학의, 학문의

She has an excellent academic record.
그녀는 학과 성적이 우수하다.

academy
[əkǽdəmi] 어캐더미
■ 0024
명 예술원, 전문학교, 학원, 학회

He left the Academy to become a teacher.
그는 선생님이 되기 위해서 아카데미를 떠났다.

accent
[ǽksent] 액센트
■ 0025
명 악센트 타 악센트를 붙이다

She spoke English with an accent.
그녀는 악센트가 섞인 영어를 썼다.

accept
[æksépt] 액셉트
■ 0026
타 수락하다, 받아들이다

I can't accept the payment.
돈은 못 받겠어요.

access
[ǽkses] 액세스
■ 0027
명 접근, 면접, 입구

No access for unauthorized personnel.
관계자 외 출입 금지

accessary
[æksésəri] 액세서리
■ 0028
명 부속물, 부대물(=accessory)

On which floor can I buy some accessaries?
악세사리는 몇 층에서 살 수 있습니까?

A

accident ■0029
[ǽksədənt] 액시던트

명 재난, 고장, 사고

There was a car accident yesterday.
어제 차 사고가 있었다.

accidental ■0030
[æ̀ksədéntl] 액시덴틀

형 우연의, 우발적인, 뜻밖의

Our meeting was quite accidental.
우리가 만난 것은 순전히 우연이었다.

accommodate ■0031
[əkámədèit] 어카머데이트

타 편의를 봐주다, 숙박시키다

They accommodated easily to the new conditions.
그들은 새로운 상황에 쉽게 적응했다.

accompany ■0032
[əkʌ́mpəni] 어컴퍼니

타 동반하다 ~와 함께 가다

Thunder accompanies lightning.
번개가 치면 천둥이 뒤따른다.

accord ■0033
[əkɔ́ːrd] 어코-드

자 일치하다, 조화하다 명 일치

We are in complete accord with each other.
우리는 서로 의견이 완전히 일치한다.

according ■0034
[əkɔ́ːrdiŋ] 어코-딩

부 ~에 따라서, 응해서

According to the survey, woman lives longer than man.
설문 조사에 따르면 여자가 남자보다 오래 산다.

account ■0035
[əkáunt] 어카운트

명 설명, 거래, 계산 자 타 ~라고 생각하다

Have you opened a savings Account?
저축 계좌 열었어요?

a

accountable
[əkáuntəbl] 어카운터벌 ■0036

형 책임이 있는, 설명할 수 있는

Politicians must be accountable for their actions.
정치가는 자기 행동에 대한 책임을 져야 한다.

accountant
[əkáuntənt] 어카운턴트 ■0037

명 회계원, 공인회계사

I'm an accountant.
저는 회계사입니다.

accurate
[ǽkjurət] 애켜리트 ■0038

형 정확한, 정밀한, 빈틈없는

This data is accurate.
이 데이터는 정확하다.

accuse
[əkjúz] 어큐-즈 ■0039

타 고발하다, 나무라다, 고소하다

He was accused of murder.
그는 살인죄로 기소 당했다.

accustom
[əkʌ́stəm] 어커스텀 ■0040

타 습관 들이다, 익히다

I was not accustomed to such a practice.
나는 그러한 습관에 익숙하지 않았다.

ache
[éik] 에이크 ■0041

자 아프다, 쑤시다 **명** 아픔

The fever caused her body to ache.
열 때문에 그녀는 온몸이 아팠다

achieve
[ətʃíːv] 어취-브 ■0042

타 성취하다, 완수하다, 이루다

I will try my best to achieve my goal next year.
내년에는 내 목표를 이루기 위해 최선을 다할 것이다.

A

achievement ■0043
[ətʃíːvmənt] 어취-브먼트

명 달성, 성취, 성공, 업적

We have to recognize his achievements as well.
우리는 그의 업적도 인정해야 한다.

acid ■0044
[ǽsid] 애시드

형 신, 신맛의, 산성의 **명** 산(酸)

Metals are easily corroded by acids.
금속은 산에 의해서 쉽게 부식된다.

acknowledge ■0045
[æknɑ́lidʒ] 액날리쥐

타 인정하다, 알리다, 감사하다

He did not acknowledge having been defeated.
그는 자기의 패배를 인정하지 않았다.

acquire ■0046
[əkwáiər] 어콰이어

타 얻다, 습득하다, 획득하다

I need to acquire information.
정보를 얻는 것이 필요하다.

acre ■0047
[éikər] 에이커

명 에이커(약 4046.8㎡)

The tractor plowed up an acre of the field.
트랙터가 1에이커의 밭을 갈아엎었다.

across ■0048
[əkrɔ́ːs] 어코로-스

전 ~을 가로질러 **부** 맞은편에

He walked across the street.
그는 길을 걸어서 횡단했다.

act ■0049
[ǽkt] 액트

명 행위, 소행, 짓 **자** 행동하다

You have to act.
행동을 취해야 해.

a

acting ■ 0050
[ǽktiŋ] 액팅

형 대리의, 임시의 명 공연, 연기

He's been acting fidgety since morning.
그는 아침부터 안절부절 못하고 있다.

action ■ 0051
[ǽkʃən] 액션

명 활동, 작용, 행위, 몸짓

We must take an immediate action.
즉각적인 조치를 취해야만 한다.

active ■ 0052
[ǽktiv] 액티브

형 활동적인, 활발한, 활기 있는

A boy is more active than a girl.
남자아이는 여자아이보다 활발하다.

activity ■ 0053
[æktívəti] 액티비티

명 활발, 활약, 활동, 활기

I'm heavily involved in extracurricular activities.
과외 활동도 상당히 많이 하고 있다.

actor ■ 0054
[ǽktər] 액터

명 남자 배우, 배우, 행위자

That actor is very handsome.
저 배우는 정말 멋지다.

actress ■ 0055
[ǽktris] 액트리스

명 여배우

She is the most beautiful actress I've ever seen.
그녀는 내가 본 가장 예쁜 여배우야.

actual ■ 0056
[ǽktʃuəl] 액츄얼

형 현실의, 사실상의, 현재의

The actual is often contradictory to the ideal.
현실과 이상은 종종 모순된다.

A

actually
[ǽktʃuəli] 액츄얼리 ■ 0057

분 현실로, 지금, 실제로

Actually, he doesn't like you.
사실, 그는 너를 좋아하지 않아.

adapt
[ədǽpt] 어댑트 ■ 0058

타 적응(적합)시키다, 고쳐 쓰다

She had to adapt herself to local conditions.
그녀는 현지 상황에 적응해야만 했다.

add
[æd] 애드 ■ 0059

타 자 더하다, 추가하다, 가산하다

If we add 7 to 3, we will get 10.
3에 7을 더하면 10이 된다.

addition
[ədíʃən] 어디션 ■ 0060

명 부가, 추가, 덧셈

He speaks German in addition to English.
그는 영어 이외에 독일어를 할 수 있다.

additional
[ədíʃənl] 어디셔널 ■ 0061

형 부가의, 추가의, 특별의 명 부가물

These measures should serve as additional boosts to growth.
이러한 조치는 성장을 한층 더 부양시킬 것이다.

address
[ədrés] 어드레스 ■ 0062

명 연설, 답사, 주소 동 말을 걸다

Write down your address and number.
당신의 번호와 주소를 적으세요.

adequate
[ǽdikwət] 애디퀴트 ■ 0063

형 적당한, 충분한, 알맞은

The food was adequate for all of us.
음식은 우리 모두에게 충분했다.

adhere
[ædhíər] 애드히어
- 0064
자 달라붙다, 집착(고집)하다

These tiles are not properly adhered to the wall.
이 타일들은 벽에 제대로 부착되지 않았다.

adjust
[ədʒʌ́st] 엇져스트
- 0065
자 타 맞추다, 조정하다

It took her a while to adjust to living alone.
그녀는 혼자 사는 것에 적응하는 데 한참이 걸렸다.

adjustment
[ədʒʌ́stmənt] 엇져스트먼트
- 0066
명 조정, 조절, 적응

Sometimes you have to make adjustments.
당신은 때로는 타협도 해야만 한다.

administer
[ædmínistər] 어드미니스터
- 0067
타 경영하다, 관리하다

They administer drugs every day.
그들은 매일 약을 투여했다.

admire
[ædmáiər] 어드마이어
- 0068
타 감탄(탄복)하다, 찬미하다

He admired her beauty.
그는 그녀의 아름다움에 감탄했다.

admission
[ædmíʃən] 애드미션
- 0069
명 입장, 입회, 입학, 가입

They were refused admission.
그들은 입장을 거부당했다.

admit
[ædmít] 애드미트
- 0070
자 타 허락하다, 들이다, 인정하다

They finally had to admit defeat.
그들은 마침내 패배를 인정해야 했다.

A

adopt ■ 0071
[ədápt] 어답트

타 채택하다, 양자로 삼다

We couldn't adopt a child.
우리는 아이를 입양할 수 없었다.

adult ■ 0072
[ədʌ́lt] 어멀트

명 어른, 성인 형 어른의, 성인의

We charge $ 5 for an adult.
성인 한 명당 5달러입니다.

advance ■ 0073
[ædvǽns] 어드밴스

자 타 전진시키다, 선불(선금)을 주다, 나아가다

She asked for an advance on her salary.
그녀는 월급을 가불해 달라고 부탁했다.

advanced ■ 0074
[ædvǽnst] 어드밴스트

형 전진한, 앞선, 진보한

England is an advanced industrial country.
영국은 공업발달 국가이다.

advantage ■ 0075
[ædvǽntidʒ] 어드밴티쥐

명 유리, 편의, 우월, 장점

What is the biggest advantage of this?
이것의 가장 큰 장점은 무엇인가?

adventure ■ 0076
[ædvéntʃər] 어드벤처

명 모험, 모험담, 희한한 경험

Are you ready for an adventure?
모험을 떠날 준비 됐어?

advertise ■ 0077
[ǽdvərtàiz] 애드버타이즈

자 타 광고하다, 공시하다

This is a good chance to advertise your company.
이것은 당신의 회사를 선전 할 좋은 기회입니다.

advertisement
[ǽdvərtáizmənt] 애드버타이즈먼트 — 0078

명 광고, 선전

He put an advertisement in newspaper.
그들은 신문에 광고를 냈다.

advice
[ædváis] 어드바이스 — 0079

명 충고, 조언, 권고, 통지

Can you give me some advice?
나에게 충고를 해줄 수 있겠니?

advise
[ædváiz] 어드바이즈 — 0080

타 자 충고하다, 권하다, 조언하다

He adivsed me on this matter.
이 일에 관해서 그가 충고해 주었다.

advocate
[ǽdvəkit] 애드버키트 — 0081

타 옹호하다, 주장하다 **명** 변론자, 변호사

She advocated our withdrawing from the contest.
그녀는 우리가 경쟁에서 손을 떼야 한다고 주장했다.

affair
[əfɛ́ər] 어페어 — 0082

명 사건, 일, 문제, 사무

I don't want to be involved with this kind of affair.
저는 이런 사건에는 관련되고 싶지 않아요.

affect
[əfékt] 어펙트 — 0083

타 영향을 미치다, 감동시키다

The climate affected his health.
기후가 그의 건강에 영향을 줬다.

affection
[əfékʃən] 어펙션 — 0084

명 애정, 사랑, 감동, 영향

The motherless children starve for affection.
어머니가 없는 아이들은 애정에 굶주려 있다.

A

afford
[əfɔ́ːrd] 어포-드 ■ 0085

타 ~의 여유가 있다, 산출하다

We cannot afford to buy a new house.
우리는 새 집을 장만할 여유가 없다.

afraid
[əfréid] 어프레이드 ■ 0086

형 두려워하는, 걱정하는

She is really afraid of snakes.
그녀는 뱀을 몹시 무서워한다.

after
[ǽftər] 애프터 ■ 0087

부 뒤에, 나중에 전 ~의 뒤에

Spring comes after winter.
겨울이 지나면 봄이 온다.

afternoon
[æftərnúːn] 앱터누운 ■ 0088

명 오후 형 오후의

It is a beautiful afternoon, isn't it?
아름다운 오후네요, 그렇지 않나요?

afterward
[ǽftərwərd] 앱터워드 ■ 0089

부 뒤에, 나중에, 그 후, 이후

Could you come back afterward?
나중에 다시 올 수 있나요?

again
[əgén] 어겐 ■ 0090

부 다시, 또, 한번 더

It's nice to see you again.
당신을 다시 만나다니 반갑네요.

against
[əgénst] 어겐스트 ■ 0091

전 ~에 반대하여, 거슬러

He swam against the stream.
그는 강을 거슬러 헤엄 쳤다.

a

age
[éidʒ] 에이쥐
■ 0092

명 나이, 연령, 시대

He came to Korea at the age of five.
그는 다섯 살 때에 한국에 왔다.

aged
[éidʒd] 에이쥐드
■ 0093

형 ~살의, 노령의, 늙은, 오래된

You haven't aged a bit.
당신은 조금도 늙지 않았군요.

agency
[éidʒənsi] 에이전시
■ 0094

명 대리점, 대리, 작용

I am working part-time in an employment agency.
나는 직업소개소에서 임시직으로 일하고 있다.

agent
[éidʒənt] 에이전트
■ 0095

명 대리인, 특약점, 지배인

I think I need to check with my agent.
에이전트와 확인을 좀 해봐야겠습니다.

aggressive
[əgrésiv] 어그레시브
■ 0096

형 침략적인, 공세의

They got much more aggressive and active.
그들은 더욱 적극적이고 활동적이 되었습니다.

ago
[əgóu] 어고우
■ 0097

부 (지금부터) ~전에, 이전에

I saw him five minutes ago.
나는 그를 5분 전에 보았다.

agonize
[ǽgənàiz] 애거나이즈
■ 0098

타 자 괴로워하다, 괴롭히다

She agonized over a decision.
그녀는 결정을 두고 고심했다.

A

agree
[əgríː] 어그리-
- 0099
㉠ 동의하다, 승낙하다, 응하다

She agreed to go there.
그녀는 거기에 가는 것을 동의했다.

agreement
[əgríːmənt] 어그리-먼트
- 0100
명 협정, 계약, 일치, 호응

They reached a full agreement on all points.
그들은 모든 점에서 완전한 합의에 이르렀다.

agricultural
[æ̀grikʌ́ltʃər] 애그리컬처럴
- 0101
형 농업의, 농학의, 농작의

She's studying agricultural science.
그녀는 농학을 전공한다.

agriculture
[ǽgrikʌ̀ltʃər] 애그리컬처
- 0102
명 농업, 농예, 농학

Most of the inhabitants are occupied with agriculture.
주민의 다수는 농업에 종사하고 있다.

ahead
[əhéd] 어헤드
- 0103
부 전방에, 앞으로, 앞서서

Go ahead and, open it.
어서, 열어 봐.

aid
[éid] 에이드
- 0104
타 돕다, 거들다, 조성하다 **명** 원조

There are people who need financial aid.
재정적 도움이 필요한 사람들이 있다.

aim
[éim] 에임
- 0105
타 **자** 겨누다, 목표삼다 **명** 겨냥

She was aiming for a promotion.
그녀는 승진을 목표로 하고 있었다.

air
[ɛər] 에어 ■ 0106

명 공기, 공간 타 자 공기를 쏘이다

We can't live without air.
우리는 공기 없이는 살 수 없다.

airplane
[ɛərplèin] 에어플레인 ■ 0107

명 비행기 자 비행기로 가다

The airplane arrived at one o'clock.
그 비행기는 1시에 도착했다.

airport
[ɛərpɔ̀ːrt] 에어포-트 ■ 0108

명 공항

See you at the airport.
공항에서 만나자.

alarm
[əlάːrm] 얼라-암 ■ 0109

명 경보, 놀람 타 경보를 울리다

I don't know how to set an alarm on my cell phone.
나는 휴대폰에 알림 장치 설정을 어떻게 하는지 모른다.

album
[ǽlbəm] 앨범 ■ 0110

명 앨범, 사진첩, 방문객 명부

I got an old album.
나는 오래된 앨범이 있다.

alcohol
[ǽlkəhɔ̀(ː)l] 앨커호-올 ■ 0111

명 알콜, 주정, 술

He drove under the influence of alcohol.
그는 술에 취한 상태로 운전했다.

alcoholic
[ǽlkəhɔ́(ː)lik] 앨커홀릭 ■ 0112

형 알콜성의, 알콜이 든, 알콜 중독의

Her dad is an alcoholic.
그녀의 아버지는 알코올 중독자이다.

alert
■ 0113

[ələ́ːrt] 얼러-트

[형] 빈틈없는, 민첩한 [명] 공습경보

We must alert the public to the danger of skin cancer.
사람들에게 피부암의 위험성을 경고해야 한다.

alien
■ 0114

[éiljən] 에일리언

[형] 외국의, 성질이 다른 [명] 외국인

I've always wanted to meet an alien.
나는 언제나 외계인을 만나고 싶었다.

alive
■ 0115

[əláiv] 얼라이브

[형] 살아 있는, 활발한

The fish is alive.
그 고기는 살아 있다.

all
■ 0116

[ɔːl] 오-올

[형] 모든, 전부의, 전체의

All men are equal before the law.
법 앞에서는 만인이 평등하다.

allege
■ 0117

[əlédʒ] 얼레쥐

[타] 주장하다, 혐의를 제기하다

She was alleged to have stolen the money.
그녀가 그 돈을 훔친 것으로 추정되었다.

alliance
■ 0118

[əláiəns] 얼라이언스

[명] 결연, 조합, 관계, 동맹

An alliance demands fidelity on both sides.
동맹 관계란 양측의 믿음을 요구한다.

allocate
■ 0119

[ǽləkèit] 앨러케이트

[타] 할당하다, 배치하다

That is not a matter of allocating it.
그것은 분배의 문제가 아니다.

allow
[əláu] 얼라우

🔵 허락하다, 인정하다, 허가하다

I can't allow that to happen again.
다시 그런일이 일어나게 할 수는 없다.

allowance
[əláuəns] 얼라우언스

🔵 수당, 급여액

My parents give me a monthly allowance of $200.
우리 부모님은 나에게 한 달 용돈 200달러를 주신다.

ally
[əlái] 얼라이

🔵 동맹하다, 결연을 맺다

He succeeded in being allied to Japan and China.
그는 일본, 중국을 동맹국으로 만드는데 성공했다.

almost
[ɔ́ːlmoust] 오-올모우스트

🔵 거의, 거반, 대부분

He is almost always at home.
그는 거의 언제나 집에 있다.

alone
[əlóun] 얼로운

🔵 홀로, 혼자 🔵 단독으로, 다만

He was alone in the room.
그는 방에 혼자 있었다.

along
[əlɔ́ːŋ] 얼로-옹

🔵 ~을 따라(끼고) 🔵 따라서

The road runs along the river.
그 길은 강을 따라서 나 있다.

alongside
[əlɔ́ːŋsàid] 얼로-옹사이드

🔵 ~의 곁에 🔵 곁에, 나란히

He drew alongside of our car.
그는 차를 우리 차 옆에 나란히 댔다.

A

aloud
[əláud] 얼라우드
■ 0127
🔹 큰 소리로, 소리를 내어

Speak it aloud.
큰 소리 내서 말해봐.

alphabet
[ǽlfəbèt] 앨퍼벳
■ 0128
🔹 알파벳, 초보, 자모

'A' is the first letter of English alphabet.
A는 영어의 첫째 글자이다.

also
[ɔ́ːlsou] 오-올소우
■ 0129
🔹 또한, 역시, 똑같이

She also gave me money.
그녀는 나에게 돈도 주었다.

alter
[ɔ́ːltər] 오-올터
■ 0130
🔹 🔹 바꾸다, 변경하다, 바뀌다

Prices may be altered without notice.
가격이 예고 없이 변경될 수도 있다.

alternative
[ɔːltə́ːrnətiv] 오-올터-너티브
■ 0131
🔹 양자택일 🔹 하나를 택해야 할

We don't have an alternative right now.
우린 지금 대안이 없다.

altogether
[ɔ̀ːltəgéðər] 오올터게더
■ 0132
🔹 아주, 전혀, 전부 🔹 전체

Speak it aloud altogether.
모두 크게 말하세요.

always
[ɔ́ːlweiz] 오-올웨이즈
■ 0133
🔹 항상, 언제나, 늘, 전부터

She is always busy.
그녀는 언제나 바쁘다.

a

amateur
[ǽmətʃùər] 애머추어

- 0134

명 아마추어 형 아마추어의

He was just an amateur.
그는 아마추어에 지나지 않았다.

amaze
[əméiz] 어메이즈

- 0135

타 자지러지다, 깜짝 놀라게 하다

He always amazes me.
그는 항상 나를 놀라게 한다.

ambition
[æmbíʃən] 앰비션

- 0136

명 야심, 대망, 큰 포부

He has no political ambition.
그는 정치적인 야망이 없다.

ambulance
[ǽmbjuləns] 앰뷸런스

- 0137

명 야전병원, 구급차

I called an ambulance for you.
너를 위해서 구급차를 불렀어.

amendment
[əméndmənt] 어멘드먼트

- 0138

명 개정, 수정(안), 개심

The bill was tacked on as an amendment.
그 법안은 수정안으로 부가되었다.

American
[əmérikən] 어메리컨

- 0139

형 아메리카의, 미국의 명 미국인

My American boyfriend thought me English.
미국인 남자친구가 영어를 가르쳐 주었다.

amount
[əmáunt] 어마운트

- 0140

자 (총계) ~이 되다, ~에 해당하다 명 총계, 총액

Is the tip included in the total amount?
총액 계산에 팁이 포함되어 있습니까?

A

amuse
[əmjúːz] 어뮤-즈
■ 0141
🗗 즐겁게 하다, 재미나게 하다

I was really amused with his stories.
그의 이야기 덕분에 아주 즐거웠어요.

analyze
[ǽnəlàiz] 애널라이즈
■ 0142
🗗 분해하다, 해석하다

We are analyzing the cause of failure.
우리는 실패의 원인을 분석하고 있습니다.

ancient
[éinʃənt] 에인션트
■ 0143
🗗 고대의, 옛날의 🗗 고대인

We went to the ancient temples.
우리는 고대 사원에 갔다.

angel
[éindʒəl] 에인절
■ 0144
🗗 천사, 천사같은 사람, 수호신

You look like an angel today.
오늘 천사 같구나!

anger
[ǽŋgər] 앵거
■ 0145
🗗 노여움, 성화 🗗 성나게 하다

He snarled out his anger.
그는 화가 나서 소리 질렀다.

angle
[ǽŋgl] 앵글
■ 0146
🗗 각도, 각 🗗 🗗 각을 이루다

The angle is not good.
각도가 안 좋아.

angry
[ǽŋgri] 앵그리
■ 0147
🗗 성난, 노한

He is angry with me.
그는 나에게 화가 나 있다.

0148
animal
[ǽnəməl] 애너멀

[명] 동물, 짐승 [형] 동물의

She doesn't like animals.
그녀는 동물을 좋아하지 않는다.

0149
ankle
[ǽŋkl] 앵클

[명] 발목, 복사뼈

I twisted my ankle yesterday.
어제 발목을 삐었어요.

0150
anniversary
[æ̀nəvə́ːrsəri] 애너버-서리

[명] 기념일 [형] 해마다의, 기념일의

It's our one month anniversary.
우리의 한달 기념일이에요.

0151
announce
[ənáuns] 어나운스

[타] 발표하다, 알리다

They will announce when the train arrives.
기차가 도착하면 방송이 나올 겁니다.

0152
annoy
[ənɔ́i] 어노이

[타] 괴롭히다, 귀찮게 굴다

It annoyed me to be kept waiting so long.
너무 오래 기다려야 해서 난 짜증이 났다.

0153
annual
[ǽnjuəl] 애뉴얼

[형] 예년의, 매해의, 일년에 걸친

The forecast assumes 5 percent annual growth to 2010.
이 전망에서는 2010년까지의 연간 성장을 5퍼센트로 가정했다.

0154
another
[ənʌ́ðər] 어너더

[형] 다른, 또 하나의 [대] 또 하나

Show me another watch, please.
다른 시계를 보여 주세요.

A

answer ■ 0155
[ǽnsər] 앤서

타 자 (물음에) 대답하다 명 대답

Please answer my question.
내 질문에 대답하세요.

anticipate ■ 0156
[æntísəpèit] 앤티서페이트

타 예상하다, 미리 짐작하다, 내다보다

I anticipated that they would be late.
나는 그들이 늦을 것이라고 예상했다.

anxiety ■ 0157
[æŋzáiəti] 앵자이어티

명 근심, 걱정, 불안

Her face was clouded with anxiety.
그녀의 얼굴은 근심으로 그늘져 있었다.

anxious ■ 0158
[ǽŋkʃəs] 앵(크)셔스

형 염려하여, 걱정되는

His mother is very anxious about his future.
그의 어머니는 그의 장래에 관해 몹시 걱정하고 있다.

apart ■ 0159
[əpá:rt] 어파-트

부 떨어져서, 뿔뿔이, 따로

He tore the book apart.
그는 책을 갈기갈기 찢었다.

apartment ■ 0160
[əpá:rtmənt] 어파-트먼트

명 방, 아파트, 한 세대의 방

How's the new apartment?
새 아파트는 어때?

apologize ■ 0161
[əpálədʒàiz] 어파러쟈이즈

자 변명하다, 사죄하다

I would like to apologize for what I did.
제 행동에 대해 사과하고 싶어요.

apparent
[əpǽrənt] 어패런트

형 또렷한, 명백한

This story is apparent to everyone.
이 이야기는 누구에게나 분명하다.

appeal
[əpíːl] 어피-일

자 항소하다, 호소하다

They appealed to him for help.
그들은 그에게 도움을 요청했다.

appear
[əpíər] 어피어

자 나타나다, 나오다

It appeared that you lied to everyone.
네가 모두에게 거짓말 한 것 같았어.

appearance
[əpíərəns] 어피어런스

명 출현, 외관, 출장, 출두

He didn't care about his appearance.
그는 외모에 대해 신경을 쓰지 않았다.

appendix
[əpéndiks] 어펜딕스

명 부속물, 부록

Please refer to Appendix B.
부록 B를 참고하세요.

apple
[ǽpl] 애플

명 사과, 능금

The apple is a fruit which ripens in the fall.
사과는 가을에 익는 과일이다.

application
[æ̀plikéiʃən] 애플리케이션

명 적용, 응용, 지원, 출원

Should I fill out an application?
신청서를 작성해야 하나요?

A

apply ■ 0169
[əplái] 어플라이

타 자 적용하다, 쓰다, 적합하다

I applied for a full-time position.
정규직에 지원했어요.

appoint ■ 0170
[əpɔ́int] 어포인트

타 자 임명하다, 지정하다

They appointed her to the committee.
그들은 그녀를 위원회에 임명했다.

appointment ■ 0171
[əpɔ́intmənt] 어포인트먼트

명 임명, 관직, 지정, 약속

I have an appointment with my friend this afternoon.
오늘 오후에 친구와 약속이 있다.

appreciate ■ 0172
[əpríːʃièit] 어프리-쉬에이트

타 평가하다, 감정하다, 고마워하다

I appreciate you seeing me.
만나주셔서 감사해요.

approach ■ 0173
[əpróutʃ] 어프로우취

타 자 접근하다, ~에 다가오다

The angel approaches me.
그 천사는 나에게 가까이 왔다.

appropriate ■ 0174
[əpróuprit] 어프로-프리에이트

형 적당한, 특정의 타 사용하다

Jeans are not appropriate for a formal party.
청바지는 격식을 갖춘 파티에는 적절하지 않다.

approve ■ 0175
[əprúːv] 어프루-브

타 자 시인하다, 찬성하다

His credit card was not approved.
그의 신용카드가 승인되지 않았다.

approximate
[əpráksəmèit] 어프락서메이트 ■ 0176

타 자 접근하다, 가깝다 **형** 비슷한

His account approximated to the truth.
그의 이야기는 진실에 가까웠다.

April
[éiprəl] 에이프럴 ■ 0177

명 4월(약어 Apr.)

The troops are scheduled to go to Kirkuk in late April.
부대는 4월말 이라크 키르쿠크 지역으로 파병될 예정이다.

Arab
[ǽrəb] 애럽 ■ 0178

명 아랍사람 **형** 아라비아의

This is the way of mind-set peculiar to the Arab world.
이것은 아랍 세계 특유의 사고방식이다.

architect
[á:rkətèkt] 아-키텍트 ■ 0179

명 건축가, 건축기사

The architect is drawing up plans for a new building.
건축가가 새 빌딩 설계도를 그리고 있다.

area
[ɛ́əriə] 에어리어 ■ 0180

명 구역, 지역, 영역, 지방, 지대

I know the area.
나는 그 지역을 알고 있다.

argue
[á:rgju:] 아-규- ■ 0181

타 자 논의하다, 논하다, 주장하다

They began to argue over many things.
그들은 많은 문제에 대해서 논쟁하기 시작했다.

arise
[əráiz] 어라이즈 ■ 0182

자 나타나다, 일어나다, 생기다

Accidents arise from carelessness.
사고는 부주의에서 일어난다.

A

arm
[áːrm] 아-암 ■ 0183

명 팔, 권력, 무기, 병기

She has a baby in her arms.
그녀는 팔로 아기를 안고 있다.

army
[áːmi] 아-미 ■ 0184

명 육군, 군대, 큰 무리

Does the US Army is stronger than North Korean Army?
미국 군대가 북한 군대보다 강한가요?

arrange
[əréindʒ] 어레인쥐 ■ 0185

타 자 가지런히 하다, 정돈하다

She carefully arranged flowers.
그녀는 조심스럽게 꽃꽂이를 했다.

arrest
[ərést] 어레스트 ■ 0186

타 막다, 체포하다 명 체포, 억류

Police arrested him for murder.
경찰은 살인혐의로 그를 체포했다.

arrive
[əráiv] 어라이브 ■ 0187

자 도착하다, 닿다

The bus arrived at 1:00 p.m.
그 버스는 1시에 도착했다.

arrow
[ǽrou] 애로우 ■ 0188

명 화살, 화살표

It was Eros' arrow that stuck Helen.
헬렌을 쳤던 건 에로스의 화살이었다.

art
[áːrt] 아-트 ■ 0189

명 예술, 미술, 기능, 기술, 기예

Art remains forever.
예술은 영원히 남는다.

article
[ɑ́ːrtikl] 아-티클
■ 0190

명 물품, 논설, (문법) 관사

I enjoy reading articles about animals.
나는 동물에 관한 기사를 읽는 것을 좋아한다.

artificial
[àːrtəfíʃəl] 아-터피셜
■ 0191

형 인공의, 모조의, 인위적인

This food contains no artificial flavourings.
이 식품에는 인공 향료가 전혀 들어 있지 않다.

artist
[ɑ́ːrtist] 아-티스트
■ 0192

명 예술가, 화가

He is a great artist.
그는 위대한 예술가이다.

ashamed
[əʃéimd] 어쉐임드
■ 0193

형 수줍어하여, 부끄러운

I'm ashamed of you.
나는 네가 수치스러워.

aside
[əsáid] 어사이드
■ 0194

부 곁에, 옆에, 떨어져서

She stepped aside to let them pass.
그녀는 그들이 지나가도록 한쪽으로 비켜서 주었다.

ask
[ǽsk] 애스크
■ 0195

타 자 묻다, 물어보다, 질문하다

May I ask you a question?
한 가지 물어봐도 될까요?

asleep
[əslíːp] 어슬리-입
■ 0196

부 형 잠들어, 마비되어, 영면하여

He is asleep.
그는 자고 있다.

A

aspect
[æspekt] 애스펙트 ■ 0197

명 국면, 모습, 외관

They did not talk about its negative aspects.
그들은 부정적인 측면을 이야기하지 않았다.

assault
[əsɔ́ːlt] 어소-올트 ■ 0198

명 습격, 공격, 폭행

He was in jail for three years for assault.
그는 폭행죄로 3년형을 살았다.

assemble
[əsémbl] 어셈벌 ■ 0199

타 자 모으다, 소집하다, 조립하다

We were requested to assemble in the room.
우리는 방으로 모여 달라는 요청을 받았다.

assembly
[əsémbli] 어셈블리 ■ 0200

명 집합, 집회, 회의, 의회

The National Assembly usually opens in September.
국회는 보통 9월에 개원한다.

assert
[əsə́ːrt] 어서-트 ■ 0201

타 주장하다, 단언하다

He asserted his innocence.
그는 자기의 결백을 강력히 주장했다.

assist
[əsíst] 어시스트 ■ 0202

타 자 돕다, 거들다, 원조하다

I will do everything in my power to assist you.
힘이 닿는 한 무엇이든지 도와드리지요.

assume
[əsúːm] 어슈-움 ■ 0203

타 자 가정하다, 주제넘게 굴다

It is logical to assume that they will attend.
그들이 참석하리라고 추측하는 것은 논리적이다.

assure
[əʃúər] 어슈어
■ 0204

🈳 보증하다, 안심시키다

He assured us that it would be fine tomorrow.
그는 내일은 날씨가 좋을 것이라고 단언했다.

atom
[ǽtəm] 애텀
■ 0205

🈲 원자, 미분자, 극소량

The atoms bond together to form a molecule.
원자들이 함께 결합하여 분자를 형성한다.

attach
[ətǽtʃ] 어태취
■ 0206

🈳 붙이다, 달다, 첨부하다

A chain is attached to the wheel.
체인이 바퀴에 부착되어 있다.

attack
[ətǽk] 어택
■ 0207

🈳 공격하다 습격하다

Suddenly, the tiger attacked me.
갑자기, 호랑이가 나를 공격했다.

attempt
[ətémpt] 어템(프)트
■ 0208

🈳 해보다, 시도하다, 꾀하다 🈲 시도

They made no attempt to escape.
그들은 탈출할 시도를 하지 않았다.

attend
[əténd] 어텐드
■ 0209

🈳 🈴 출석하다, 모시다, 수반하다

He attended the math class everyday.
그는 수학 시간에 매일 출석했다.

attendance
[əténdəns] 어텐던스
■ 0210

🈲 출석, 시중, 참석

Our class has perfect attendance today.
우리 반은 오늘 전원 출석했다.

A

attention 0211
[əténʃən] 어텐션

명 주의, 주의력, 주목

He was all attention.
그는 경청하고 있었다.

attitude 0212
[ǽtitjùːd] 애티튜-드

명 자세, 태도, 마음가짐

Build a positive attitude toward life.
세상에 대해 긍정적인 태도를 가지세요.

attorney 0213
[ətə́ːrni] 어터-니

명 변호사, 검사, 대변인

You have the right to an attorney.
당신은 변호사를 선임할 권리가 있습니다.

attract 0214
[ətrǽkt] 어트랙트

타 끌다, 유혹하다, 매혹하다

He was attracted to her.
그는 그녀에게 매료되어 있었다.

attractive 0215
[ətrǽktiv] 어트랙티브

형 매력있는, 아름다운

She is very attractive.
그녀는 매우 매력적이다.

attribute 0216
[ətríbjuːt] 어트리뷰-트

타 ~에 (행위, 탓) 돌리다 명 속성, 특질

They attributed their success to hard work.
그들은 자신들의 성공을 열심히 일한 결과라고 생각했다.

audience 0217
[ɔ́ːdiəns] 오-디언스

명 청중, 관중, 관객

He was applauded cheer from the audience.
그는 청중으로부터 열렬한 갈채를 받았다.

August
[ɔ́ːgʌst] 오-거스트

명 8월(약어 Aug.)

My birthday is August 25.
내 생일은 8월 25일이야.

aunt
[ænt] 앤트

명 아주머니(숙모, 고모, 이모)

I am staying with my aunt.
나는 숙모 집에 기거하고 있다.

Australia
[ɔːstréiljə] 오-스트레일리어

명 오스트레일리아, 호주

I think Australia is a good place to live.
나는 호주가 살기 좋은 곳이라고 생각해.

author
[ɔ́ːθər] 오-써

명 저자, 창조자, 저술가

He is a celebrated author.
그는 유명한 작가이다.

authority
[əθɔ́ːrəti] 어쏘-리티

명 권위, 권력, 위신

He had no authority to make laws.
그는 입법 권한이 없었다.

automatic
[ɔ̀ːtəmǽtik] 오-터매틱

형 자동의, 기계적인

She set the camera on automatic mode.
그녀는 카메라를 자동으로 맞추었다.

autumn
[ɔ́ːtəm] 오-텀

명 가을

Autumn is the best season for reading.
가을은 독서하기 가장 좋은 계절이다.

A

avail ■0225
[əvéil] 어베일

타 자 소용이 되다, 가치가 있다

Your help will be no avail.
네 도움은 소용이 없을 것이다.

avenge ■0226
[əvéndʒ] 어벤쥐

타 복수하다, 앙갚음하다

I vowed that he would be avenged.
나는 그에게 복수할 것이라고 맹세했다.

avenue ■0227
[ǽvənjùː] 애버뉴-

명 가로수길, 큰 거리

Can you give me directions to 11th Avenue?
11번가로 가는 길 좀 가르쳐 주시겠습니까?

average ■0228
[ǽvəridʒ] 애버리쥐

명 평균 **형** 보통의, 평균의

Your grades are above the average.
네 성적은 평균 이상이다.

avert ■0229
[əvə́ːrt] 어버-트

타 피하다, 막다, 비키다

He did his best to avert suspicion.
그는 의혹을 피하기 위해 최선을 다했다.

avoid ■0230
[əvɔ́id] 어보이드

타 피하다, 회피하다

I entered a supermarket to avoid the rain.
나는 비를 피하기 위해 슈퍼에 들어갔다.

await ■0231
[əwéit] 어웨이트

타 기다리다, 대기하다, 대망하다

Awaiting the pleasure of your reply.
답장을 기다리겠습니다.

awake
[əwéik] 어웨이크

타 각성시키다, 깨우다 **자** 눈뜨다

He awoke to find himself famous.
그는 자고 나니 자기가 유명해진 것을 알았다.

awaken
[əwéikən] 어웨이컨

타 (잠에서) 깨우다, 일깨우다

I was awakened by a baby's crying.
나는 아기의 울음소리에 잠을 깼다.

award
[əwɔ́ːrd] 어오-드

타 심사하여 주다 **명** 심판, 상품

She was awarded the first prize.
그녀가 일등상을 받았다.

aware
[əwɛ́ər] 어웨어

형 알고, 깨닫고, 의식하고

They were aware of the difficulties.
그들은 어려움을 알아차렸다.

away
[əwéi] 어웨이

부 떨어져서, 멀리

The station is two miles away.
역은 2마일 떨어져 있다.

awful
[ɔ́ːfəl] 오-펄

형 두려운, 장엄한

He witnessed something awful.
그는 뭔가 끔찍한 걸 목격했다.

awkward
[ɔ́ːkwərd] 오-쿼드

형 눈치없는, 어설픈, 서투른

He is awkward at dealing with children.
그는 아이들을 다루는데 서투르다.

B

baby
[béibi] 베이비
■ 0239

명 갓난애, 젖먹이

What a cute baby!
정말 귀여운 아기네요!

back
[bǽk] 백
■ 0240

명 등 부 뒤 형 뒤의 타 자 후퇴시키다

He will come back soon.
그는 금방 돌아올 거야.

background
[bǽkgràund] 백그라운드
■ 0241

명 배경, 바탕색 형 배경의

Everyone has a different background.
모든 사람은 다른 성장 환경을 가지고 있다.

backward
[bǽkwərd] 백워드
■ 0242

형 후방으로, 뒤편의, 역행하여

This class is backward in mathematics.
이 학급은 수학 진도가 뒤처져 있다.

badly
[bǽdli] 배들리
■ 0243

부 나쁘게, 졸렬하게

I badly want that dress.
저 옷이 정말 갖고 싶어요.

bait
[béit] 베이트
■ 0244

명 미끼, 먹이, 유혹 타 유혹하다

A fish snapped at the bait.
물고기가 덥석 미끼를 물었다.

balance
[bǽləns] 밸런스
■ 0245

명 저울, 균형, 평균

He stoned out of his mind to lose his balance.
그는 정신없이 취하여 균형을 잃었다.

40

b

ball
[bɔ́ːl] 보-올
- 0246
- 명 공, 보울, 야구, 무도회

The children are playing with a ball.
아이들이 공을 가지고 놀고 있다.

balloon
[bəlúːn] 벌루-운
- 0247
- 명 풍선, 기구 자 부풀다

The balloon ascended high up in the sky.
그 풍선은 하늘 높이 올라갔다.

bar
[báːr] 바-
- 0248
- 명 막대기, 방망이, 쇠지레

There was a snack bar near the pool.
수영장 옆에 스낵 바가 있다.

barely
[bɛ́ərli] 베어리
- 0249
- 부 간신히, 겨우, 가까스로

She can barely keep her eyes open.
그녀는 간신히 졸음을 참고 있어요.

bark
[báːrk] 바-크
- 0250
- 자 짖다 명 짖음, 나무껍질

The dog barked at the beggar.
개가 거지에게 짖어댔다.

barrier
[bǽriər] 배리어
- 0251
- 명 울타리, 장벽, 관문

The horse jumped over the barrier easily.
말이 장애물을 쉽게 뛰어 넘었다.

base
[béis] 베이스
- 0252
- 명 기초, 토대 형 기본적인 타 ~의 기초를 두다

The movie is based on reality.
그 영화는 사실을 근거로 하고 있다.

B

basement 0253
[béismənt] 베이스먼트

명 지하실

He took up the boxes from the basement.
그는 지하실에서 상자를 가져왔다.

basis 0254
[béisis] 베이시스

명 기초, 근거

Your demand has no legal basis.
너의 요구는 법적 근거가 없다.

bathroom 0255
[bǽθrù(:)m] 배쓰룸

명 목욕실, 화장실

May I use your bathroom?
화장실 써도 될까요?

battle 0256
[bǽtl] 배틀

명 싸움, 경쟁, 투쟁

The battle is not always to the strong.
승리는 반드시 강자의 것이라고는 할 수 없다.

bay 0257
[béi] 베이

명 짖는 소리, 만(灣) 타 자 짖다

The river falls into the bay.
강은 만으로 흘러 들어간다.

beach 0258
[bíːtʃ] 비-취

명 바닷가, 호숫가, 해변(shore)

The children were on the beach.
아이들은 해변에 있었다.

beam 0259
[bíːm] 비-임

명 들보, 도리 타 자 빛을 내다

The central beam must bear very heavy weight.
중앙 대들보는 상당한 무게를 떠받칠 수 있어야 한다.

bean
[bíːn] 비-인 ■ 0260

명 강낭콩, 대두, 잠두

Put the red beans on the ice.
얼음 위에 붉은 콩을 놓으세요.

bear
[bɛ́ər] 베어 ■ 0261

명 곰, 난폭자 타 자 잘 견디다

She was born in May.
그녀는 5월에 태여났다.

beast
[bíːst] 비-스트 ■ 0262

명 짐승, (네발) 동물, 비인간

The lion is the king of the beasts.
사자는 백수의 왕이다.

beat
[bíːt] 비-트 ■ 0263

동 계속해서 치다, 때리다

The boy was beaten for lying.
그 소년은 거짓말 때문에 맞았다.

beautiful
[bjúːtəfəl] 뷰-티펄 ■ 0264

형 아름다운, 훌륭한

She is very beautiful.
그녀는 매우 아름답다.

beauty
[bjúːti] 뷰-티 ■ 0265

명 미모, 아름다움, 미인

Beauty comes from inside.
아름다움은 안에서부터 나온다.

because
[bikɔ́ːz] 비코-즈 ■ 0266

접 왜냐하면, ~이므로

I like him because he is kind.
나는 그가 친절해서 좋다.

B

become
[bikʌm] 비컴 ■ 0267

타 자 ~(이, 으로) 되다

It became cold.
추워졌다.

bed
[béd] 베드 ■ 0268

명 침대, 화단, 모판

When do you go to bed?
넌 언제 잠자니?

bedroom
[bédrùːm] 베드루-움 ■ 0269

명 침실

She's in the bedroom.
그녀는 침실에 있다.

bedside
[bédsàid] 베드사이드 ■ 0270

명 베갯머리 **형** 머리맡의

He drew the chair up to the bedside.
그는 의자를 침대곁으로 끌어당겼다.

bee
[bíː] 비- ■ 0271

명 꿀벌

No bees, no honey.
벌이 없으면, 꿀도 없다.(노력하지 않으면 아무것도 얻을 수 없다)

beef
[bíːf] 비-프 ■ 0272

명 쇠고기

Cow meat is called beef.
쇠고기는 beef라고 한다.

beer
[bíər] 비어 ■ 0273

명 맥주

Can I have a beer please?
맥주 하나 주세요.

befall
[bifɔ́ːl] 비**포**-올
■ 0274
타 자 (~의 신상에) 일어나다, 생기다

Many ills befell him.
많은 재난이 그에게 닥쳤다.

before
[bifɔ́ːr] 비**포**-
■ 0275
전 ~의 앞에 **부** 앞쪽에, 전에

Come home before lunch.
점심 전에 집에 와라.

beg
[beg] 벡
■ 0276
타 자 구걸하다, 빌다, 청하다

I beg your pardon?
다시 말씀해 주시겠어요?(잘 듣지 못했어요)

beggar
[bégər] 베거
■ 0277
명 거지, 빈털터리

The park is crowded with beggars.
공원에는 거지들이 많다.

begin
[bigín] 비긴
■ 0278
자 시작하다, 시작되다

She began singing a song.
그녀는 노래를 부르기 시작했다.

beginning
[bigíniŋ] 비기닝
■ 0279
명 시작, 초기, 발단, 처음

She will visit Paris at the beginning of next month.
그녀는 다음 달 초에 파리를 방문할 것이다.

behalf
[biháef] 비해프
■ 0280
명 이익, 측, 편

They collected money in behalf of the sufferers.
그들은 이재민들을 위해 모금했다.

B

behave — 0281
[bihéiv] 비헤이브

타 자 처신하다, 행동하다

It was disgraceful to behave like that.
그렇게 행동한 것은 창피스러운 일이었다.

behavio(u)r — 0282
[bihéivjər] 비헤이벼

명 행실, 품행, 태도, 동작

I feel this woman's behavior is inappropriate.
저는 이 여자의 행동이 부적절하다고 생각해요.

behind — 0283
[biháind] 비하인드

부 뒤에, 나중에, 그늘에서 전 ~에 뒤늦게

He stood behind me.
그는 내 뒤에 서 있었다.

behold — 0284
[bihóuld] 비호울드

타 보다 감 보라!

It was a joy to behold it.
그것을 보는 것만으로도 즐거웠다.

being — 0285
[bíːiŋ] 비-잉

동 be의 현재분사 명 존재, 생명

Human beings are social animals.
인간은 사회적 동물이다.

belief — 0286
[bilíːf] 빌리-프

명 믿음, 신념, 확신

They held fast to their beliefs.
그들은 자신들의 신념을 고수하였다.

believe — 0287
[bilíːv] 빌리-브

타 믿다, 신용하다(말, 이야기 등)

I believe that he is honest.
나는 그가 정직하다고 믿는다.

b

bell ■ 0288
[bél] 벨

명 종, 방울, 초인종

I can hear the bell ringing.
벨이 울리는 걸 들을 수 있다.

belong ■ 0289
[bilɔ́(:)ŋ] 빌롱

자 ~에 속하다, ~의 것이다

Whales belong to mammals.
고래는 포유류에 속한다.

below ■ 0290
[bilóu] 빌로우

부 아래에(로) 전 ~의 아래에

My weight is below the average.
내 몸무게는 표준 이하이다.

belt ■ 0291
[bélt] 벨트

명 띠, 혁대, 가죽띠

Please fasten your seat belt.
좌석(안전) 벨트를 매 주세요.

bend ■ 0292
[bénd] 벤드

타 구부리다, 굴복시키다

Bend over and touch the floor.
몸을 구부려서 바닥을 만지세요.

benefit ■ 0293
[bénəfit] 베너피트

명 이익, 은혜, 자선공연

She had the benefit of a good education.
그녀는 훌륭한 교육이라는 혜택을 받았다.

bent ■ 0294
[bent] 벤트

동 bend의 과거 형 굽은, 뒤틀린

The road bends to the left.
길은 왼쪽으로 구부러져 있다.

B

besides
[bisáidz] 비사이즈 ■ 0295

전 ~외에 **부** 그 위에, 게다가(또)

Besides humor and love, the musical provides other themes.
유머와 사랑 외에도 이 뮤지컬은 다른 테마도 제공합니다.

best
[bést] 베스트 ■ 0296

형 가장 좋은 **부** 가장 잘 **명** 최선

This is the best time for me.
지금이 나에게 가장 좋은 시기이다.

bestow
[bistóu] 비스토우 ■ 0297

타 주다, 부여하다, 이용하다

They bestowed more authority upon him.
그들은 그에게 더 많은 권한을 부여하였다.

bet
[bét] 베트 ■ 0298

명 내기 **동** (돈 등을) 걸다

They all put a bet on the horse race.
그들은 모두 그 경마에 돈을 걸었다.

betray
[bitréi] 비트레이 ■ 0299

타 배반하다, 저버리다, (조국)을 팔다

The informer betrayed them to the police.
밀고자는 그들을 경찰에 밀고했다.

better
[bétər] 베터 ■ 0300

형 더욱 좋은 **부** 더 좋게

I like tennis better than baseball.
나는 야구보다 테니스를 좋아한다.

between
[bitwíːn] 비튀인 ■ 0301

전 (둘)의 사이를 **부** 사이에(among)

John sat between Tom and me.
존은 톰과 나 사이에 앉았다.

beware
[biwɛ́ər] 비웨어 ■ 0302

타 자 조심하다, 주의하다, 경계하다

Beware of pickpockets!
소매치기 조심!

beyond
[bijánd] 비얀드 ■ 0303

전 ~의 저쪽에, ~을 건너서 **부** 저편에

The disaster was beyond all description.
그 참상은 이루 말로 표현할 수 없었다.

Bible
[báibl] 바이블 ■ 0304

명 성서, 성경

The first Bible was written in the 4th Century.
최초의 성경책은 4세기에 만들어졌다.

bicycle
[báisikl] 바이시클 ■ 0305

명 자전거 **자** 자전거를 타다

Tom can ride a bicycle.
톰은 자전거를 탈 수 있다.

bid
[bid] 비드 ■ 0306

타 자 명하다, 말하다, 명령하다

What is the timeline for the bid?
입찰 일정이 어떻게 되죠?

big
[big] 빅 ■ 0307

형 큰, 성장한, 대금

The dog is very big.
그 개는 매우 크다.

bill
[bil] 빌 ■ 0308

명 계산서, 목록, 명세서

The clerk miscalculated the customer's bill.
점원은 고객의 계산서를 잘못 계산했다.

B

biography ₀₃₀₉
[baiágrəfi] 바이아그러피

명 전기문학, 전기(傳記)

I am reading a biography about Mother Theresa.
마더 테레사에 관한 전기를 읽고 있다.

biology ₀₃₁₀
[baiálədʒi] 바이알러쥐

명 생물학, 생태학

I studied biology at university.
나는 대학에서 생물학을 공부했다.

bird ₀₃₁₁
[bə́ːrd] 버-드

명 새, 엽조

There is a bird on the tree.
나무 위에 새 한 마리가 있다.

birth ₀₃₁₂
[bə́ːrθ] 버-쓰

명 출생, 탄생, 혈통, 집안

My mother gave birth to me in winter.
엄마는 저를 겨울에 낳았어요.

birthday ₀₃₁₃
[bə́ːrθdèi] 버-쓰데이

명 생일, 창립일

When is your birthday?
네 생일은 언제니?

biscuit ₀₃₁₄
[bískit] 비스킷

명 작은 빵, 비스켓

Can I have some biscuit with cream?
비스킷과 크림을 주세요.

bit ₀₃₁₅
[bit] 비트

명 작은 조각, 소량, 조금, 잠시

I just want a little bit.
조금만 먹을게요.

bite
[báit] 바이트
■ 0316
타 자 물다, 물어뜯다, 모기가 쏘다

He said stop when I had a bite of the bread.
내가 빵을 한 입 베먹었을 때 그는 멈추라고 말했다.

bitter
[bítər] 비터
■ 0317
형 쓴, 모진, 격심한 명 쓴맛

Good medicine is bitter to the mouth.
좋은 약은 입에 쓰다.

black
[blǽk] 블랙
■ 0318
형 검은, 암담한 명 검정

I don't want to meet a black cat at night.
밤에는 검은 고양이와 마주치고 싶지 않다.

blade
[bléid] 블레이드
■ 0319
명 풀잎, 칼날

The kitchen knife needs a keen blade.
부엌칼은 날이 예리해야 한다.

blame
[bléim] 블레임
■ 0320
타 비난하다, 책망하다

Don't blame it on me.
나를 탓 하지 마.

blank
[blǽŋk] 블랭크
■ 0321
형 백지의, 공백의 명 백지, 여백

Fill the blank out.
공백을 채우세요.

blanket
[blǽŋkit] 블랭키트
■ 0322
명 담요, 모포

She covered up the child with a blanket.
그녀는 아이를 담요로 감쌌다.

B

bless
[blés] 블레스 ■ 0323

타 은총을 내리다, 축복하다, ~에 주다

May God bless you.
신이 당신을 축복하길.

blind
[bláind] 블라인드 ■ 0324

형 장님의, 맹목적인

Love is blind.
사랑은 맹목적이다.

block
[blák] 블락 ■ 0325

명 덩어리, 큰 토막 타 방해하다

The post office is just a block away.
우체국은 한 블록 떨어져 있다.

blond(e)
[blánd] 블란드 ■ 0326

형 금발의, 흰살결 명 금발의 사람

She envies my blond.
그녀는 내 금발을 부러워한다.

blood
[blʌ́d] 블러드 ■ 0327

명 피, 혈액, 살육

Blood will tell.
핏줄은 속일 수 없다.

bloody
[blʌ́di] 블러디 ■ 0328

형 피의, 피 같은, 피투성이의

The Civil War was a brutal and bloody war.
남북전쟁은 잔인하고도 피비린내 나는 전쟁이었다.

bloom
[blú:m] 블루-움 ■ 0329

명 꽃이 활짝 핌, 개화기 자 꽃이 피다(flower)

Which flower blooms earliest in spring?
봄에 어떤 꽃이 제일 먼저 피죠?

b

blow
[blóu] 블로우 ■ 0330

타 자 불다, 허풍치다   명 강타, 구타, 불행

The wind is blowing hard.
바람이 강하게 불고 있다.

blue
[blúː] 블루- ■ 0331

형 푸른, 우울한, 창백한   명 파랑

The sky is blue.
하늘은 푸르다.

board
[bɔ́ːrd] 보-드 ■ 0332

명 판자, 두께, 칠판, 흑판

What's new for bulletin boards?
게시판에 뭐가 새로 올라왔나요?

boast
[bóust] 보우스트 ■ 0333

타 자 자랑하다   명 자랑

Mt. Sorak boasts a unique natural scenery each season.
설악산은 계절마다 독특한 경관을 자랑한다.

boat
[bóut] 보우트 ■ 0334

명 보트, 작은 배

Only one boat was on the river.
단 하나의 보트가 강에 있었다.

body
[bádi] 바디 ■ 0335

명 몸, 육체, 몸통

She has a great body.
그녀는 훌륭한 신체를 가지고 있다.

boil
[bɔ́il] 보일 ■ 0336

타 자 끓다, 비등하다, 격분하다

Boil the water, first.
우선, 물을 끓이세요.

B

bold ₀₃₃₇
[bóuld] 보울드

형 대담한, 불손한

She was a bold and adventurous explorer.
그녀는 대담하고 모험적인 탐험가였다.

bomb ₀₃₃₈
[bám] 밤

명 폭탄, 뜻밖의 사건 **타** 폭격하다

A bomb explosion damaged the building.
폭발로 인해 건물이 파손되었다.

bond ₀₃₃₉
[bánd] 반드

명 묶는 것, 속박, 동맹, 유대

They had forged a bond.
그들은 서로 끈끈한 관계를 맺고 있었다.

bone ₀₃₄₀
[bóun] 보운

명 뼈, 골격, 해골, 시체

A dog with a bone in its mouth does not bark.
입에 뼈를 물고 있는 개는 짖지 않는다.

bonus ₀₃₄₁
[bóunəs] 보우너스

명 보너스, 상여금, 특별수당

May I ask how much the bonuses are?
보너스는 얼마나 되는지 물어봐도 될까요?

book ₀₃₄₂
[búk] 북

명 책, 서적 **타** 예약하다

I read an English book.
나는 영어책을 읽는다.

boom ₀₃₄₃
[búːm] 부-움

명 크게 울리는 소리, 벼락 경기

The construction industry is destined for a boom again.
건설업은 다시 호황을 누릴 것이 분명하다.

b

boot
[búːt] 부-트
- 0344
- 명 장화, 목이 긴 구두, 군화

He went out in long boots.
그는 부츠를 신고 나갔다.

border
[bɔ́ːrdər] 보-더
- 0345
- 명 가장자리, 경계 타 자 인접하다

We sat around the border of the lake.
우리는 호숫가 주변에 앉았다.

bored
[bɔ́ːrd] 보-드
- 0346
- 형 지루한, 따분한

I'm so bored.
너무 지루해.

born
[bɔ́ːrn] 보-온
- 0347
- 형 타고난, 태어난 동 bear의 과거분사

He was born into a rich family.
그는 부유한 집 태생이었다.

borrow
[bárou] 발로우
- 0348
- 타 자 빌리다, 차용하다, 모방하다

Can I borrow your car?
차 좀 빌릴 수 있을까요?

boss
[bɔ́(ː)s] 보스
- 0349
- 명 두목 타 우두머리가 되다

I have a trouble with my boss.
나는 상사와 트러블이 있어.

bother
[báðər] 바더
- 0350
- 타 자 괴롭히다, 걱정하다

Answer the question and I'll stop bothering you.
질문에 대답하면 나는 널 그만 괴롭힐게.

B

bottle ₀₃₅₁
[bátl] 바틀

명 병, 술병 타 병에 담다

We drank just one bottle of wine.
우리는 한 병의 와인만을 마셨다.

bottom ₀₃₅₂
[bátəm] 바텀

명 밑, 밑바닥, 바다밑 형 밑바닥의

I love you from the bottom of my heart.
저는 제 심장의 밑바닥에서부터 당신을 사랑합니다.

bound ₀₃₅₃
[báund] 바운드

명 경계, 범위, 한계 타 자 튀다

Can I catch a bus bound for City Hall here?
여기에 시청행 버스가 있습니까?

boundary ₀₃₅₄
[báundəri] 바운더리

명 경계, 한계

It lies beyond the boundaries of our knowledge.
그것은 우리 지식의 영역 밖에 있다.

bow ₀₃₅₅
[báu] 바우

명 활, 이물 타 자 절하다

He gradually bowed his head.
그는 아주 천천히 머리를 숙였다.

bowl ₀₃₅₆
[bóul] 보울

명 대접, 사발, 보시기, 나무공

In a large bowl, combine sugar and salt.
큰 그릇에, 설탕과 소금을 섞으세요.

box ₀₃₅₇
[báks] 박스

명 상자 타 상자에 넣다

The box is packed with books.
상자는 책이 가득 들어 있다.

brain
[bréin] 브레인 ■ 0358

명 뇌, 두뇌

You have a good brain.
머리가 좋군요.

brake
[bréik] 브레이크 ■ 0359

명 브레이크, 제동기 타 자 브레이크를 걸다

Bicycles and automobiles need brakes.
자전거와 자동차에는 제동 장치가 필요하다.

branch
[bræntʃ] 브랜취 ■ 0360

명 가지, 부문, 분파, 분가

The river has two main branches.
강에는 두 개의 중요한 지류가 있다.

brand
[brænd] 브랜드 ■ 0361

명 상표, 품질 타 낙인을 찍다

Many people opt for the name brands.
많은 사람들이 유명 상표를 선호해요.

brave
[bréiv] 브레이브 ■ 0362

형 용감한, 화려한

His brave actions will become history.
그의 용감한 행동은 역사에 남을 것이다.

bravery
[bréivəri] 브레이버리 ■ 0363

명 용기, 용감, 화려한 옷

He is guided by his bravery and curiosity.
그는 용기와 호기심에 의해 이끌려졌다.

breach
[bríːtʃ] 브리-취 ■ 0364

명 위반, 불이행 타 위반하다

Stop arguing and heal the breach.
그만 싸우고 화해해라.

B

bread
[bréd] 브레드 ■ 0365

명 빵, 양식, 생계

Man cannot live by bread alone.
사람은 빵만으로는 살 수 없다.

break
[bréik] 브레이크 ■ 0366

타 자 부수다, 쪼개다, 꺽다 **명** 깨짐

He broke the window.
그는 창문을 깨뜨렸다.

breakfast
[brékfəst] 브렉퍼스트 ■ 0367

명 아침식사 **타 자** 조반을 먹다

What did you have for breakfast?
아침에 무엇을 먹었니?

breast
[brést] 브레스트 ■ 0368

명 가슴, 흉부, 심정, 마음속

She clutched her children to her breast.
그녀는 자기 아이들을 가슴에 꼭 껴안았다.

breath
[bréθ] 브레쓰 ■ 0369

명 숨, 호흡, 한숨

She took a deep breath.
그녀는 심호흡을 했다.

breathe
[bríːð] 브리-드 ■ 0370

타 자 호흡하다, 쉬다, 휴식하다

She was barely breathing.
그녀는 간신히 숨을 쉬고 있었다.

breed
[bríːd] 브리-드 ■ 0371

타 자 기르다, 새끼를 낳다

Ignorance breeds prejudice.
무지는 편견을 낳는다.

bribe
[bráib] 브라이브 — 0372

명 뇌물 타 자 뇌물을 주다

It is illegal to offer a bribe to a policeman.
경찰관에게 뇌물을 주는 행위는 불법입니다.

brick
[brík] 브릭 — 0373

명 벽돌 타 벽돌을 쌓다

Can you help me with these bricks?
이 벽돌 옮기는 것 좀 도와줄래요?

bridge
[brídʒ] 브리쥐 — 0374

명 다리, 육교, 함교, 선교

There is a bridge over the river.
그 강에는 다리가 있다.

brief
[bríːf] 브리-프 — 0375

형 잠시의, 간결한, 조금의

Whatever advice you give, be brief.
어떤 충고든 충고는 짧게 하라.

bright
[bráit] 브라이트 — 0376

형 빛나는, 광채나는, 밝은

The sun is bright now.
태양이 지금 빛나고 있다.

brilliant
[bríljənt] 브릴런트 — 0377

형 빛나는, 찬란한

He reached a brilliant achievement.
그는 빛나는 공적을 세웠다.

bring
[bríŋ] 브링 — 0378

타 가져오다, 데려오다

Bring me a glass of water, please.
물 한 잔을 갖다 주세요.

B

brisk ■0379
[brísk] 브리스크

형 기운찬, 활발한, 팔팔한

She walked briskly into town.
그녀는 씩씩하게 마을로 걸어 들어갔다.

British ■0380
[brítiʃ] 브리티쉬

형 영국의, 영국인의 **명** 영국인

He is a British.
그는 영국인이다.

broad ■0381
[brɔ́ːd] 브로-드

형 넓은, 명백한, 광대한

You have a broad forehead.
너는 넓은 이마를 가지고 있구나.

broadcast ■0382
[brɔ́ːdkæst] 브로-드캐스트

명 방송, 방영 **동** 방송하다

I watched the concert on a broadcast relayed from the stage.
중계 방송으로 그 음악회를 보았다.

broken ■0383
[bróukən] 브로우컨

동 break의 과거분사 **형** 깨진, 부서진

This phone seems to be broken.
이 전화기 고장났나 봐요.

bronze ■0384
[bránz] 브란즈

형 청동색의 **명** 청동

Bronze is a combination of copper and tin.
청동은 구리와 주석의 합금이다.

brother ■0385
[brʌ́ðər] 브러더

명 형제, 형, 아우, 동료

Don't take the piss out of your brother.
네 동생을 놀리지 마라.

b

brown ■ 0386
[bráun] 브라운

명 갈색(밤색) 형 갈색의

She has brown hair.
그녀는 갈색 머리를 가지고 있다.

brush ■ 0387
[bráʃ] 브러쉬

명 솔, 모필, 붓, 화필 통 이를 닦다

You have to brush your teeth everyday.
너는 매일 양치질을 해야 해.

brute ■ 0388
[brúːt] 브루-트

명 짐승, 야수, 축생 형 이성이 없는

He is a brute devoid of all sense of duty and humanity.
그는 의리도 인정도 없는 사람이다.

bubble ■ 0389
[bʌ́bl] 버블

명 거품, 사기 타 자 거품이 일다

Children like blowing bubbles.
아이들은 비누방울 불기를 좋아한다.

budget ■ 0390
[bʌ́dʒit] 버쥐트

명 예산안 통 예산을 세우다

When will we get to look at next year's budget?
언제쯤 우리가 내년 예산안을 볼 수 있을까요?

bug ■ 0391
[bʌ́g] 버그

명 곤충, 벌레, 병원균

He is profound with respect to bugs.
그는 벌레에 관해서는 해박하다.

build ■ 0392
[bíld] 빌드

통 짓다, 세우다, 건축하다

They are building a house.
그들은 집을 짓고 있다.

B

building
[bíldiŋ] 빌딩 ■ 0393

명 건물, 빌딩, 건축

This building is very old.
이 건물은 매우 오래되었다.

bulk
[bʌ́lk] 벌크 ■ 0394

명 부피, 크기, 대부분

The ocean forms the bulk of the earth's surface.
바다는 지구 표면의 대부분을 차지한다.

bullet
[búlit] 불리트 ■ 0395

명 소총탄

A bullet penetrated his heart.
탄환이 그의 심장을 관통했다.

bunch
[bʌ́ntʃ] 번취 ■ 0396

명 송이, 다발 타 자 다발로 묶다

I bought a bunch of flowers as her birthday present.
생일 선물로 꽃 한다발을 샀다.

burden
[bə́ːrdn] 버-든 ■ 0397

명 짐, 무거운 짐, 부담

I don't want to give you too much burden.
나는 너에게 너무 많은 짐을 주고 싶지 않아.

bureau
[bjúərou] 뷰어로우 ■ 0398

명 국, 부, 처, 사무소, 안내처

I work in the New York bureau of CNN.
나는 CNN의 뉴욕 지국에서 일한다.

burn
[bə́ːrn] 버-언 ■ 0399

타 자 불타다, 태우다

Something is burning.
무엇인가 불타고 있다.

burst
[bə́ːrst] 버-스트
■ 0400

동 파열하다, 터지다 명 파열, 폭발

He's bursting with happiness.
그는 행복으로 충만해 있다.

bury
[béri] 베리
■ 0401

타 묻다, 덮다, 매장하다

He buried his son in the backyard.
그는 뒤뜰에 그의 아들을 묻었다.

bush
[búʃ] 부쉬
■ 0402

명 관목, 수풀, 덤불

They came out from behind the bushes.
그들은 관목숲 뒤에서 나타났다.

business
[bíznis] 비즈니스
■ 0403

명 실업, 장사, 직업, 영업

How is your business going?
요즘 사업 어때?

busy
[bízi] 비지
■ 0404

형 바쁜, 분주한

The children were busy with their homework.
아이들은 숙제를 하느라 바빴다.

butter
[bʌ́tər] 버터
■ 0405

명 버터 타 버터를 바르다

One small butter croissant has about 400 calories.
작은 버터크로아상 하나가 400 칼로리 정도를 갖고 있다.

button
[bʌ́tn] 버튼
■ 0406

명 단추, (초인종의) 누름 단추

Press the button one.
1번을 누르세요.

C

cabbage ■ 0407
[kǽbidʒ] 캐비쥐

명 양배추

Kimchi is a traditional Korean side dish made with cabbage.
김치는 배추로 만드는 전통 한국 반찬이다.

cabin ■ 0408
[kǽbin] 캐빈

명 선실, 오두막집

A wildcat got inside our cabin.
살쾡이가 오두막 안으로 들어왔네.

cabinet ■ 0409
[kǽbənit] 캐버니트

명 상자, 캐비넷, 농, 진열실

There's a medicine cabinet.
약을 넣어 놓는 약장이 있어요.

cable ■ 0410
[kéibl] 케이벌

명 굵은 밧줄, 해저 전선, 닻줄

We installed cable lines to my house.
우리집에 케이블 TV 설치했어.

cage ■ 0411
[kéidʒ] 케이쥐

명 새장, 동물의 우리, 감옥

The bird flew out of its cage.
새가 새장에서 달아났다.

cake ■ 0412
[keik] 케잌

명 생과자, 케이크, 양과자

She is very fond of cake.
그녀는 케이크를 매우 좋아한다.

calculate ■ 0413
[kǽlkjulèit] 캘컬레이트

타 자 계산하다, 추정하다

We calculated that the trip would take two days.
그 여행에 이틀이 소요될 것으로 예상했다.

C

call
[kɔ́ːl] 코올
■ 0414
타 부르다, 소리내어 부르다 **명** 외침

He called my name.
그가 내 이름을 불렀다.

calm
[káːm] 카-암
■ 0415
형 고요한, 조용한 **타 자** 가라앉히다

Tonight is beautiful and calm.
오늘 저녁은 아름답고 차분하네요.

camel
[kǽməl] 캐멀
■ 0416
명 낙타, 부함

Camels are useful in the desert.
낙타는 사막에서는 쓸모가 있다.

camera
[kǽmərə] 캐머러
■ 0417
명 카메라, 사진기

This new camera is very easy to use.
이 새 카메라는 손쉽게 사용할 수 있다.

camp
[kǽmp] 캠프
■ 0418
명 야영, 텐트 생활, 막사 **자** 야영하다

The children camped in the woods.
아이들은 숲에서 캠핑했다.

campaign
[kæmpéin] 캠페인
■ 0419
명 선거 운동, 유세 **자** 유세하다

This was a really hard campaign.
정말 힘든 캠페인이었어요.

canal
[kənǽl] 커낼
■ 0420
명 운하, 도랑, 수로

Digging the Grand Canal-must have been a mammoth undertaking.
대운하를 파는 것은 거대한 공사였음에 틀림없다.

C

cancel
[kǽnsəl] 캔설
■ 0421

명 취소 타 취소하다, 말살하다

I'm afraid I have to cancel our appointment.
죄송하지만 약속을 취소해야겠는데요.

cancer
[kǽnsər] 캔서
■ 0422

명 암(癌), 사회악, 해악

She was diagnosed with breast cancer.
그녀는 유방암 진단을 받았다.

candidate
[kǽndidèit] 캔더데이트
■ 0423

명 후보자, 지망자, 지원자

Who's a leading candidate?
유력한 후보는 누구입니까?

candle
[kǽndl] 캔들
■ 0424

명 양초, 촉광

Look at the candle.
저 양초 좀 봐.

candy
[kǽndi] 캔디
■ 0425

명 사탕, 캔디, 과자

The candy tastes sweet.
사탕이 달다.

cap
[kǽp] 캡
■ 0426

명 챙 없는 모자, 두건 동 ~에게 모자를 씌우다

Take off that ski cap.
그 스키 모자 좀 벗어.

capable
[kéipəbl] 캐이퍼블
■ 0427

형 유능한, 자격 있는

He proved himself a capable teacher.
그는 유능한 교사임을 입증했다.

C

capacity 0428
[kəpǽsəti] 커페서티
명 용량, 능력, 재능, 수용량
I'm afraid this job is out of my work capacity.
이 일은 제 능력을 벗어나는 것 같아요.

capital 0429
[kǽpitl] 캐피틀
명 수도, 서울, 대문자
The capital of South Korea is Seoul.
남한의 수도는 서울이다.

captain 0430
[kǽptin] 캡틴
명 수령, 두목, 선장
He was the captain of the baseball team.
그는 야구부 주장을 지냈다.

capture 0431
[kǽptʃər] 캡쳐
명 포획, 생포 동 잡다, 빼앗다
He captured her image within himself.
그는 그녀의 모습을 마음속에 담아두었다.

car 0432
[káːr] 카-
명 차, 자동차
Do you have a car?
차가 있으세요?

carbon 0433
[káːrbən] 카-번
명 탄소(비금속원소), 기호
Plants absorb carbon dioxide.
식물은 이산화탄소를 빨아들인다.

card 0434
[káːrd] 카-드
명 카드, 트럼프, 명함, 엽서
I played cards with my brothers.
나는 동생들과 트럼프 놀이를 했다.

C

cardboard
[ká:rdbɔ̀:rd] 카-드보-드
⬛ 0435

명 판지, 마분지

The present was wrapped in a cardboard box.
그 선물은 판지 상자에 포장되어 있었다.

cardinal
[ká:rdənl] 카-더널
⬛ 0436

형 주요한, 기본적인

This is a matter of cardinal importance.
이건 아주 중요한 문제야.

care
[kɛər] 케어
⬛ 0437

명 근심, 걱정 자 염려하다

Who takes care of the child?
누가 그 아이를 돌봅니까?

career
[kəríər] 커리어
⬛ 0438

명 직업, 경력 형 직업적인

She has a career in teaching English at a high school.
그녀는 고등학교 영어교사로 일한 경력이 있다.

careful
[kɛ́ərfəl] 케어펄
⬛ 0439

형 주의 깊은, 검소한, 조심스런

He is a careful driver.
그는 신중하게 운전한다.

careless
[kɛ́ərlis] 케얼리스
⬛ 0440

형 부주의한, 경솔한, 조심성 없는

The accident was owing to careless driving.
사고의 원인은 부주의한 운전이었다.

carpet
[ká:rpit] 카-피트
⬛ 0441

명 융단, 양탄자, 깔개

The office carpets will be cleaned this weekend.
이번 주말에 사무실 카페트를 세탁할거다.

carriage 0442

[kǽridʒ] 캐리쥐

[명] 탈것, 마차, 객차, 차

I want to drive a horse-drawn carriage.
나는 마차를 타고 드라이브 하고 싶다.

carrier 0443

[kǽriər] 캐리어

[명] 운반인, 배달인, 운수업자

The mail carrier rang the doorbell.
우편 배달원이 초인종을 눌렀다.

carrot 0444

[kǽrət] 캐러트

[명] 당근, 머리털이 붉은 사람

Eating carrots is good for the eyes.
당근의 섭취는 눈에 좋다.

carry 0445

[kǽri] 캐리

[타] [자] 나르다, 운반하다, 실어보내다

Carry an umbrella with you.
우산을 갖고 가거라.

carve 0446

[káːrv] 카-브

[타] [자] 조각하다, 새기다, 파다

I carved my name in stone.
나는 돌에다가 내 이름을 새겼다.

case 0447

[kéis] 케이스

[명] 경우, 사정, 상자, 케이스

It is our case.
그것이 우리의 사례이다.

cash 0448

[kǽʃ] 캐쉬

[명] 현금, 현찰 [타] 현금으로 지불하다

How much cash do you have?
현금 얼마를 가지고 있니?

C

cast ■ 0449
[kæst] 캐스트

타 자 던지다, 투표하다, 치다 명 던짐

A fisherman cast a net into the water.
낚싯꾼이 물 속으로 그물을 던졌다.

castle ■ 0450
[kǽsl] 캐슬

명 성곽, 저택, 누각 타 자 성을 쌓다

This is the castle Henry I lived in.
여기가 헨리 1세가 살았던 성입니다.

casual ■ 0451
[kǽʒuəl] 캐쥬얼

형 우연의, 뜻하지 않은, 평상복의

You look good in casual clothes.
평상복이 너한테 잘 어울려.

cat ■ 0452
[kæt] 캐트

명 고양이

A cat stole my cookies.
고양이가 내 쿠키를 훔쳐갔어.

catalog ■ 0453
[kǽtəlɔ̀:g] 캐터로-그

명 목록, 편람 타 목록에 올리다

May I have a copy of your catalog?
카탈로그 한 부 좀 얻을 수 있을까요?

catch ■ 0454
[kætʃ] 캐취

타 자 붙잡다, 잡다, 따르다 명 포획

I managed to catch the last bus.
나는 막차를 가까스로 탔다.

catcher ■ 0455
[kǽtʃər] 캐쳐

명 잡는 사람, 포수

The catcher took off his mitt.
포수는 장갑을 벗었다.

cathedral
[kəθíːdrəl] 커씨-드럴 ■ 0456

명 대성당, 대교회

The size of the cathedrals in France is enormous.
프랑스의 대성당들은 규모가 어마어마하다.

catholic
[kǽθəlik] 캐써릭 ■ 0457

형 천주교의, 가톨릭교의

A Catholic priest was defrocked because he married.
카톨릭 신부가 결혼을 해서 성직을 박탈당했다.

cattle
[kǽtl] 캐틀 ■ 0458

명 소, 가축

Cattle wander around large pastures.
소들이 넓은 목장을 거닐고 있다.

cause
[kɔ́ːz] 코-즈 ■ 0459

명 원인, 이유, 동기

There is no cause for alarm.
두려워할 이유가 없다.

cave
[kéiv] 케이브 ■ 0460

명 동굴, **타 자** 함몰하다, 무너지다

In the cave, there was a baby bear.
동굴 안에는, 아기 곰 한 마리가 있었다.

cease
[síːs] 시-스 ■ 0461

타 자 그치다, 끝나다, 멈추다

The magazine has ceased publication.
그 잡지는 출판을 중지했다.

ceiling
[síːliŋ] 시-일링 ■ 0462

명 천장, 반자, 한계, 상한

This room has a low ceiling.
이 방은 천장이 낮다.

C

celebrate
[séləbrèit] 셀러브레이트

타 자 경축하다, 거행하다

My uncle came all the way to celebrate my birthday.
삼촌이 내 생일을 축하하기 위해 멀리서 오셨어요.

celebration
[sèləbréiʃən] 셀러브레이션

명 축하, 칭찬, 의식, 찬양

KFC is having a grand opening celebration.
KFC는 대규모 개점 기념 축하행사를 하고 있어요.

cell
[sél] 셀

명 작은 방, 독방, 세포

When you come, bring your cell phone.
올 때, 핸드폰을 들고 오세요.

cement
[simént] 시멘트

명 시멘트, 접합제

They were mixing cement with sand and water.
그들은 시멘트를 모래와 물에 섞고 있었다.

cent
[sént] 센트

명 백(百), 센트(미국 화폐 단위)

She spent her last cent.
그녀는 최후의 1센트까지 써 버렸다.

center
[séntər] 센터

명 중심, 중앙, 핵심, 중점

Our school is located in the center of the city.
우리 학교는 시 중심지에 있다.

centimeter
[séntəmìːtər] 센터미-터

명 센티미터 (cm)

One centimeter is 0.3937 inch long.
1센티미터는 0.3937인치이다.

C

central
[séntrəl] 센트럴
- 0470
- 형 중심의, 주요한, 기본적

This is the central park.
여기가 중앙 공원이다.

century
[séntʃəri] 센츄리
- 0471
- 명 1세기, 100년, 백인조

We live in the 21th century.
우리는 21세기에 살고 있다.

ceremony
[sérəmòuni] 세러모우니
- 0472
- 명 의식, 예식, 예의, 형식

Elizabeth was not invited to the ceremony.
그 의식에 엘리자베스는 초대되지 않았다.

certain
[sə́ːrtn] 서-턴
- 0473
- 형 확실한, 틀림없는, 확정된

Life is not certain.
인생은 확실하지 않다.

certificate
[sərtífikət] 서티퍼키트
- 0474
- 명 증명서, 증서

Where can I buy a gift certificate?
상품권 어디서 삽니까?

chain
[tʃéin] 체인
- 0475
- 명 사슬, 연쇄, 연속, 체인

Do you chain your dog?
개를 (쇠사슬로) 묶어 놓나요?

chair
[tʃɛ́ər] 체어
- 0476
- 명 의자, 강좌, 의장석

We need two more chairs.
의자 두 개가 더 필요해.

C

chairman 0477
[tʃɛ́ərmən] 체어먼

명 의장, 위원장, 사회자

He was elected chairman of the committee.
그는 위원회의 의장으로 선출되었다.

chalk 0478
[tʃɔːk] 초-크

명 분필, 백묵, 초크

Bring me a piece of chalk.
분필 한 개를 갖다 주세요.

challenge 0479
[tʃǽlindʒ] 챌린쥐

명 도전, 결투의 신청 타 도전하다

New challenge stirred his blood.
새로운 도전으로 그의 피는 끓게 되었다.

chamber 0480
[tʃéimbər] 체임버

명 방, 침실, 회의실

He made his oath in the judge's chamber.
그는 판사실에서 선서증언을 했다.

champagne 0481
[ʃæmpéin] 샴페인

명 (C~) 프랑스 북부지방, 샴페인

Please send this letter to her with champagne.
그녀에게 샴페인과 함께 이 편지를 보내드려요.

champion 0482
[tʃǽmpiən] 챔피언

명 우승자, 선수, 투사, 전사

He is a world wrestling champion.
그는 세계 레슬링 챔피언이다.

chance 0483
[tʃæns] 챈스

명 기회, 우연, 호기, 운

I had a chance to call on him.
나는 그를 방문할 기회가 있었다.

C

change
[tʃéindʒ] 체**인**쥐 ▪0484

태 변경하다, 바꾸다 명 변화

He changed his plan.
그는 계획을 바꿨다.

channel
[tʃǽnl] **채**늘 ▪0485

명 수로, 해협, 강바닥

Change the channel to MBC, please.
MBC로 채널을 돌려 주세요.

chapel
[tʃǽpəl] **채**펄 ▪0486

명 예배당, 교회당

They attend chapel every night.
그들은 매일 저녁 예배 보러 간다.

chapter
[tʃǽptər] **챕**터 ▪0487

명 (책의) 장(章), 한 시기

This essay is divided into five chapters.
이 글은 5장으로 나누어져 있다.

character
[kǽriktər] **캐**릭터 ▪0488

명 인격, 성격, 품성, 특성

I like your character more than mine.
난 네 캐릭터가 내 것보다 더 마음에 들어.

characteristic
[kæ̀riktərístik] 캐릭터**리**스틱 ▪0489

형 특유한, 특색의

This painting is so characteristic of Korea.
이 그림은 한국의 특색을 잘 나타내고 있어요.

charge
[tʃɑ́ːrdʒ] **차**쥐 ▪0490

타 짐을 싣다, 채우다 명 책임

How much do you charge?
얼마나 하나요?

C

charity
[tʃǽrəti] 채러티 · 0491

명 사랑, 자비, 양육

She could not accept the charity.
그녀는 그 자선도움을 받을 수 없었다.

chart
[tʃɑːrt] 챠-트 · 0492

명 그림, 해도, 도표

Draw three charts.
세 개의 도표를 그리세요.

charter
[tʃɑ́ːrtər] 챠-터 · 0493

명 특허장, 헌장, 선언서

They were freedoms embodied in the UN Charter.
그것들은 유엔 헌장에 구현된 자유였다.

chase
[tʃeis] 체이스 · 0494

타 추적하다 **명** 추격

A rabbit is chased by a dog.
토끼가 개한테 몰리고 있다.

chat
[tʃæt] 채트 · 0495

명 잡담, 담화 **자** 잡담하다

I chat with them on the Internet every night.
매일 밤 그들과 인터넷으로 채팅을 한다.

cheap
[tʃiːp] 취-프 · 0496

형 싼, 값이 싼

He got drunk on cheap wine.
그는 싸구려 포도주를 마시고 취했다.

cheat
[tʃiːt] 취-트 · 0497

타 자 속이다, 사취하다

I'm ashamed that I cheated on the exam.
나는 시험에 커닝한 것이 부끄럽다.

C

check
[tʃék] 체크
■ 0498

명 저지, 억제, 방해

Let me check it out.
내가 확인해 볼게.

cheek
[tʃíː] 취-크
■ 0499

명 볼, 뺨

She kissed him on the cheek.
그녀는 그의 뺨에 키스했다.

cheer
[tʃíər] 치어
■ 0500

명 환호, 갈채, 만세, 격려

Cheer up. It's a start, isn't it?
힘 내. 이제 시작이잖아, 그렇지?

cheese
[tʃíːz] 치-즈
■ 0501

명 치즈

I'll have a piece of cheese cake for dessert.
디저트로는 치즈케익 한 조각을 주세요.

chemical
[kémikəl] 케미컬
■ 0502

형 화학의, 화학적인

There was an explosion at a chemical plant.
한 화학공장에서 폭발 사고가 났다.

chemistry
[kéməstri] 케미스트리
■ 0503

명 화학

I majored in chemistry and minored in physics.
내 전공은 화학이고 부전공은 물리학이야.

chest
[tʃést] 체스트
■ 0504

명 큰 상자, 궤, 금고, 가슴

Lift your arms above your chest.
가슴 위까지 팔을 들으세요.

C

chew ■ 0505
[tʃuː] 츄

타 자 씹다, 깨물어 부수다

Chewing gum improves memory.
껌 씹는 것은 기억력을 높여준다.

chicken ■ 0506
[tʃíkən] 치킨

명 병아리, 새새끼, 닭고기

I wonder how the chicken was prepared.
이 닭고기를 어떻게 조리했는지 궁금하군요.

chief ■ 0507
[tʃiːf] 치-프

명 수령, 지도자, 추장

I am the chief of the organization.
제가 그 기관의 책임자입니다.

child ■ 0508
[tʃaild] 챠일드

명 아이, 어린애, 유아, 아동

Child is the father of man.
어린이는 어른의 아버지다.

childhood ■ 0509
[tʃáildhùd] 챠일드후드

명 유년기, 어린 시절

She had a very unhappy childhood.
그녀는 매우 불행한 어린 시절을 보냈다.

chin ■ 0510
[tʃin] 친

명 턱, 지껄여댐, 턱끝

She is resting her chin on her hand.
그녀는 턱을 손으로 받치고 있다.

China ■ 0511
[tʃáinə] 챠이나

명 중국

China is bigger than Korea.
중국은 한국보다 크다.

C

chip
[tʃip] 칩
■ 0512
몡 나무때기, 얇은 조각, 토막

I like chocolate chip cookies.
나는 초콜릿칩 쿠키를 좋아한다.

choice
[tʃɔ́is] 초이스
■ 0513
몡 선택, 가림, 선택권

It's time to make a choice.
선택할 시간이야.

choose
[tʃuːz] 츄-즈
■ 0514
타 자 고르다, 선택하다, 선정하다

Choose your friends carefully.
친구는 신중하게 선택하세요.

chop
[tʃap] 찹
■ 0515
자 자르다, 잘게 썰다

He chopped down a tree for his firewoods.
그는 땔감으로 쓰기 위해 나무를 잘라 냈다.

Christian
[krístʃən] 크리스쳔
■ 0516
몡 기독교도 휑 그리스도의

Many Christians go to church on Christmas.
많은 기독교인들은 크리스마스 이브에 예배보러 간다.

Christmas
[krísməs] 크리스머스
■ 0517
몡 크리스마스, 성탄절

Christmas is December 25th.
성탄절은 12월 25일이다.

church
[tʃəːrtʃ] 쳐-취
■ 0518
몡 교회당, 성당

I go to church every Sunday.
나는 매주 일요일에 교회에 간다.

C

cinema
[sínəmə] 시네마
■ 0519

명 영화관, 영화

I went to the cinema with my friend last night.
어제 저녁에 나는 친구와 함께 영화를 보러 갔다.

circle
[sə́ːrkl] 서-클
■ 0520

명 원, 원형의 장소, 원주

They sat in a circle.
그들은 둥그렇게 앉았다.

circuit
[sə́ːrkit] 서-키트
■ 0521

명 주위, 순회, 회로

The car made a circuit of the town.
자동차가 마을을 한 바퀴 돌았다.

circular
[sə́ːrkjulər] 서-컬러
■ 0522

형 원형의, 고리모양의

The dancers made circular movements.
그 무용수들은 원을 그리며 돌았다.

circumstance
[sə́ːrkəmstæns] 서-컴스탠스
■ 0523

명 사정, 상황, 환경

Man is the creature of circumstances.
사람은 환경의 동물이다.

cite
[sáit] 사이트
■ 0524

타 인용하다, 예증하다, 소환하다

It's insufficient to cite only one example.
예를 하나만 인용하는 것으로는 불충분하다.

citizen
[sítəzn] 시티즌
■ 0525

명 시민, 국민, 주민

I'm also a citizen of Republic of Korea.
저도 대한민국의 시민입니다.

C

city
[síti] 시티 ■ 0526

명 시, 도시, 도회

I want to visit New York city.
뉴욕시를 방문하고 싶어요.

civil
[sívəl] 시벌 ■ 0527

형 시민의, 문명인, 국민의

He wan't even civil to his guests.
그는 손님에게 예의를 차리지도 않았다.

claim
[kléim] 클램 ■ 0528

명 요구, 청구, 주장 **타 자** 요구하다, 주장하다

Both sides claimed the victory.
양쪽 모두 승리를 주장했다.

clap
[klǽp] 클랩 ■ 0529

명 파열음 **동** (손벽을)치다, 박수하다

Clap your hands five times.
손뼉을 다섯 번 쳐라.

clash
[klǽʃ] 클래쉬 ■ 0530

명 격돌, 충돌 **타 자** 충돌하다

The demonstrators clashed with the police.
데모대가 경찰과 충돌했다.

class
[klǽs] 클래스 ■ 0531

명 계급, 학급, 종류

Our first class is English.
첫째 시간은 영어다.

classic
[klǽsik] 클래식 ■ 0532

형 고전적인, 명작의, 고상한

Homer's Odyssey is considered a classic.
호머의 오디세이는 고전작품으로 여겨진다.

C

classification
[klæ̀səfikéiʃən] 클래서피케이션 ■ 0533

명 분류, 종별, 등급별

The classification of steel is as a metal.
강철은 금속으로 분류된다.

classroom
[klǽsrù(:)m] 클래스룸 ■ 0534

명 교실

He is in a classroom.
그는 교실에 있어요.

clause
[klɔ́:z] 클로-즈 ■ 0535

명 조목, 조항

Could you please reconsider this clause?
이 조항을 다시 한번 검토해 주시겠습니까?

clean
[klí:n] 클리-인 ■ 0536

형 깨끗한, 청결한, 순결한

Did you clean the room?
방을 청소했어요?

clear
[klíər] 클리어 ■ 0537

형 밝은, 투명한, 갠

The sky has cleared up.
하늘이 개었다.

clerk
[klə́:rk] 클러-크 ■ 0538

명 학자, 점원, 사무원

The clerk was very kind.
그 점원은 매우 친절했다.

clever
[klévər] 클레버 ■ 0539

형 영리한, 머리가 좋은

Jane is a very clever girl.
제인은 매우 영리한 소녀다.

C

cliff
[klíf] 클리프 ■ 0540

명 벼랑, 절벽, 낭떠러지

He likes to climb cliffs.
그는 절벽 타기를 좋아한다.

climate
[kláimit] 클라이미트 ■ 0541

명 기후, 풍토, 환경, 분위기

There is close correlation between climate and crops.
기후와 농작물 사이에는 서로 밀접한 관계가 있다.

climb
[kláim] 클라임 ■ 0542

동 기어오르다, 올라가다

He climbed the mountain last year.
그는 작년에 그 산에 올랐다.

cling
[klíŋ] 클링 ■ 0543

자 달라붙다, 밀착하다

The baby clings to her mother.
아기는 엄마에게 착 달라붙어 있다.

clinic
[klínik] 클리닉 ■ 0544

명 임상강의(실), 진찰실, 진료소

She visited a medical clinic for a flu shot.
그녀는 독감주사를 맞기 위해 병원을 찾았다.

clock
[klák] 클로크 ■ 0545

명 시계 **타 자** ~의 시간을 재다

Do you have a clock in your room?
방에 벽시계가 있나요?

close
[klóuz] 클로우즈 ■ 0546

타 닫다, 감다 **형** 가까운, 좁은

We're close friends.
우리들은 친한 친구이다.

C

closet
[klázit] 클라지트 · 0547

명 벽장, 받침 타 벽장에 가두다

There's something in my closet.
장롱 속에 뭔가 있다.

cloth
[klɔ(:)θ] 클로쓰 · 0548

명 헝겊, 천, 옷감, 직물

Wipe the floor with a cloth.
천으로 바닥을 닦으세요.

clothes
[klóuðz] 클로우즈 · 0549

명 옷, 침구, 의복

I don't have enough clothes.
나는 옷을 충분히 갖고 있지 않다.

cloud
[kláud] 클라우드 · 0550

명 구름, 연기, 암운

I wandered lonely as a cloud.
나는 구름처럼 쓸슬히 헤메였다.

cloudy
[kláudi] 클라우디 · 0551

형 흐린, 똑똑하지 않은, 탁한

It is very cloudy today.
오늘 날씨가 많이 흐리다.

club
[klʌb] 클러브 · 0552

명 곤봉, 동호회, 클럽

She joins a tennis club.
그녀는 테니스부에 속해 있다.

clumsy
[klʌmzi] 클럼지 · 0553

형 볼품없는, 솜씨없는, 꼴사나운

Don't make a clumsy excuse.
구차한 변명을 하지마라.

C

cluster
[klʌ́stər] 클러스터 ■ 0554

명 떼, 덩어리, 송이 자 몰리다

The crowd clustered around the entrance.
군중은 입구에 무리를 이루고 있었다.

coach
[kóutʃ] 코우치 ■ 0555

명 4륜마차, 객차, 코우치, 감독

He is a coach as well as a player.
그는 코치겸 선수다.

coal
[kóul] 코울 ■ 0556

명 석탄, 숯, 무연탄

The United States has adequate supply of coal.
미국의 석탄 공급 자원은 충분하다.

coalition
[kòuəlíʃən] 코월리션 ■ 0557

명 연합, 동맹, 제휴, 연립

The two political parties broke their coalition and disunited.
두 정당은 연합을 해체하고 분열하였다.

coarse
[kɔ́ːrs] 코-스 ■ 0558

형 거칠은, 조잡한, 음탕한

Do I have to use coarse salt to make this food?
이 음식 하는 데 굵은 소금을 써야 하나요?

coast
[kóust] 코우스트 ■ 0559

명 해안 자 해안을 항해하다

We walked along the coast.
우리는 해안을 따라 걸었다.

coat
[kóut] 코우트 ■ 0560

명 상의, 코우트, 모피

That coat is very beautiful.
코트가 매우 예쁘네요.

C

0561
code
[kóud] 코우드

명 법전, 규정, 암호, 약호

Please enter your secret code number.
비밀번호를 입력하십시오.

0562
coffee
[kɔ́ːfi] 커-피

명 커피, 커피색

Do you want coffee?
커피 드릴까요?

0563
coil
[kɔ́il] 코일

명 고리, 코일 타 자 돌돌감다, 사리를 틀다

The snake coiled up in the cave.
뱀이 동굴 속에서 몸을 감고 있었다.

0564
coin
[kɔ́in] 코인

명 화폐, 돈 타 화폐를 주조하다

If you want to start, put coins.
시작하고 싶으면, 동전을 넣으세요.

0565
coincide
[kòuinsáid] 코우인사이드

자 동시에 일어나다, 일치하다

The ideal and the real never coincide.
이상과 실제는 결코 일치하지 않는다.

0566
cold
[kóuld] 코울드

형 추운, 차가운, 찬

Your hands are very cold.
손이 아주 차군요.

0567
collapse
[kəlǽps] 컬랩스

명 붕괴, 쇠약 자 붕괴하다

Many houses collapsed in the earthquake.
많은 가옥이 지진으로 붕괴되었다.

C

colleague
[káli:g] 칼리-그

명 동료, 동업

He is my colleague.
그는 저의 동료입니다.

collect
[kəlékt] 컬렉트

타 자 모으다, 수집하다, 모이다

My hobby is collecting stamps.
내 취미는 우표수집이야.

collection
[kəlékʃən] 컬렉션

명 수금, 수집, 채집

He has a big collection of antiques.
그는 골동품을 많이 수집하였다.

collective
[kəléktiv] 컬렉티브

형 집합적인, 집단적인, 공동적인

There will be more trouble in collective bargaining.
단체교섭에 더 많은 문제가 생기겠군요.

college
[kálidʒ] 칼리쥐

명 단과대학, 전문학교

I'm a college student.
저는 대학생이에요.

colonel
[kə́ːrnl] 커-널

명 육군대령, 연대장, 부장, 단장

A colonel in the army is below a general.
육군에서 대령은 장군보다 아래 계급이다.

colony
[káləni] 칼러니

명 식민지, 거류지, 이민단

Once India was a colony of England.
한때 인도는 영국의 식민지였다.

C

colo(u)r ■ 0575
[kʌ́lər] 컬러

명 색, 빛깔 타 자 색칠하다

What color is your car?
차가 무슨 색입니까?

colo(u)rful ■ 0576
[kʌ́lərfəl] 컬러펄

형 다채로운, 화려한

Look at the colorful flowers.
저기 화려한 꽃들을 보세요.

column ■ 0577
[kɑ́ləm] 칼럼

명 원주, 단, 기둥, 칼럼

The column was made of white marble.
그 기둥은 흰 대리석으로 만들었다.

comb ■ 0578
[kóum] 코움

명 빗, 닭의 볏 타 빗질하다

I washed my face and combed my hair.
나는 세수를 하고 머리를 빗었다.

combination ■ 0579
[kɑ̀mbənéiʃən] 캄버네이션

명 결합, 단결, 배합

They can be used in combination with other systems.
그들은 다른 시스템들과 결합하여 사용될 수 있다.

combine ■ 0580
[kəmbáin] 컴바인

타 자 결합시키다, 협력하다

Hydrogen combines with oxygen to form water.
수소와 산소는 화합해서 물이 된다.

come ■ 0581
[kʌ́m] 컴

자 오다, 도착하다

Could you come over here?
이쪽으로 오시겠어요?

C

comedy ₀₅₈₂
[kámədi] 커메디

명 희극, 희극적 요소

I like comedy more than tragedy.
나는 비극보다 희극을 좋아한다.

comfort ₀₅₈₃
[kʌ́mfərt] 컴퍼트

명 위로, 위안, 안락, 편함 타 위안하다

She finds comfort in helping others.
그녀는 다른 사람들을 돕는 일에서 위안을 찾고 있다.

comfortable ₀₅₈₄
[kʌ́mftəbl] 컴퍼터블

형 기분좋은, 안락한 타 위로하다

The seats were so comfortable.
좌석이 정말 편안했어요.

command ₀₅₈₅
[kəmǽnd] 커맨드

타 명하다, 요구하다

The army moves at the word of command.
군대는 명령에 따라 움직인다.

commander ₀₅₈₆
[kəmǽndər] 커맨더

명 지휘관, 해군 중령

They act in obedience to the orders of their commanders.
그들은 지휘관의 명령에 복종하여 행동한다.

commence ₀₅₈₇
[kəméns] 커멘스

타 자 개시하다, 시작하다

It will commence at 9 a.m. and finish by 5 p.m.
오전 9시에 시작해서 오후 5시에 끝날 것입니다.

comment ₀₅₈₈
[kάment] 카먼트

명 주석, 해석, 논평

Do you have any comments on this project?
이 계획에 대해 무슨 의견이 있으신지요?

C

commerce [0589]
[kámərs] 카머-스

명 상업, 통상, 무역, 거래

Commerce between the US and Asia is flowing smoothly.
미국과 아시아간의 무역은 원활히 이루어지고 있다.

commercial [0590]
[kəmə́ːrʃəl] 커머-셜

형 상업의, 판매용의, 영리적인

That's the best commercial I've seen in a long time.
오랜만에 보는 멋진 광고로군요.

commission [0591]
[kəmíʃən] 커미션

명 위임, 위탁, 직권

What rate of commission do you charge?
수수료는 얼마죠?

commissioner [0592]
[kəmíʃənər] 커미셔너

명 위원, 이사, 국장, 판매관

The man standing over there a new Commissioner of Education.
저기 서 계신 분이 새 교육국장이세요.

commit [0593]
[kəmít] 커미트

타 저지르다, 범하다

A kind person can commit acts of cruelty.
친절한 사람도 잔인한 행동을 할 수 있다.

committee [0594]
[kəmíti] 커미티

명 위원회, 위원들

The committee marked up the bill.
위원회에서 법안을 수정했다.

commodity [0595]
[kəmádəti] 커마더티

명 물품, 상품, 일용품

Some important commodities are silver and gold.
은과 금은 주요 상품이다.

C

common
[kámən] 카먼
■ 0596
형 공통의, 공유의, 협동의

Saying 'thank you' is common sense.
고맙다고 말하는 것은 일반 상식이에요.

commonplace
[kámənplèis] 카먼프레이스
■ 0597
형 평범한 명 흔한 일

It was commonplace for them to travel abroad.
해외 여행은 그들에게 흔한 일이었다.

communicate
[kəmjú:nəkèit] 커뮤-니케이트
■ 0598
타 자 전하다, 통신하다

It is really important to communicate well each other.
원활한 의사소통은 중요해요.

communication
[kəmjù:nəkéiʃən] 커뮤-니케이션
■ 0599
명 전달, 통신, 보도, 발표

The society has lack of communication.
사회는 의사소통이 결여되어 있다.

communism
[kámjunìzm] 카며니점
■ 0600
명 공산주의(운동, 정치)

Marx was the progenitor of communism.
마르크스는 공산주의의 창시자였다.

community
[kəmjú:nəti] 커뮤-너티
■ 0601
명 사회, 공동 생활체, 부락

A community is composed of individuals.
사회는 개인의 집합체로 되어 있다.

compact
[kəmpǽkt] 컴팩트
■ 0602
형 잔뜩 찬, 아담한 타 꽉 채우다

I'd like to rent a compact car.
소형차를 빌리고 싶은데요.

C

companion [kəmpǽnjən] 컴패니언 — 0603
명 동반자, 동무, 짝

His mind has been tainted by his evil companions.
그는 나쁜 친구들의 영향으로 타락했다.

company [kʌ́mpəni] 컴퍼니 — 0604
명 동료, 교제, 회사 통 따르다, 동행하다

The company made more luxurious models.
그 회사는 더 고급스러운 모델들을 만들었다.

comparable [kʌ́mpərəbl] 캄퍼러블 — 0605
형 비교되는, 필적하는

The two cars are comparable in appearance.
저 두 대의 차는 차체 외양에 있어 비교할 만하다.

compare [kəmpɛ́ər] 컴페어 — 0606
타 자 비교하다, 대조하다

My mother always compares me with her friend's daughter.
우리 엄마는 항상 나를 엄마 친구 딸과 비교해.

compel [kəmpél] 컴펠 — 0607
타 강요하다, 억지로 ~시키다

They compelled obedience from us.
그들은 우리에게 복종을 강요했다.

compensate [kʌ́mpənsèit] 캄펀세이트 — 0608
타 자 보상하다, 보충하다

The company compensated her for extra work.
회사는 그녀의 초과 근무에 대해 보수를 지불했다.

compensation [kʌ̀mpənséiʃən] 캄펀세이션 — 0609
명 보상, 봉급, 배상

She received $5,000 for compensation.
그녀는 보상금으로 5,000 달러를 받았다.

compete
[kəmpíːt] 컴피이트

자 경쟁하다, 겨루다, 필적하다

We had to compete for a job.
우리는 일자리를 구하기 위해 경쟁해야 했다.

competent
[kámpətənt] 캄퍼턴트

형 유능한, 능력있는

She seemed so nice and so competent.
그녀는 무척 사람 좋고 유능해 보이던데요.

competition
[kàmpətíʃən] 캄퍼티션

명 경쟁, 겨루기, 시합

There's a lot of competition in the domestic market.
국내 시장에서는 경쟁이 치열하다.

competitive
[kəmpétətiv] 컴페터티브

형 경쟁적인, 경쟁의

The bidding for the contract was highly competitive.
그 계약은 입찰 경쟁이 치열했다.

complain
[kəmpléin] 컴플레인

자 불평을 하다, 고소하다

The customer complained about the quality of goods.
그 고객은 물건의 질에 대해서 불평했다.

complete
[kəmplíːt] 컴플리-트

형 완전한, 완벽한 타 완성하다

Complete your homework first.
숙제를 먼저 끝내세요.

complex
[kəmpléks] 콤플렉스

형 복잡한, 착잡한

She has an inferiority complex.
그녀는 열등의식을 갖고 있다.

C

complicate ₀₆₁₇
[kámpləkèit] 캄플러케이트

타 복잡하게 하다, 뒤얽히게 하다

She apprehended the complicated law very quickly.
그녀는 복잡한 법률을 매우 빨리 이해했다.

comply ₀₆₁₈
[kəmplái] 컴플라이

자 응하다, 따르다, 쫓다

They didn't comply with all our requests.
그들은 우리의 요구를 전부 동의하지는 않았다.

compose ₀₆₁₉
[kəmpóuz] 컴포우즈

타 자 구성하다, 조립하다

Water is composed of hydrogen and oxygen.
물은 수소와 산소로 구성된다.

composer ₀₆₂₀
[kəmpóuzər] 컴포우저

명 작곡가, 구성자, 구도자

She is well-known as a composer.
그녀는 작곡가로 잘 알려져 있다.

composition ₀₆₂₁
[kàmpəzíʃən] 캄퍼지션

명 구성, 조성, 합성

The composition of your work is wonderful.
당신 작품의 구도가 정말 좋군요.

compound ₀₆₂₂
[kámpaund] 캄파운드

타 혼합하다, 합성하다 **형** 합성의

Many fertilizers contain nitrogen compounds.
많은 비료가 질소 화합물을 포함하고 있다.

comprehend ₀₆₂₃
[kàmprihénd] 캄프리헨드

타 이해하다, 포함하다

They did not comprehend the significance of his remark.
그들은 그의 말의 중요성을 이해하지 못했다.

C

comprehensive
[kàmprihénsiv] 캄프리헨시브 ■ 0624

형 이해력이 있는, 포함하는

This book is a comprehensive study of the 1960's.
이 책은 1960년대를 포괄적으로 연구한 것입니다.

comprise
[kəmpráiz] 컴프라이즈 ■ 0625

타 포함하다, ~로 되다

Blood vessels are comprised of veins and arteries.
혈관은 동맥과 정맥으로 이루어져 있다.

compromise
[kámprəmàiz] 캄프러마이즈 ■ 0626

명 타협, 절충안 타 자 타협하다

Let's try to reach a compromise.
서로 타협을 보도록 합시다.

compulsory
[kəmpʌ́lsəri] 컴펄서리 ■ 0627

형 강제적인, 의무적, 필수의

In many countries, military service is compulsory.
많은 국가에서, 군 복무는 의무이다.

conceal
[kənsíːl] 컨시-일 ■ 0628

타 숨기다, 비밀로 하다

The tree concealed him from view.
그는 나무에 가려서 보이지 않았다.

concede
[kənsíːd] 컨시-드 ■ 0629

타 자 인정하다, 허락하다

Don't concede anything.
아무 것도 양보하지 마세요.

conceit
[kənsíːt] 컨시-트 ■ 0630

명 자부심, 생각, 사견

She has a great conceit regarding her own beauty.
그녀는 자신의 미모에 큰 자부심을 가지고 있다.

C

conceive
[kənsíːv] 컨시-브

타 자 상상하다, 임신하다, 진술하다

He conceived the project while he was on vacation.
그는 휴가 동안에 그 계획을 생각해냈다.

concentrate
[kánsəntrèit] 칸선트레이트

타 자 집중하다, 농축하다

You have to concentrate on the class.
수업에 집중해야만 한다.

conception
[kənsépʃən] 컨셉션

명 임신, 개념, 착상

At the conception of the work, he was consulted.
그 일을 구상하는 단계에서 그의 자문을 구했다.

concern
[kənsə́ːrn] 컨쎄언

타 ~에 관여하다, 관계하다

I have no concern with the matter.
나는 그 일과 아무 관계가 없다.

concerned
[kənsə́ːrnd] 컨쎄언드

형 근심하여, 걱정하는

I am concerned about his health.
나는 그의 건강이 걱정이다.

concert
[kánsə(ː)rt] 칸서트

명 협력, 합주, 음악회

Can you come to my concert tonight?
오늘 밤 내 연주회에 올 수 있겠니?

concise
[kənsáis] 컨사이스

형 간명한, 간결한

The essay is written in a concise style.
그 수필은 간결한 문체로 쓰여 있다.

C

conclude
[kənklúːd] 컨클루-드
- 타 자 끝내다, 결정하다, 종결하다

America concluded a treatment with the England.
미국은 영국과 조약을 맺었다.

concrete
[kánkriːt] 캉크리-트
- 형 구체적인, 유형의 명 콘크리트

We live in soulless concrete blocks.
우리는 삭막한 콘크리트 덩어리 속에서 산다.

condemn
[kəndém] 컨뎀
- 타 나무라다, 선고하다

Condemn the offense and not its perpetrator.
죄는 미워하되 사람은 미워하지 마라.

condition
[kəndíʃən] 컨디션
- 명 상태, 처지, 조건, 신분

My condition is really not good.
오늘 컨디션이 정말 안 좋아.

conduct
[kándʌkt] 칸덕트
- 명 행동, 품행 동 행동하다

Their conduct was rude and inexcusable.
그들의 행동은 난폭하고 용서받지 못할 행동이었다.

confer
[kənfə́ːr] 컨퍼-
- 타 자 주다, 베풀다, 수여하다

The university conferred an honorary degree on him.
대학은 그에게 명예 학위를 수여했다.

conference
[kánfərəns] 칸퍼런스
- 명 회의, 상담, 협의

We are in conference with the management.
우리는 경영진과 협의 중이다.

C

confess [0645]
[kənfés] 컨페스

타 자 **자인하다, 자백하다**

He confessed what had done in spades.
그는 어떤 일을 저질렀는지 솔직히 고백했다.

confidence [0646]
[kánfədəns] 칸피던스

명 **신임, 신용, 자신**

I have no confidence anymore.
나는 더 이상 자신이 없다.

confident [0647]
[kánfədənt] 칸피던트

형 **확신하여, 자신있는, 대담한**

We were confident of success.
우리는 성공을 확신하고 있었다.

confine [0648]
[kənfáin] 컨파인

타 **감금하다, 제한하다**

The police confined the criminal to a jail cell.
경찰은 범인을 감옥에 가두었다.

confirm [0649]
[kənfə́ːrm] 컨퍼엄

타 **확인하다, 증명하다**

I want to confirm my reservation on Flight 000.
000편의 비행기 예약을 확인하고 싶습니다.

conflict [0650]
[kánflikt] 칸플릭트

명 **투쟁, 충돌, 대립**

There was a conflict between two teams.
두 팀 사이에 충돌이 있었다.

conform [0651]
[kənfɔ́ːrm] 컨포옴

타 자 **일치하다, 따르게 하다**

We must conform ourselves to the laws.
우리는 법률에 따라야 한다.

confound
[kənfáund] 컨파운드

동 혼동하다, 혼란시키다

She was amazed and confounded by his coarse manners.
그녀는 그의 품위없는 태도에 놀라고 당황했다.

confront
[kənfrʌ́nt] 컨프런트

동 직면하다, 맞서다

He had to confront a critical decision.
그는 중대한 결정을 내려야만 했다.

confuse
[kənfjúːz] 컨퓨-즈

동 헷갈리게 하다, 혼동하다

You are confusing me.
너는 나를 혼동스럽게 하고 있어.

confusion
[kənfjúːʒən] 컨퓨-전

명 혼란, 당황, 혼동

The accident threw the traffic into great confusion.
그 사고로 교통이 대혼란에 빠졌다.

congratulate
[kəngrǽtʃəlèit] 컨그래츄레이트

동 축하하다, 축사를 드리다

I just wanted to congratulate her birthday.
나는 단지 그녀의 생일을 축하해 주고 싶었을 뿐이야.

congregation
[kàŋgrigéiʃən] 캉그리게이션

명 회합, 모이기, 집회

Congratulations! It's your 20th birthday!
축하해! 너의 20번째 생일이야!

congress
[káŋgris] 캉그리스

명 회의, 회합, 의회

He was elected Congress.
그는 국회의원에 선출되었다.

C

connect
[kənékt] 커넥트

타 자 잇다, 결합하다, 연결시키다

Please connect me with the manager who is in charge.
담당 매니저와 연결시켜 주세요.

connection
[kənékʃən] 커넥션

명 연결, 관계, 관련

Her connections gave her an advantage over the others.
연고가 있어서 그녀는 다른 사람들보다 유리했다.

conquest
[káŋkwest] 캉퀘스트

명 정복, 획득

He dreamed of the conquest of the sea.
그는 대양 정복을 꿈꾸었다.

conscience
[kánʃəns] 칸선스

명 양심, 도의심, 자각

I will keep my words on my conscience.
내 양심을 걸고 반드시 약속을 지키겠다.

conscious
[kánʃəs] 칸셔스

형 의식적인, 알고 있는

Americans are very conscious of health.
미국인들은 건강을 무척 의식한다.

consciousness
[kánʃəsnis] 칸셔스니스

명 의식, 자각, 알아챔

She lost consciousness at the first whiff of ether.
그녀는 에테르 냄새를 맡자마자 의식을 잃었다.

consent
[kənsént] 컨센트

명 동의 **자** 승낙하다, 찬성하다

Silence sometimes implies consent.
침묵은 때로 동의를 의미한다.

consequence
[kánsəkwèns] 칸시퀀스
명 결과, 결말, 영향

It was alarming to think of the possible consequences.
가능한 결과를 생각하자 불안해졌다.

conservation
[kànsərvéiʃən] 칸서-베이션
명 보존, 보안림, 유지

We have interest in wildlife conservation.
우리는 야생 동물 보호에 관심이 있다.

conservative
[kənsə́ːrvətiv] 컨서-버티브
형 보수적인, 보수당의

He is kind of conservative.
그는 보수적인편이다.

consider
[kənsídər] 컨시더
타 자 숙고하다, 고찰하다

You must consider whether it will be worth while.
당신은 그것이 가치가 있는 것인지 숙고해야만 합니다.

considerable
[kənsídərəbl] 컨시더러블
형 상당한, 중요한

He was a person of considerable celebrity.
그는 상당한 명성이 있는 인물이었다.

consideration
[kənsìdəréiʃən] 컨시더레이션
명 고려, 숙고, 중요함, 사려

A new method is under consideration.
새로운 방도를 고려 중이다.

consistent
[kənsístənt] 컨시스턴트
형 일치하는, 일관된

It's good to deal consistently with one bank.
은행은 한 군데와 일관되게 거래하는 게 좋다.

C

constant [kánstənt] 칸스턴트 — 0673
형 불변의, 일정한

He is a constant headache to me.
그는 끊임없이 내게 두통거리다.

constitution [kànstətjúːʃən] 칸스티츄-션 — 0674
명 구성, 조직, 골자

The constitution is prior to all other laws.
헌법은 다른 모든 법률에 우선한다.

construction [kənstrʌ́kʃən] 컨스트럭션 — 0675
명 세움, 구성, 건조

The road is being blocked by construction.
도로는 공사로 인해 막혀 있다.

consult [kənsʌ́lt] 컨설트 — 0676
타 상의하다, 의견을 듣다

I'll have to consult with my father first.
나는 먼저 아버지와 상의를 해봐야 겠다.

consume [kənsúːm] 컨수움 — 0677
타 자 소비하다, 다 써 버리다

All of these new cars consume less gasoline.
이런 새로운 자동차들은 모두 휘발유를 적게 소모한다.

consumer [kənsúːmər] 컨수-머 — 0678
명 소비자, 수요자

In capitalist societies the consumer is king.
자본주의 사회에서는 소비자가 왕이다.

contact [kántækt] 칸택트 — 0679
명 접촉, 인접, 교제 동 연락하다

How can I contact you?
어떻게 연락하죠?

contain
[kəntéin] 컨테인

타 포함하다, 넣다, 품다

Orange juice contains a lot of vitamin C.
오렌지 주스는 비타민 C가 많이 들어 있다.

contemporary
[kəntémpərèri] 컨템퍼레리

형 현대의 명 같은 시대 사람

Keats was contemporary with Byron.
키츠와 바이런은 동시대 사람이었다.

contempt
[kəntémpt] 컨템(프)트

명 모욕, 경멸, 체면손상

They looked on his behavior with contempt.
그들은 그의 행동을 경멸스럽게 보았다.

content
[kəntént] 컨텐트

명 만족 형 만족하여

She is quite content with her staying here all the year.
그녀는 일 년 내내 여기 머무르는데 만족하고 있다.

contest
[kántest] 컨테스트

명 경쟁, 논쟁 타 자 다투다, 논쟁하다

She was crowned Miss Universe in a beauty contest.
그녀는 미인대회에서 미스 유니버스로 뽑혔다.

continent
[kántənənt] 칸티넌트

명 대륙, 육지

The Pacific is bigger than the continent of Asia.
태평양은 아시아 대륙보다 더 크다.

continue
[kəntínju:] 컨티뉴-

타 자 계속하다, 연장하다

The work continues morning, noon and night.
그 일은 밤낮없이 계속된다.

continuous ■ 0687

[kəntínjuəs] 컨티뉴어스

[형] 연속적인, 끊임없이

The rain has been continuous since this morning.
비가 오늘 아침부터 계속 내리고 있다.

contract ■ 0688

[kántrækt] 칸트랙트

[명] 계약, 정관 [타] [자] 계약하다

They were successful in winning the contract.
그들은 그 계약을 따 내는 데 성공했다.

contrary ■ 0689

[kántreri] 칸트레리

[형] 불순한, 반대의, 모순된

This is contrary to what I expected.
이것은 내가 예상했던 것과 반대이다.

contrast ■ 0690

[kántræst] 칸트래스트

[명] 대조, 대비 [타] [자] 대조하다

This color contrasts well with green.
이 색깔은 녹색과 좋은 대조를 이룬다.

contribute ■ 0691

[kəntríbjuːt] 컨트리뷰트

[타] [자] 기부하다, 공헌하다, 기증하다

We contributed clothing to the flood victims.
우리는 수재민들을 위해 의류를 기부했다.

control ■ 0692

[kəntróul] 컨트로울

[명] 지배, 관리 [타] 통제하다

She lost control of the car.
그녀는 차를 제어할 수 없었다.

controversy ■ 0693

[kántrəvəːrsi] 칸트러버-시

[명] 논쟁, 논박전

The question gave rise to much controversy.
그 문제는 많은 논쟁을 불러 일으켰다.

convenient
[kənvíːnjənt] 컨비-년트
형 편리한, 형편 좋은

Credit cards are more convenient than cash.
신용카드가 현금보다 편리하다.

convention
[kənvénʃən] 컨벤션
명 협의회, 협약, 집합, 관례

He's there with the COMDEX convention.
그는 컴덱스 회의차 그 곳에 갔습니다.

conventional
[kənvénʃənl] 컨벤셔널
형 관습적인, 인습적인

White is the conventional color of a wedding gown.
흰 색은 웨딩드레스의 관습적인 색깔이다.

conversation
[kὰnvərséiʃən] 칸버세이션
명 회화, 담화

She is good at English conversation.
그녀는 영어 회화를 잘한다.

convert
[kənvə́ːrt] 컨버-트
타 바꾸다, 전환시키다

He converted to his wife's religion.
그는 아내의 종교로 개종했다.

convey
[kənvéi] 컨베이
타 나르다, 운반하다, 전달하다

Please convey my apologies to your wife.
부인께 부디 제가 사과드린다고 전해 주세요.

conviction
[kənvíkʃən] 컨빅션
명 유죄, 확신, 신념

He spoke with great conviction.
그는 대단한 확신을 가지고 이야기했다.

C

convince
[kənvíns] 컨빈스
타 납득시키다, 수긍하게 하다

He convinced everyone that he was honest.
그는 모두에게 자신이 정직하다는 것을 납득시켰다.

cook
[kúk] 쿡
타 요리하다 **명** 요리사

She cooks well.
그녀는 요리를 잘한다.

cool
[kúːl] 쿠울
형 서늘한, 시원한, 냉정한

It is cool today.
오늘은 서늘하다.

cope
[kóup] 코우프
자 극복하다, 대처하다

How will we cope with rising materials costs?
자재비 인상에 어떻게 대처해야 할까요?

copper
[kápər] 카퍼
명 구리, 동전, 동판

Copper is a good conductor of electricity.
구리는 전기의 훌륭한 전도체다.

copy
[kápi] 카피
명 복사, 모방, 사본

These are copies, of course.
물론, 이것들은 복사본입니다.

core
[kɔ́ːr] 코-
명 핵심, 응어리, 마음속, 속

Everything is rotten to the core.
모든 게 속까지 다 썩었어요.

corner
[kɔ́ːrnər] 코-너 ■ 0708

명 구석, 모퉁이, 귀퉁이

Turn (to the) right at the first corner.
처음 모퉁이에서 오른쪽으로 돌아가세요.

correct
[kərékt] 커렉트 ■ 0709

형 정확한, 옳은 **타** 바로 잡다

That watch is correct.
저 시계는 정확하다.

correspond
[kɔ̀ːrəspánd] 코-러스판드 ■ 0710

자 일치하다, 상당하다

His actions do not correspond with his words.
그는 언행이 일치하지 않는다.

corresponding
[kɔ̀ːrəspándiŋ] 코-러스판딩 ■ 0711

형 일치하는, 대응하는

What is the number corresponding to the picture?
이 그림에 해당하는 번호가 뭐예요?

corridor
[kɔ́ːridər] 코-리더 ■ 0712

명 복도, 회랑

That corridor leads to the classrooms.
그 복도는 교실로 이어진다.

cost
[kɔ́ːst] 코-스트 ■ 0713

명 비용, 원가, 경비, 값

It costs me 1,000 dollars.
그건 천 달러가 들었어.

cottage
[kátidʒ] 카티쥐 ■ 0714

명 시골 집, 아담한 집

She lives in a cottage by the lake.
그녀는 호숫가의 오두막집에서 산다.

C

cotton
[kátn] 카튼
■ 0715

명 목화, 솜(무명실)

Cotton is more comfortable to wear than nylon.
면(코텐)으로 된 옷을 입는것이 나이론으로 된 옷을 입는 것보다 더 편안하다.

cough
[kɔ(:)f] 코-프
■ 0716

명 기침 타 자 기침하다

I have a runny nose, sore throat and a cough.
콧물이 나고 목도 아프고 기침도 납니다.

council
[káunsəl] 카운설
■ 0717

명 평의회, 회의

The bill passed the City Council.
그 법안은 시의회를 통과했다.

counselor
[káunsələr] 카운설러
■ 0718

명 고문, 상담역, 의논상대

Please speak with a counselor.
상담원과 얘기해 보세요.

count
[káunt] 카운트
■ 0719

타 자 세다, 계산하다, 셈에 넣다

I'll count (up) to a hundred.
나는 백까지 셀 것이다.

counter
[káuntər] 카운터
■ 0720

명 판매대, 계산대

Go to the ticket counters.
표 창구로 가세요.

country
[kʌ́ntri] 컨트리
■ 0721

명 나라, 국가, 국토, 고향

My uncle lives in the country.
나의 삼촌은 시골에 살고 있다.

C

couple
[kʌ́pl] 커플 ■ 0722

명 한 쌍, 둘, 부부 **타자** 결혼하다, 맺다

The couple is very cute.
그 커플은 매우 귀여워.

courage
[kə́ːridʒ] 커-리쥐 ■ 0723

명 용기(=bravery), 담력, 배짱

He is a man of great courage.
그는 담대한 사람이다.

course
[kɔ́ːrs] 코-스 ■ 0724

명 진행, 진로, 길, 코스

Of course, we were right.
물론 우리가 옳았다.

court
[kɔ́ːrt] 코-트 ■ 0725

명 안뜰, 궁정, 큰저택

I'll see you in court.
법정에서 보자.

cousin
[kʌ́zn] 커즌 ■ 0726

명 사촌, 종형제, 친척일가

The child of your uncle or aunt is your cousin.
삼촌 혹은 이모의 자녀가 사촌이다.

cover
[kʌ́vər] 커버 ■ 0727

타 덮다, 가리다, 씌우다

The ground is covered with snow.
땅은 눈으로 덮여 있다.

cow
[káu] 카우 ■ 0728

명 암소, 젖소

The mad cow disease was an issue in Korea.
한국에서 광우병은 이슈였다.

C

crack
[krǽk] 크랙 ■ 0729

명 균열, 갈라진 금

The wall had a crack on it.
벽에 금이 갔다.

craft
[krǽft] 크래프트 ■ 0730

명 기능, 기교 타 정교하게 만들다

He crafts fine furniture by hand.
그는 수공으로 멋진 가구를 정교하게 만든다.

crash
[krǽʃ] 크래쉬 ■ 0731

명 충돌, 추락 자 와지끈 무너지다

I saw a car crashed into a tree.
나는 차가 나무에 충돌하는 것을 봤다.

crazy
[kréizi] 크레이지 ■ 0732

형 미친, 열광한, 열중한

He is a crazy guy.
그는 미친 남자다.

cream
[krí:m] 크리임 ■ 0733

명 크림, 크림색, 유지, 노른자

Ice cream is my favorite dessert.
아이스크림은 내가 가장 좋아하는 후식이야.

create
[kriéit] 크리에이트 ■ 0734

타 창조하다, 고안하다

God created the world.
신은 세상을 창조하셨다.

creative
[kriéitiv] 크리-에이티브 ■ 0735

형 창조적인, 창작력이 있는

Although he is not famous, he is a creative author.
그는 유명하진 않지만, 독창적인 작가이다.

C

creature
[kríːtʃər] 크리-처 ■ 0736

명 창조물, 피조물, 생물

Man is a creature of impulse.
인간은 충동의 동물이다.

credit
[krédit] 크레디트 ■ 0737

명 신용, 명예, 명성

Many people use credit cards.
많은 사람이 신용 카드를 사용한다.

crew
[krúː] 크루- ■ 0738

명 승무원, 선원, 동아리

The crew of a ship is the people who work there.
배의 승무원은 거기에서 일하는 사람이다.

crime
[kráim] 크라임 ■ 0739

명 범죄, 위범, 죄악

Poverty forced her into a crime.
가난 때문에 그녀는 범죄를 저질렀다.

criminal
[krímənl] 크리머널 ■ 0740

형 범죄의, 죄의 명 범인

The criminal eluded the police by hiding in the woods.
그 범죄자는 경찰을 피해서 숲에 숨었다.

crisis
[kráisis] 크라이시스 ■ 0741

명 위기, 공황, 중대한 시기

The patient is passing the crisis today.
그 환자는 오늘이 고비다.

crisp
[krísp] 크리스프 ■ 0742

형 파삭파삭한, 깨지기 쉬운

I spread butter on a crisp piece of toast.
난 바삭바삭한 토스트에 버터를 발랐다.

C

critic
[krítik] 크리틱
- 0743
명 비평가, 흠잡는 사람

The critics painted the movie in bright colors.
비평가들은 그 영화를 높이 칭찬했다.

critical
[krítikəl] 크리티컬
- 0744
형 비평의, 비판적인, 정밀한

He is very critical of the current government.
그는 현 정부에 대해 아주 비판적이다.

crop
[kráp] 크랍
- 0745
명 농작물, 수확

We are looking forward to big crop this year.
올 해는 풍작을 기대하고 있다.

cross
[krɔ́:s] 크로-스
- 0746
명 십자가, 십자형 타 자 교차하다, 가로지르다

We crossed the river by boat.
우리는 보트로 강을 건넜다.

crowd
[kráud] 크라우드
- 0747
명 군중, 많은 사람, 민중 자 군집하다

He wedged his way through the crowd.
그는 군중 속을 헤치고 나아갔다.

crown
[kráun] 크라운
- 0748
명 왕관 타 왕위에 즉위시키다

The king is wearing a crown.
왕은 왕관을 쓰고 있다.

crucial
[krú:ʃəl] 크루-셜
- 0749
형 최종적인, 중대한, 엄격한

He had a crucial role in finding the killer.
그는 살인범을 잡는데 결정적인 역할을 했다.

cruel
[krúːəl] 크루-얼

⑧ 잔인한, 무자비한, 비참한

Don't be cruel to animals.
동물을 학대하지 마라.

crush
[krʌ́ʃ] 크러쉬

⑱ 눌러 부수다, 으깨다

I had a crush on her at first sight.
첫눈에 그녀에게 반했다.

cry
[krái] 크라이

⑧ 외침 ⑱⑳ 부르짖다, 외치다

The baby is crying.
애기가 울고 있다.

crystal
[krístl] 크리스틀

⑧ 결정체, 수정 ⑧ 수정같은

The water is as clear as crystal.
물은 수정처럼 맑다.

culture
[kʌ́ltʃər] 컬처

⑧ 문화, 교양, 재배

Culture is always reflected in language.
문화는 항상 언어에 반영된다.

cup
[kʌ́p] 컵

⑧ 잔, 찻종, 글라스

Would you give me a cup of tea?
차 한 잔만 주실래요?

cupboard
[kʌ́bərd] 커버드

⑧ 찬장, 벽장, 작은장

The dishes are in the cupboard.
접시들은 찬장에 있다.

curb ■ 0757

[kə́ːrb] 커-브

[명] 고삐, 구속 [타] 구속하다

Taxis are lined up at the curb.
택시들이 도로변에 죽 서 있다.

cure ■ 0758

[kjúər] 큐어

[타] 치료하다, 고치다 [명] 치유

The doctor cured a patient.
그 의사는 환자를 치료했다.

curious ■ 0759

[kjúəriəs] 큐어리어스

[형] 기묘한, 이상한

He's a very curious boy.
그는 매우 호기심이 강한 아이야.

curl ■ 0760

[kə́ːrl] 커얼

[명] 곱슬머리 [타] [자] 곱슬거리게 하다

My wife has beautiful curly hair.
내 아내는 아름다운 곱슬머리를 가지고 있다.

currency ■ 0761

[kə́ːrənsi] 커-런시

[명] 유통, 통화, 화폐

I need to exchange some foreign currency.
외화를 좀 바꿔야 하는데요.

current ■ 0762

[kə́ːrənt] 커-런트

[형] 현재의, 지금의, 유행하는

He has no clue what the current trends are.
그는 유행에 아주 뒤떨어지고 있다.

curse ■ 0763

[kə́ːrs] 커-스

[명] 저주, 악담 [동] 저주하다

She laid a curse on him.
그녀는 그를 저주했다.

C

curtain
[kə́ːrtn] 커-턴
- 0764
- 명 커어튼, 막 타 커어튼을 달다

The curtain rises.
막이 오른다.

curve
[kə́ːrv] 커-브
- 0765
- 명 곡선, 굽음 타 자 구부리다

He focuses on a curve ball.
그는 커브공에 집중한다.

custom
[kʌ́stəm] 커스텀
- 0766
- 명 습관, 풍습, 관습

Custom is (a) second nature.
습관은 제2의 천성이다.

customer
[kʌ́stəmər] 커스터머
- 0767
- 명 고객, 단골, 거래처

Our goal is customer satisfaction.
우리의 목표는 고객 만족입니다.

cut
[kʌ́t] 커트
- 0768
- 동 베다, 자르다, 절개하다

He cut his finger with a knife.
그는 칼로 손가락을 베었다.

cute
[kjúːt] 큐-트
- 0769
- 형 영리한, 약삭빠른, 빈틈없는

You are really cute.
너는 정말 귀엽다.

cycle
[sáikl] 싸이클
- 0770
- 명 주기, 순환, 한시대

It is a cycle sport magazine.
그건 사이클 스포츠 잡지예요.

D

damage
[dǽmidʒ] 대미쥐 ■ 0771

몡 손해, 손상, 배상금

Smoking damages your health and wallet.
흡연은 당신의 건강과 지갑에 피해를 줍니다.

dance
[dǽns] 댄스 ■ 0772

몡 춤, 무용 태 자 춤추다, 뛰다

Shall we dance?
춤추실래요?

danger
[déindʒər] 데인져 ■ 0773

몡 위험, 위난

Chris is in a great danger.
크리스는 큰 위험에 처해있다.

dangerous
[déindʒərəs] 데인져러스 ■ 0774

형 위험한, 사나운

It is dangerous to swim in the deep river.
깊은 강에서 수영하는 것은 위험하다.

dark
[dáːrk] 다-크 ■ 0775

형 어두운, 캄캄한 몡 암흑, 어둠

I get a little scared in the dark.
저는 어둠 속에서는 좀 두렵습니다.

data
[déitə] 데이터 ■ 0776

몡 지식, 정보, 자료, 데이터

The data file name is invalid.
데이터 파일 이름이 올바르지 않다.

daughter
[dɔ́ːtər] 도-터 ■ 0777

몡 딸, 여자자손

She is my daughter.
그녀는 제 딸이에요.

d

dawn
[dɔ́ːn] 도온
■ 0778
자 동이 트다, 여명 명 새벽

He called me at dawn.
그는 새벽에 나에게 전화를 했다.

day
[déi] 데이
■ 0779
명 날, 하루, 낮, 주간, 일광

It has rained for two days.
이틀 동안 비가 내렸다.

dead
[déd] 데드
■ 0780
형 죽은, 생명이 없는 부 아주, 완전히

She has been dead for two years.
그녀가 죽은 지 2년이 된다.

deal
[díːl] 디일
■ 0781
동 분배하다, 거래하다, 다루다

It's your turn to deal.
당신이 할 차례다.

dear
[díər] 디어
■ 0782
형 사랑하는, 귀중한 명 애인

To my dear Frank.
나의 친애하는 프랭크에게.

death
[déθ] 데쓰
■ 0783
명 죽음, 사망, 절멸, 사인

I'll keep your secret to the death.
나는 죽음까지 너의 비밀을 지킬게.

debate
[dibéit] 디베이트
■ 0784
명 토론회, 논쟁 타 자 토론하다

We had a debate about English.
우리는 영어에 관한 논쟁을 했다.

D

debt
[dét] 데트
■ 0785

명 부채, 빚, 채무

US government has a lot of debt.
미국 정부는 많은 빚을 가지고 있다.

decade
[dékeid] 데케이드
■ 0786

명 10년간, 10권

The anniversary marked a decade in busines.
그 기념식은 창사 10주년을 기념했다.

decay
[dikéi] 디케이
■ 0787

자 썩다, 부패하다 명 부패, 부식

In summer fruits tend to decay.
여름에는 과일이 상하기 쉽다.

deceive
[disíːv] 디시-브
■ 0788

타 속이다, 기만하다

Don't deceive me.
나를 속이지 마라.

December
[disémbər] 디셈버
■ 0789

명 12월(=Dec.)

Winter vacation starts on December.
겨울방학은 12월에 시작한다.

decide
[disáid] 디사이드
■ 0790

타 자 결심하다, 결정하다, 해결하다

She decided to be a lawyer.
그녀는 변호사가 되기로 결심했다.

decision
[disíʒən] 디시젼
■ 0791

명 결정, 결의, 판결

His decision was for all our sakes.
그의 결정은 우리 모두를 위한 것이었다.

118

d

deck
[dék] 데크
■ 0792

명 갑판, 평평한 지붕, 지면

I went up on deck.
나는 갑판 위로 올라갔다.

declaration
[dèkləréiʃən] 데클러레이션
■ 0793

명 선언, 포고, 발표, 공표

You need to fill out customs declaration form first.
먼저 세관신고서를 작성하셔야 합니다.

declare
[diklɛ́ər] 디클레어
■ 0794

타 자 선언하다, 발표하다

The president declared a state of emergency.
대통령은 비상사태를 선포하였다.

decline
[dikláin] 디클라인
■ 0795

타 자 기울다, 아래로 향하다

Any further decline in price will ruin us.
가격이 더 하락하면 우리는 망하고 말 것이다.

decorate
[dékərèit] 데커레이트
■ 0796

타 장식하다, 꾸미다

Will you help me decorate the Christmas tree?
크리스마스트리 장식하는 것 좀 도와줄래요?

decrease
[díːkriːs] 디-크리이스
■ 0797

명 감소 타 자 감소시키다, 줄다

The number of smokers is on the decrease.
흡연자의 수가 줄어들고 있다.

decree
[dikríː] 데크리-
■ 0798

명 법령, 포고, 명령

He will be punished by decree.
그는 법률에 따라 처벌될 것이다.

D

deep
[díːp] 디-프 ■ 0799

형 깊은, 심원한, 심한

Breathe deep.
깊게 숨을 쉬어 봐요.

deer
[díər] 디어 ■ 0800

명 사슴, 수사슴

Deer have beautiful eyes.
사슴은 아름다운 눈을 가지고 있다.

defeat
[difíːt] 디피이트 ■ 0801

타 쳐부수다, 지우다 **명** 격파

I have no choice but to admit defeat.
패배를 인정하는 수밖에 다른 선택이 없어.

defect
[difékt] 디펙트 ■ 0802

명 약점, 결점, 부족, 단점

There is a fatal flaw[defect] in his plan.
그의 계획에는 치명적인 결함이 있다.

defense
[diféns] 디펜스 ■ 0803

명 방위, 수비, 방어, 방비

You should learn self-defence skills.
호신술을 익혀야 해요.

defend
[difénd] 디펜드 ■ 0804

타 지키다, 방위하다

You don't need to defend her.
그녀를 옹호하지 않아도 돼.

defense
[diféns] 디펜스 ■ 0805

명 방위, 수비, 방어

The defense rests on the will of the people.
방어는 사람들의 의지에 달려 있다.

d

0806 defiance
[difáiəns] 디파이언스

명 도전, 반항, 저항

He had an attitude of defiance.
그는 반항적 태도를 보였다.

0807 deficient
[difíʃənt] 디피션트

형 결함있는, 불충분한

She is deficient in common sense.
그녀는 상식이 부족하다.

0808 define
[difáin] 디파인

타 한계를 정하다, 규정짓다

It is very difficult to define the concept of beauty.
미의 개념을 정의하기란 너무 어렵다.

0809 definition
[dèfəníʃən] 데퍼니션

명 한정, 정의, 명확

The definition of the digital TV pictures is excellent.
이 디지털 TV 화면의 해상도는 아주 우수하다.

0810 defy
[difái] 디파이

타 도전하다, 경쟁하다, 무시하다

Are you trying to defy me now?
지금 나한테 반항하는 거야?

0811 degree
[digríː] 디그리-

명 정도, 등급, 눈금, 계급

The man has a Master's degree.
그 남자는 석사 학위를 가지고 있어.

0812 delay
[diléi] 딜레이

타 자 지연시키다, 미루다

How long will the plane be delayed?
비행기가 얼마나 지연이 되겠습니까?

121

D

delegate 0813
[déligət] 델리기트

명 대표자, 대리 타 대표로 보내다

Many nations send delegates to the United Nations.
많은 나라에서 U.N.에 대표를 파견한다.

deliberate 0814
[dilíbərət] 딜리버레이트

타 자 숙고하다 형 계획적인, 신중한

We deliberated on where to meet.
우리는 만날 장소에 대해 숙의했다.

delicate 0815
[délikət] 델리커트

형 섬세한, 우아한, 미묘한

It's a very delicate matter.
매우 민감한 문제야.

delicious 0816
[dilíʃəs] 딜리셔스

형 맛있는, 유쾌한, 맛좋은

The food smells delicious.
음식에서 맛있는 냄새가 난다.

delight 0817
[diláit] 딜라이트

명 기쁨, 즐거움 타 자 기뻐하다

She's very delighted to hear the news.
그녀는 그 뉴스를 듣고 매우 기뻐하였다.

deliver 0818
[dilívər] 딜리버

타 구하다, 해방하다, 배달하다

Could you deliver one to my house?
저희집까지 한상자 배달해 주시겠어요?

delivery 0819
[dilívəri] 딜리버리

명 인도, 교부, 납품

There's no delivery scheduled.
배달 예정이 없는데요.

demand
[diménd] 디맨드

명 요구 타 요구하다, 청구하다

Demand for gold has increased.
금의 수요는 증가하였다.

democracy
[dimákrəsi] 디마크러시

명 민주주의, 민주정체

This is not a democracy.
여긴 민주국가가 아니에요.

demonstrate
[démənstrèit] 데먼스트레이트

타 자 논증하다, 시위 운동을 하다

Can you demonstrate to me how to operate this machine.
이 기계를 어떻게 사용하는지 설명해 줄래요?

demonstration
[dèmənstréiʃən] 데먼스트레이션

명 증명, 표명, 논증, 증거, 시위운동

The demonstrations erupted into violence.
데모는 폭동으로 발전하였다.

dense
[déns] 덴스

형 조밀한, 밀집한

The area is dense with scrub and weeds.
그곳은 잡목과 잡초가 무성하다.

density
[dénsəti] 덴서티

명 밀도, 농도

The population density in Seoul is very high.
서울은 인구 밀도가 매우 높다.

dentist
[déntist] 덴티스트

명 치과의사

I have an appointment with my dentist.
치과의사와 약속이 있어.

D

deny
[dinái] 디나이 — 0827

타 거절하다, 부인하다

He declined either to affirm or deny.
그는 긍정도 부정도 하지 않았다.

depart
[dipá:rt] 디파-트 — 0828

타 자 출발하다, 떠나다, 벗어나다

The plane to London will depart at 2.p.m.
런던행 비행기는 오후 두 시에 출발합니다.

department
[dipá:rtmənt] 디파-트먼트 — 0829

명 부(部), 성(省), 국(局), 백화점

The department closed up shop on last Monday.
그 백화점은 지난 월요일에 폐점했다.

departure
[dipá:rtʃər] 디파-처 — 0830

명 출발, 떠남, 이탈

What is the departure time of the flight to New York?
뉴욕행 비행기의 출발 시간이 언제입니까?

depend
[dipénd] 디펜드 — 0831

자 좌우되다, 달려있다, 의존하다

It depends on the weather.
그건 날씨에 달려있다.

dependent
[dipéndənt] 디펜던트 — 0832

형 의지하고 있는, 의존하는

You can't be dependent on your parents all your life.
평생 부모님께 의지하며 살 수는 없다.

deplore
[dipló:r] 디플로- — 0833

타 ~을 비탄하다, 슬퍼하다

We must deplore young people's taking drugs.
우리는 젊은이들의 마약복용에 대해 개탄해야 한다.

deposit
[dipázit] 디파지트

타 놓다, 맡기다 **명** 예금, 공탁금

How much is the total deposit?
예금액이 총 얼마나 됩니까?

depress
[diprés] 디프레스

타 낙담시키다, 우울하게 하다

I feel depressed in bad weather.
나는 날씨가 나쁘면 우울하다.

depression
[dipréʃən] 디프레션

명 하락, 침하, 상실, 손해

Prosperity and depression move in a cycle.
호경기와 불경기는 순환한다.

deprive
[dipráiv] 디프라이브

타 빼앗다, 박탈하다

They deprived her of all her rights.
그들은 그녀의 모든 권리를 박탈했다.

depth
[dépθ] 뎁쓰

명 심도, 깊은 곳, 저음

I will love you from the depths of my soul.
제 영혼의 깊은 곳에서부터 당신을 사랑할 거예요.

deputy
[dépjuti] 데퍼티

명 대리인, 대표자, 부관

She is acting as the chairman's deputy.
그녀는 회장 직무 대리를 하고 있다.

derive
[diráiv] 디라이브

타 끌어내다, 유래하다 **자** 획득하다

Many English words are derived from Latin.
많은 영어 단어들이 라틴어에서 유래되었다.

D

descend
[disénd] 디센드

자 경사지다, 내려가다

The custom has descended up to this day.
그 관습은 오늘날까지 전해 내려오고 있다.

describe
[diskráib] 디스크라이브

타 기술하다, 그리다

Try to describe exactly what happened.
무슨 일인지 자세히 설명해 보세요.

desert
[dézərt] 데저-트

명 사막, 황무지 타 돌보지 않다

There's an oasis for every desert.
모든 사막에는 오아시스가 있다.

deserve
[dizə́ːrv] 디져-브

타 자 ~을 받을 가치가 있다

Tom Cruse deserves credit for the world's star.
톰 크루즈는 세계적인 스타라고 평가 받을 자격이 있다.

design
[dizáin] 디자인

명 디자인, 의장 타 계획하다

It is new and original in design.
디자인이 참신하다.

desirable
[dizáiərəbl] 디자이어러블

형 바람직한, 탐나는

It is very desirable to learn from experiences.
경험에서 배우는 것이 매우 바람직하다.

desire
[dizáiər] 디자이어

타 원하다, 바라다 명 욕망, 소원

Man is a creation of desire, not a creation of need.
인간은 욕망의 창조물이지 필요의 창조물이 아니다.

desk
[désk] 데스크 ■ 0848

명 책상, 사무용 책상

She is now at the desk.
그녀는 지금 책상 앞에 앉아 있다.

despair
[dispέər] 디스페어 ■ 0849

명 절망 자 절망하다, 단념하다

She was in an abyss of despair.
그녀는 절망의 구렁텅이에 빠져 있었다.

desperate
[déspərət] 데스퍼리트 ■ 0850

형 절망적인, 필사적인, 무모한

He was in a desperate situation.
그는 절망적인 상태에 있었다.

despise
[dispáiz] 디스파이즈 ■ 0851

타 경멸하다, 멸시하다

I despised him for his cowardice.
나는 그의 비겁함을 경멸했다.

despite
[dispáit] 디스파이트 ■ 0852

전 ~에도 불구하고 명 원한, 멸시

Despite his evident distress, he went on working.
그는 피로한데도 불구하고 일을 계속했다.

destiny
[déstəni] 데스터니 ■ 0853

명 운명, 천명, 숙명

Her destiny was entwined with his.
그녀의 운명은 그의 운명과 서로 얽혀 있었다.

destitute
[déstətjùːt] 데스터튜우트 ■ 0854

형 결핍한, ~이 없는

The destitute families are given an allowance.
가난한 가정들은 보조금을 지급 받는다.

D

destroy 0855
[distrɔ́i] 디스트로이

타 파괴하다, 죽이다, 부수다

The troops destroyed many houses.
그 군대는 많은 집들을 파괴했다.

destruction 0856
[distrʌ́kʃən] 디스트럭션

명 파괴, 멸망, 분쇄

They worried about the destruction of the environment.
그들은 환경 파괴를 걱정했다.

destructive 0857
[distrʌ́ktiv] 디스트럭티브

형 파괴적인, 파멸시키는, 해로운

The hydrogen bomb has huge destructive power.
수소폭탄은 엄청난 파괴력을 지니고 있다.

detach 0858
[ditǽtʃ] 디태치

타 분리하다, 파견하다, 떼다

She detached the red sticker on the wall.
그녀는 벽에 붙어 있는 빨간 스티커를 떼어냈다.

detail 0859
[díːteil] 디-테일

명 세부, 세목 **타** 상세히 설명하다

Could you analyze the market situation in detail?
시장 상황을 자세히 분석해 주시겠습니까?

detect 0860
[ditékt] 디텍트

타 발견하다, 간파하다

It is important to detect cancer in its early stages.
암은 초기에 발견하는 것이 중요하다.

detective 0861
[ditéktiv] 디텍티브

명 탐정, 형사 **형** 탐정의

A detective caught him in the act.
형사는 그를 현행범으로 체포하였다.

determination
[ditə̀ːrmənéiʃən] 디터-머네이션

명 결심, 확정

She made a determination of being honest.
그녀는 정직해질 것을 결심했다.

determine
[ditə́ːrmin] 디터-민

타 자 결정하다, 결심하다

Let's determine by a majority of votes on this issue.
이 안건은 다수결로 결정합시다.

develop
[divéləp] 디벨럽

타 자 발전시키다, 확장하다

You should develop a reading habit.
너는 독서하는 습관을 붙여야 한다.

device
[diváis] 디바이스

명 계획, 고안, 도안, 장치

Everyone is intrigued with the device.
모든 이가 그 장치에 아주 흥미로워 한다.

devil
[dévl] 데블

명 악마, 악인, 마왕, 사탄

Koreans "Red devils", supporters of Korean national soccer players.
한국사람들은 국가대표 축구팀 응원단 "붉은 악마"를 좋아한다.

devise
[diváiz] 디바이즈

타 궁리하다, 고안하다, 발명하다

They devised a method to extract the ore.
그들은 광석을 추출해내는 방법을 고안했다.

devote
[divóut] 디보우트

타 바치다, 충당하다

I have devoted my love and life to you.
나는 당신에게 내 사랑과 인생을 바쳤다.

D

diagram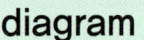
[dáiəgræm] 다이어그램

명 도표, 도식, 도형

He illustrated his point by using a simple diagram.
그는 간단한 도표를 그려 가며 요점을 설명했다.

dialect
[dáiəlèkt] 다이얼렉트

명 방언, 사투리

He speaks in dialect.
그는 사투리로 말한다.

dialog(ue)
[dáiəlɔ̀ːg] 다이얼로-그

명 대화, 문답

Most plays are written in dialogue.
대부분의 희곡은 대화체로 쓰여진다.

diameter
[daiǽmitər] 다이애미터

명 직경, 지름, 배율

The circle is ten inches in diameter.
그 원은 직경이 10인치이다.

diamond
[dáiəmənd] 다이어먼드

명 다이아몬드, 금강석, 마름모꼴

Can I see some diamond rings?
다이아몬드 반지 좀 볼 수 있을까요?

diary
[dáiəri] 다이어리

명 일기, 일지

When I was young, I tried to keep a diary.
내가 어렸을 때, 나는 일기를 쓰려고 노력했다.

dictionary
[díkʃəneri] 딕셔너리

명 사전, 사서

I have an electronic dictionary.
나는 전자사전을 가지고 있다.

die
[dái] 다이

자 죽다, 꺼지다, 말라 죽다

Everyone will die.
모든 사람은 죽을 것 이다.

diet
[dáiət] 다이어트

명 식품, 특별 식사, 규정식

If you are on a diet, don't eat and drink too much.
만약 다이어트를 한다면, 너무 많이 먹지도 마시지도 마라.

differ
[dífər] 디퍼

자 다르다, 틀리다

I differ from you on this problem.
이 문제에 대해서는 너와 의견이 다르다.

different
[dífərənt] 디퍼런트

형 다른, 이상한, 틀린

My idea is different from yours.
내 생각은 네 생각과는 다르다.

difficult
[dífikʌlt] 디피컬트

형 곤란한, 어려운, 난해한

It's very difficult to get over an addiction.
중독에서 벗어나는 건 정말 어려운 일입니다.

difficulty
[dífikʌlti] 디피컬티

명 곤란, 난사, 어려움, 수고

The difficulty in life is the choice.
인생에 있어서 어려운 것은 선택이다.

diffuse
[difjúːz] 디퓨-즈

타 자 발산하다, 흐트러뜨리다

His fame is diffused throughout the city.
그의 명성은 시중에 널리 퍼져 있다.

D

dig
[díg] 디그
■ 0883
- 타 (땅을) 파다, 탐구하다

The dog dug a hole in the garden.
개가 마당에 구멍을 팠다.

dignity
[dígnəti] 디그너티
■ 0884
- 명 위엄, 존엄, 품위

The crown stands for royal dignity.
왕관은 왕의 위엄의 상징이다.

diligent
[dílədʒənt] 딜러전트
■ 0885
- 형 부지런한, 근면한, 애쓴

Alice is very diligent.
앨리스는 매우 근면하다.

diningroom
[dáiniŋru:m] 다이닝루움
■ 0886
- 명 식당

We'll be in a diningroom.
식당에 있을게.

dinner
[dínər] 디너
■ 0887
- 명 정찬, 만찬, 오찬, 저녁식사

They had dinner together.
그들은 같이 저녁식사를 했다.

direct
[dirékt] 디렉트
■ 0888
- 타 지도하다 형 직접의, 솔직한

Can you direct me to the nearest gas station?
가장 가까운 주유소가 어디 있는지 알려 주시겠습니까?

direction
[dirékʃən] 디렉션
■ 0889
- 명 방위, 지휘, 감독, 관리

Which direction did they go?
어느 쪽으로 갔죠?

d

director
[diréktər] 디렉터 ■ 0890

명 관리자, 지도자, 중역, 장관

James was the director of the movie.
제임스는 그 영화의 감독이다.

dirt
[dớːrt] 더-트 ■ 0891

명 쓰레기, 먼지, 오물, 진흙

She cleaned the dirt off her shoes.
그녀는 구두의 먼지를 깨끗이 닦아냈다.

dirty
[dớːrti] 더-티 ■ 0892

형 더러운, 추잡한, 불결한, 비열한

Your hands are very dirty.
네 손은 매우 더러워.

disadvantage
[dìsədvǽntidʒ] 디서드밴티쥐 ■ 0893

명 불리, 불편, 손해 타 ~에게 손해를 입히다

The circumstances are to our disadvantage.
우리는 불리한 입장에 놓여 있다.

disagree
[dìsəgríː] 디서그리- ■ 0894

자 일치하지 않다, 다르다

I neither agree nor disagree with that opinion.
나는 그 의견에 찬성도 반대도 하지 않는다.

disappear
[dìsəpíər] 디서피어 ■ 0895

자 사라지다, 소멸하다

It soon disappeared from my view.
그것은 곧 내 시야에서 사라졌어.

disappoint
[dìsəpɔ́int] 디서포인트 ■ 0896

타 실망시키다, 기대를 어기다

I'm disappointed with you.
너한테 실망했다.

D

0897 disappointment
[dìsəpɔ́intmənt] 디서포인트먼트
명 실망, 낙담, 기대의 어긋남
With high expectation comes great disappointment.
기대가 크면 실망도 큰 법이다.

0898 disapprove
[dìsəprúːv] 디서프루-브
타 ~을 안된다고 하다, 비난하다
She wanted to go out but her mother disapproved.
그 여자는 외출하고 싶었지만 어머니가 허락하지 않았다.

0899 disaster
[dizǽstər] 디재스터
명 재앙, 재해, 참사
It was a disaster.
그건 재앙이었어.

0900 discharge
[distʃáːrdʒ] 디스차-쥐
타 발사하다, 방출하다, 면제하다
He was faithful in the discharge of his duties.
그는 자기 의무를 충실히 이행했다.

0901 discipline
[dísəplin] 디서플린
명 훈련, 훈육, 규율 타 훈련하다
She keeps good discipline in class.
그녀는 수업 중에 규율을 잘 잡는다.

0902 disclose
[disklóuz] 디스클로우즈
타 나타내다, 폭로하다
I can't disclose that information.
그 정보를 밝힐 수 없습니다.

0903 discount
[dískaunt] 디스카운트
명 할인, 에누리 타 할인하다
Do you have a student discount?
학생은 할인이 되나요?

discourse
[dískɔːrs] 디스코-스
■ 0904
명 강연, 설교 타 자 강연하다

He discoursed on bad effects of tobacco on the human body.
그는 담배가 인체에 미치는 악영향에 대해서 이야기했다.

discover
[diskʌvər] 디스커버
■ 0905
타 발견하다, 깨닫다

Do you know what they discovered?
뭘 알아냈는지 아니?

discretion
[diskréʃən] 디스크레션
■ 0906
명 사려, 분별, 판단

Everything is left to his own discretion.
모든 것이 그의 재량에 맡겨져 있다.

discuss
[diskʌ́s] 디스커스
■ 0907
타 논의하다, 토론하다

When do you want to discuss about this matter?
이 문제에 대해서 언제 논의하고 싶으십니까?

disease
[dizíːz] 디지-즈
■ 0908
명 병, 질환, 불건전

He has a serious heart disease.
그는 심각한 심장병을 가지고 있다.

disgust
[disgʌ́st] 디스거스트
■ 0909
타 역겹게 하다, 정떨어지게 하다

I felt disgust at his behavior.
나는 그의 행동에 혐오감을 느꼈다.

dish
[diʃ] 디쉬
■ 0910
명 접시, 식기류 타 접시에 담다

Wash the dishes.
접시를 씻으세요.

D

dishonest [0911]
[disánist] 디사니스트

형 정직하지 않은, 부정의

You are dishonest.
너는 부정직하다.

disk [0912]
[dísk] 디스크

명 원반, 레코오드

It provides the ability to conserve disk space.
디스크 공간을 절약할 수 있게 해 줍니다.

dislike [0913]
[disláik] 디슬라이크

타 싫어하다, 미워하다 **명** 혐오

She dislikes vegetables.
그녀는 야채를 싫어한다.

dismiss [0914]
[dismís] 디스미스

타 해고하다, 해산시키다

She claims she was unfairly dismissed from her post.
그녀는 자기 직장에서 부당 해고를 당했다고 주장한다.

disorder [0915]
[disɔ́ːrdər] 디소-더

명 무질서 **타** 혼란시키다

The country was in a state of extreme disorder.
그 나라는 극도의 무질서 상태에 있었다.

dispense [0916]
[dispéns] 디스펜스

타 자 분배하다, 베풀다

They dispensed medical supplies to the refugees.
그들은 난민들에게 의료 물품을 나누어 주었다.

display [0917]
[displéi] 디스플레이

타 보이다, 전시하다, 진열하다 **명** 진열

Shoes are on display in the shop window.
신발이 쇼윈도에 진열되어 있다.

d

disposal ■0918
[dispóuzəl] 디스**포**우절

명 배치, 처리, 매각, 양도

The area was designated as the disposal site of nuclear waste.
그 지역이 핵 폐기물 처리장으로 지정되었다.

dispose ■0919
[dispóuz] 디스**포**우즈

타 배치하다, 배열하다

Trash is collected and disposed of in incinerators.
쓰레기는 수거해서 소각로에서 처리한다.

dispute ■0920
[dispjúːt] 디스**퓨**-트

타 자 싸우다, 논쟁하다

The matter is beyond dispute.
그 문제는 논쟁의 여지가 없다.

disregard ■0921
[dìsrigáːrd] 디스리**가**-드

명 무시, 경시 타 무시하다

She disregarded my warnings.
그녀는 나의 경고를 무시했다.

dissolve ■0922
[dizálv] 디**잘**브

타 자 용해하다, 녹이다

Snow dissolves into water.
눈이 녹으면 물이 된다.

distance ■0923
[dístəns] 디**스**턴스

명 거리, 간격 타 사이를 두다

We traveled a short distance.
우리는 짧은 거리를 이동했다.

distant ■0924
[dístənt] 디**스**턴트

형 먼, 희미한, 떨어진

The stars are distant from the earth.
별들은 지구에서 먼 곳에 있다.

D

distinct ■0925
[distíŋkt] 디스팅(크)트

⑧ 독특한, 별개의, 다른

There are distinct differences between the two.
그 둘 사이에는 뚜렷한 차이가 있다.

distinguish ■0926
[distíŋgwiʃ] 디스팅귀쉬

🖎 분간하다, 구별하다

I can't distinguish the two types.
나는 그 두 종류를 구별할 수가 없다.

distribute ■0927
[distríbjuːt] 디스트리뷰-트

🖎 배포하다, 분류하다

The government distributes free food to the poor.
정부에서는 가난한 사람들에게 무료로 식량을 배급한다.

district ■0928
[dístrikt] 디스트릭트

⑨ 지구, 지방, 행정

This is a custom of long standing in this district.
이것은 이 지방의 오랜 관습이다.

disturb ■0929
[distə́ːrb] 디스터-브

🖎 어지럽히다, 방해하다

I'm sorry to disturb you.
방해가 되어 미안합니다.

dive ■0930
[dáiv] 다이브

⑨ 잠수, 다이빙 ㉧ 다이빙하다

They dived into a pool.
그들은 수영장으로 뛰어들었다.

diverse ■0931
[divə́ːrs] 디버-스

⑧ 잡다한, 다양한

Diverse cultural events were held.
다채로운 문화 행사가 열렸다.

divide
[diváid] 디바이드 ■ 0932

타 자 쪼개다, 나누다, 분리하다

Korea is a divided country.
한국은 분단국가입니다.

division
[divíʒən] 디비전 ■ 0933

명 분할, 구분, 구획

The company opened a new computer division.
그 회사는 컴퓨터 부서를 신설했다.

do
[dúː] 두- ■ 0934

타 하다, 행하다, 처리하다

Do not sink into absurdity ever again.
다시는 어리석은 짓 하지 마라.

doctor
[dáktər] 닥터 ■ 0935

명 의사, 박사 **타** 치료하다

I have an appointment with my family doctor today.
나는 오늘 주치의와 약속이 있어.

doctrine
[dáktrin] 닥트린 ■ 0936

명 교의(敎義), 주의, 학설

He studied the Won-Buddhism doctrine.
그는 원불교 교리를 연구했다.

document
[dákjumənt] 다켜먼트 ■ 0937

명 서류, 문서, 증서, 증권

Can you make one copy of this document?
이 서류를 한 장만 복사해 주겠어요?

dog
[dɔ́(ː)g] 독 ■ 0938

명 개, 놈, 수캐

I don't like cats but I like dogs.
나는 고양이는 좋아하지 않지만, 개는 좋아합니다.

D

doll
[dál] 달/돌
■ 0939

몡 인형, 젊은 여자

She looks like a bobby doll.
그녀는 바비인형처럼 생겼다.

dollar
[dálər] 달러
■ 0940

몡 달러(미국의 화폐 단위)

A quarter of a dollar is 25 cents.
1달러의 4분의 1은 25센트다.

domain
[douméin] 도메인
■ 0941

몡 영토, 판도, 영역, 세력

The domain was not deleted.
도메인을 삭제하지 않았습니다.

dominate
[dámənèit] 도머네이트
■ 0942

타 자 지배하다, 통치하다

He is dominated by his wife.
그는 아내에게 꼼짝 못하고 지낸다.

doom
[dúːm] 두움
■ 0943

몡 운명, 숙명, 파멸 타 운명짓다

The scheme is doomed to failure.
그 사업계획은 실패 할 운명이었어.

door
[dɔ́ːr] 도어
■ 0944

몡 문, 문짝, 도어, 문간

He shut the door.
그는 문을 닫았다.

doorway
[dɔ́ːrwèi] 도-웨이
■ 0945

몡 문간, 입구

The doorway is blocked by policemen.
경찰들이 출입구를 막고 있다.

0946
dose
[dóus] 도우스

[명] 한첩 [타] 투약하다

A fatal dose of painkiller was given to the patient.
그 환자에게 치사량의 진통제가 주어졌다.

0947
dot
[dát] 닷

[명] 점, 작은 점

Look at the big blue dot on the ceiling.
천정 위의 큰 붉은 점을 보세요.

0948
double
[dʌ́bl] 더블

[형] 2배의 [부] 2배로 [타] [자] 2배로 하다

I will double your salary.
봉급을 배로 올려 주겠다.

0949
doubt
[dáut] 다우트

[명] 의심, 의문 [타] [자] 의심하다

I doubt her honesty.
나는 그녀의 정직성을 의심한다.

0950
downstairs
[dáunstέərz] 다운스테어즈

[형] 아래층의 [부] 아래층으로

I walked downstairs to answer the doorbell.
나는 초인종이 울려서 아래층으로 내려갔다.

0951
downtown
[dàuntáun] 다운타운

[명] 도심지 [형] [부] 도심지로(의)

Take me to the downtown.
시내로 데려가 주세요.

0952
downward
[dáunwərd] 다운워드

[형] 아래로의 [부] 아래로, 내려가는

Water always flows downward.
물은 항상 낮은 곳으로 흐른다.

D

draft
[dræft] 드래프트 ■ 0953

명 설계도, 초안, 틈새바람 타 기초하다

This room has a cold draft in it.
이 방은 틈새바람이 들어온다.

drag
[dræɡ] 드래그 ■ 0954

동 끌다, 질질끌다, 끌어당기다

I dragged a heavy desk toward the door.
무거운 책상을 문 쪽으로 끌어갔다.

drama
[drá:mə] 드라-머 ■ 0955

명 극, 희곡, 연극, 극작법

I like the drama "Equs".
나는 희곡 "에쿠스"를 좋아해.

draw
[drɔː] 드로- ■ 0956

동 끌어당기다, 당기다, 접근하다

Did you draw these?
이것들 네가 그렸니?

drawing
[drɔ́:iŋ] 드로오잉 ■ 0957

명 도화, 선화, 제도, 그림

His drawings are amazingly good.
그의 그림은 아주 훌륭해요.

dream
[driːm] 드리임 ■ 0958

명 꿈, 환상, 공상 타 자 꿈꾸다

I have been dreaming of being a singer.
저는 항상 가수가 되는 것을 꿈꾸어 왔어요.

dress
[drés] 드레스 ■ 0959

동 옷을 입다, 정장시키다 명 의복

She is dressed in white.
그녀는 하얀 옷을 입고 있다.

drill
[dríl] 드릴 — 0960

명 훈련 타 자 훈련하다, 구멍을 뚫다

I drilled a hole for the screw.
드릴로 나사구멍을 뚫었어.

drink
[dríŋk] 드링크 — 0961

통 흡수하다, 마시다 명 음료

I want to drink a cup of coffee.
나는 커피 한 잔 마시고 싶다.

drive
[dráiv] 드라이브 — 0962

통 몰다, 운전하다, 쫓다

He drives a car well.
그는 운전을 잘한다.

driver
[dráivər] 드라이버 — 0963

명 기관사, 조종사, 운전수

They are tough on drunk drivers.
그들은 음주 운전자들에 대해 엄격하다.

drop
[dráp] 드랍 — 0964

명 물방울, 소량의 술 타 자 떨어지다

The glass dropped from his hand.
컵이 그의 손에서 떨어졌다.

drown
[dráun] 드라운 — 0965

타 자 물에 빠뜨리다, 흠뻑 젖게 하다

He was drowned while swimming.
그는 수영 중에 익사했다.

drug
[drʌ́g] 드럭 — 0966

명 약, 약제, 약품, 마취약

I don't drink, and I don't do drugs.
나는 술을 마시지 않고, 마약도 하지 않아.

D

drum ■ 0967
[drÁm] 드럼

명 북, 드럼, 고동 타 자 북을 치다

The rain was drumming against the windows.
빗방울이 창문을 두드리고 있었다.

dry ■ 0968
[drái] 드라이

형 마른, 건성, 건조한 타 자 말리다

How do you dry your hair?
머리카락을 어떻게 말리세요?

duck ■ 0969
[dÁk] 덕

명 오리, 집오리, 암오리

A duck caught it.
오리가 잡은 거야.

due ■ 0970
[djúː] 듀-

형 정당한, 만기가 된, 당연한

His success is due to industry.
그의 성공은 근면 덕택이다.

duke ■ 0971
[djúːk] 듀-크

명 공작(公爵), 손, 주먹

Dukes and earls were members of the aristocracy.
공작과 백작은 귀족 사회의 일원이었다.

dull ■ 0972
[dÁl] 덜

형 우둔한, 무딘 타 무디게 하다

Sometimes my ears feel dull and tired.
가끔 내 귀가 피곤하고 무뎌지는 것을 느껴.

dumb ■ 0973
[dÁm] 덤

형 벙어리의, 무언의, 말 못하는

He's a dumb.
그는 멍청이다.

during
[djúəriŋ] 듀어링
전 ~의 동안에, ~사이

It must have rained during the night.
밤 사이에 비가 온 게 틀림없습니다.

dust
[dÁst] 더스트
명 먼지, 티끌 **타** 먼지를 털다

The desk is covered with dust.
책상은 먼지로 덮여 있다.

Dutch
[dÁtʃ] 더취
형 네덜란드의 **명** 네덜란드말

Most Dutch speaks English well.
대부분의 네덜란드 사람은 영어를 잘한다.

duty
[djúːti] 듀-티
명 본분, 의무, 임무, 직책

I'm looking for a duty free shop.
면세점은 어디 있나요?

dwell
[dwél] 드웰
자 살다, 거주하다, 체재하다

A sound mind dwells in a sound body.
건전한 정신은 건전한 신체에 깃든다.

dye
[dái] 다이
명 물감, 염색 **타 자** 물들이다

I'd like to dye my hair.
머리를 염색하고 싶은데요.

dying
[dáiiŋ] 다이잉
형 죽어가는, 임종의, 빈사의

I am dying with hunger.
배고파 죽겠다.

E

each
[íːtʃ] 이-치 ■ 0981

형 각각의, 각자의 **대** 각자, 제각기

I gave them two dollars each.
나는 그들에게 각각 2 달러씩 주었다.

eager
[íːgər] 이-거 ■ 0982

형 열심인, 간절히 바라고, 열망하여

Korea team is eager to win against Japan.
한국 팀은 일본을 상대로 간절히 이기고 싶어 한다.

early
[ə́ːrli] 어얼리 ■ 0983

형 이른, 초기의 **부** 일찍이, 초기

He got up early in the morning.
그는 아침 일찍 일어났다.

earn
[ə́ːrn] 어언 ■ 0984

타 벌다, 획득하다, 손에 넣다

What should I do to earn big money?
큰 돈을 벌려면 어떻게 해야 할까요?

earnest
[ə́ːrnist] 어-니스트 ■ 0985

형 성실한, 착실한, 진지한 **명** 성실

My mother is an earnest Christian.
어머니는 독실한 기독교인이다.

earth
[ə́ːrθ] 어-쓰 ■ 0986

명 지구, 대지, 땅 **타** 흙 속에 파묻다

People live on the Earth.
사람들은 지구에 산다.

ease
[íːz] 이-즈 ■ 0987

명 편함, 안락 **타 자** 안심시키다

You make me feel at ease.
당신은 나로 하여금 편안하게 느끼게 한다.

e

east
[iːst] 이-스트
■ 0988

명 동쪽, 동방 형 동쪽의

Most beautiful beaches are in the East.
아름다운 해변들은 거의 동쪽에 있어요.

easy
[íːzi] 이-지
■ 0989

형 용이한, 쉬운, 평이한

It is easy to answer the question.
그 질문에 대답하는 것은 쉽다.

eat
[iːt] 이-트
■ 0990

동 먹다, 식사하다

I eat breakfast at seven.
나는 7시에 아침을 먹는다.

echo
[ékou] 에코우
■ 0991

명 메아리, 흉내 타 자 반향하다

His footsteps echoed around the house.
그의 발소리가 집안에 울려퍼졌다.

economy
[ikánəmi] 이카너미
■ 0992

명 경제, 절약, 검약

The world's economy is in a bad situation.
세계의 경제 상황이 매우 나쁘다.

edge
[edʒ] 에쥐
■ 0993

명 칼날, 테두리 타 날을 세우다

This knife takes a nice edge.
이 칼은 날이 잘 선다.

edition
[edíʃn] 애디션
■ 0994

명 (서적, 신문의) 판, 간행본

I have the 2000 edition of that novel.
나는 그 소설의 2000년도 판을 가지고 있다.

E

editor
■ 0995
[édətər] 에더터

명 편집자

He's the editor in chief for a newspaper.
그는 신문사의 편집장으로 있다.

educate
■ 0996
[édʒukèit] 에쥬우케이트

타 교육하다, 양성하다

He is a highly educated man.
그는 교육을 충분히 받았다.

education
■ 0997
[èdʒukéiʃən] 에쥬우케이션

명 교육, 훈도, 양성

She hoped her children would get a good education.
그녀는 그녀의 아이들이 좋은 교육을 받기를 희망했다.

effect
■ 0998
[ifékt] 이펙트

명 결과, 효과, 결말

No cause, no effect.
원인이 없으면, 결과도 없다.

effective
■ 0999
[iféktiv] 이펙티브

형 유효한, 효과적인, 효력이 있는

The law is no longer effective.
그 법은 이제 효력이 없다.

efficiency
■ 1000
[ifíʃənsi] 이피션시

명 능률, 효력, 능력

The efficiency of the staff has been dropping recently.
최근 들어 직원들의 업무 능률이 떨어지고 있다.

efficient
■ 1001
[ifíʃənt] 이피션트

형 능률적인, 효과적인

She is a very efficient secretary.
그녀는 아주 유능한 비서입니다.

e

effort
[éfərt] 에퍼트

몡 노력, 수고, 진력

Nothing can be obtained without effort.
노력이 없이는 얻는 것이 없다.

either
[íːðər] 이-더

혱 댸 둘 중 어느 것인가, 양쪽 다

Take either of the two books.
두 권의 책 어느 것이라도 가지세요.

elastic
[ilǽstik] 일래스틱

혱 탄력있는, 유연한

A rubber band is elastic.
고무 밴드는 신축성이 있다.

elbow
[élbou] 엘보우

몡 팔꿈치 탸 쟈 팔꿈치로 찌르다

I hit my elbow on the corner of the desk.
책상 모서리에다 팔꿈치를 부딪혔어.

elder
[éldər] 엘더

혱 손위의, 연장의

Listen to the counsel of your elders.
연장자들의 조언에 귀를 기울여라.

elect
[ilékt] 일렉트

탸 뽑다, 선임하다 혱 뽑힌

They elected him president.
그들은 그를 대통령으로 뽑았다.

election
[ilékʃən] 일렉션

몡 선택, 선거, 선정

Obama won the election.
오바마가 선거에서 이겼다.

E

electricity [1009]
[ilèktrísəti] 일렉트**리**서티

명 전기, 전기학, 전류

Copper conducts electricity well.
구리는 전기를 잘 전도한다.

elegant [1010]
[éligənt] **엘**러건트

형 우아한, 품위있는, 기품있는

She has elegant manners.
그녀의 매너는 아주 우아하다.

element [1011]
[éləmənt] **엘**러먼트

명 요소, 분자, 성분

Uranium is a radioactive element.
우라늄은 방사선을 방출하는 원소이다.

elementary [1012]
[èləméntəri] 엘러**멘**터리

형 초보의, 기본의, 초등의

He goes to an elementary school.
그는 초등학교에 다닌다.

elevator [1013]
[éləvèitər] **엘**러베이터

명 승강기, 엘리베이터, 기중기

Don't take the elevator. Use the stairs.
엘리베이터를 이용하지 마세요. 계단을 이용하세요.

eliminate [1014]
[ilímənèit] 일**리**머네이트

타 제거하다, 삭제하다

It is not easy to eliminate a bad habit.
나쁜 습관을 없애기는 쉽지 않다.

eloquence [1015]
[éləkwəns] **엘**러퀀스

명 웅변, 웅변술

He is noted for his eloquence.
그는 웅변으로 유명하다.

else
[éls] 엘스
- 튀 그 외에, 그 밖에 때 그렇지 않으면

What else do you want?
그 밖에 무엇을 원하세요?

elsewhere
[élshwèər] 엘스웨어
- 튀 어딘가, 딴 곳에, 딴 곳으로

Our troops are to be redeployed elsewhere.
우리 부대는 다른 곳으로 재배치될 것이다.

emancipate
[imǽnsəpèit] 이맨서페이트
- 타 해방하다, 이탈시키다

Korea was emancipated from Japanese colonial rule in 1945.
한국은 1945년에 일본의 식민통치에서 해방되었다.

embark
[embá:rk] 엠바-크
- 타 자 배를 타다, 출항하다

Passengers should embark early.
승객들은 일찍 배를 타야 합니다.

embarrass
[imbǽrəs] 임배러스
- 타 난처하게 하다, 당황케 하다

Do not be embarrassed by your mistake.
실수 때문에 당황해 하지 마라.

embassy
[émbəsi] 엠버시
- 명 대사관, 사절단

You can get a visa at the Embassy.
대사관에서 비자를 받을 수 있습니다.

embody
[imbádi] 엠바디
- 타 유행화하다, 구체화하다

This machine embodies many new features.
이 기계에는 새로운 특징들이 많이 들어 있다.

E

embrace ■1023
[imbréis] 엠브레이스

타 포옹하다, 얼싸안다

He embraced his daughter before leaving.
그는 떠나기 전에 그의 딸을 껴안았다.

emerge ■1024
[imə́ːrdʒ] 이머-쥐

자 나타나다, 나오다

The sun emerged from behind the clouds.
태양이 구름 뒤에서 나타났다.

emergency ■1025
[imə́ːrdʒənsi] 이머-전시

명 위급, 비상사태, 돌발

I got an emergency.
난 비상사태야.

emigrant ■1026
[éməgrənt] 에머그런트

형 이주하는, 이민하는 명 이민

The number of emigrants is increasing.
이주민의 수가 증가하고 있다.

eminent ■1027
[émənənt] 에머넌트

형 우수한, 저명한, 뛰어난

He is a eminent scientist.
그는 뛰어난 과학자이다.

emotion ■1028
[imóuʃən] 이모우션

명 정서, 감정, 흥분, 감격

Her voice was thrilled with emotion.
그녀의 목소리는 감동으로 떨렸다.

emperor ■1029
[émpərər] 엠퍼러

명 황제, 제왕

Better a living beggar than a dead emperor.
죽은 황제보다는 살아있는 거지가 더 낫다.

emphasis ■1030
[émfəsis] 엠퍼시스

명 강조, 강세, 역설

My English teacher puts great emphasis on grammar.
우리 영어 선생님은 문법을 크게 강조하신다.

emphasize ■1031
[émfəsàiz] 엠퍼사이즈

타 강조하다, 역설하다

He emphasized the bad effect of smoking.
그는 흡연의 폐해를 강조했다.

empire ■1032
[émpaiər] 엠파이어

명 제국, 절대 지배권, 통치

The Holy Roman Empire ended in 1806.
신성 로마 제국은 1806년에 망했다.

employ ■1033
[implɔ́i] 엠플로이

타 고용하다, 쓰다 명 사용, 고용

They are employed on a casual basis.
그들은 임시직으로 고용되었다.

employer ■1034
[implɔ́iər] 엠플로이어

명 고용주, 사용자

We were exploited by our employer.
우리는 고용주로부터 노동력을 착취당했다.

employment ■1035
[implɔ́imənt] 엠플로이먼트

명 고용, 사용, 직업, 사역

Employment opportunities for women have expanded.
여성의 고용 기회가 확대되었다.

empty ■1036
[ém*p*ti] 엠(프)티

형 빈, 공허한, 무의미한

The house was empty.
집이 비어 있다.

E

enable
[inéibl] 인네이블 ■1037

🔹 능력을 주다

Money enables one to do a lot of things.
돈이 있으면 많은 일을 할 수 있다.

enchant
[intʃǽnt] 인챈트 ■1038

🔹 매혹하다, 황홀하게 하다

The tourists were enchanted by the scenery.
관광객들은 그 풍경에 매혹되었다.

encounter
[inkáuntər] 인카운터 ■1039

🔹 우연히 만남 🔹 만나다

I encountered an old friend on the street.
나는 길에서 옛 친구를 우연히 만났다.

encourage
[inkə́ːridʒ] 인커-리쥐 ■1040

🔹 용기를 돋구다, 격려하다

My teacher encouraged me to study hard.
내 선생님은 내가 열심히 공부하도록 용기를 주었다.

end
[énd] 엔드 ■1041

🔹 마지막, 종말, 끝, 최후

The party ended at ten o'clock.
파티는 10시에 끝났다.

endeavo(u)r
[indévər] 인데버 ■1042

🔹 노력 🔹 노력하다

I have used my utmost endeavors.
나는 최선의 노력을 다했다.

endow
[indáu] 인다우 ■1043

🔹 부여하다, 기부하다, 주다

She is endowed with musical talent.
그녀는 음악적 재능을 가지고 있다.

e

endure
[indjúər] 인듀어
■ 1044

타 자 견디다, 참다, 지속하다

I endured the pain by clenching my teeth.
나는 이를 악물고 아픔을 참았다.

enemy
[énəmi] 에너미
■ 1045

명 적, 원수, 적군, 적수

The enemy finally had cried craven.
마침내 적군은 항복했다.

energy
[énərdʒi] 에너쥐
■ 1046

명 정력, 활기, 힘

You're wasting your energy.
힘 빼지 마.

enforce
[infɔ́ːrs] 인포-스
■ 1047

타 실시하다, 강요하다, 집행

Speed limit must be rigidly enforced.
속도 제한은 엄격하게 시행되어야 한다.

engage
[ingéidʒ] 인게이쥐
■ 1048

타 자 속박하다, 약속하다, 약혼시키다

I'm engaged to a millionaire.
나는 백만장자와 약혼했어.

engagement
[ingéidʒmənt] 인게이쥐먼트
■ 1049

명 약속, 예약, 약혼

I have a dinner engagement with friends this evening.
오늘 저녁 친구들과 회식 약속이 있다.

engine
[éndʒən] 엔젼
■ 1050

명 기관, 엔진, 발동기

He's in the engine room.
그는 기관실에 있습니다.

E

engineer ■1051
[éndʒəníər] 엔지니어

명 기사, 기관사, 기술자, 설계자

I am an engineer. What about you?
엔지니어입니다. 당신은요?

English ■1052
[íŋgliʃ] 잉글리쉬

형 영국의, 잉글랜드의, 영어의

She is good at English conversation.
그녀는 영어 회화를 잘한다.

enhance ■1053
[inhǽns] 인핸스

타 (가치 등을) 높이다, 향상하다

Health enhances beauty.
건강은 미를 높인다.

enjoy ■1054
[indʒɔ́i] 인죠이

타 즐기다, 향락하다, 맛보다

We enjoyed playing baseball.
우리는 야구를 하며 즐겼다.

enormous ■1055
[inɔ́ːrməs] 이노오머스

형 거대한, 막대한, 무도한

He got enormous pleasure from traveling.
그는 여행에서 커다란 즐거움을 얻었다.

enough ■1056
[inʌ́f] 이너프

형 충분한, ~에 족한 부 충분히

I have enough time.
시간은 넉넉하다.

enter ■1057
[éntər] 엔터

타 자 참가하다, 들어가다, 박히다

Do not enter with shoes on.
신을 벗고 들어가시오.

1058 **enterprise**
[éntərpràiz] 엔터프라이즈

[명] 사업, 기업, 기획

He did himself proud in the enterprise.
그는 사업에 성공했다.

1059 **entertain**
[èntərtéin] 엔터테인

[타] 환대하다, 접대하다

We were entertained with refreshments.
우리들은 다과를 대접 받았다.

1060 **entertainment**
[èntərtéinmənt] 엔터테인먼트

[명] 대접, 환대, 주연

She wants to work in the entertainment industry.
그녀는 연예계에서 일하길 원한다.

1061 **enthusiasm**
[enθúziæ̀zm] 엔쑤우지애점

[명] 열심, 열중, 열광

They rendered the song with enthusiasm.
그들은 그 노래를 열정적으로 불렀다.

1062 **entire**
[intáiər] 인타이어

[형] 전체의, 완전한, 흠없는

This entire museum is non-smoking.
박물관 전체가 금연입니다.

1063 **entitle**
[intáitl] 인타이틀

[타] 칭호를 주다, 제목을 붙이다

He is entitled to a pension.
그는 연금을 받을 자격이 있다.

1064 **entrance**
[éntrəns] 엔트런스

[명] 들어감, 입장, 입구

Where is the entrance of this building?
이 건물의 입구가 어디죠?

E

entreat ■1065
[intríːt] 인트리이트

타 간청하다, 탄원하다, 부탁하다

I entreat you for leniency.
관대한 처벌을 간청드립니다.

entrust ■1066
[intrʌ́st] 인트러-트

타 맡기다, 위임하다, 위탁하다

I was entrusted with the care of his property.
내가 그의 자산 관리를 맡았다.

entry ■1067
[éntri] 엔트리

명 입장, 참가, 입구, 등장

Entry to the museum is free.
그 박물관은 입장료가 무료이다.

envelop ■1068
[invéləp] 인벨럽

타 싸다, 봉하다, 덮다

The airport was enveloped in a dense fog.
공항은 짙은 안개로 덮여 있었다.

envelope ■1069
[énvəlòup] 엔벌로웁

명 봉투, 포장지, 싸개

Put money into an envelope.
돈을 봉투에 넣어라.

environment ■1070
[inváiərənmənt] 인바이어런먼트

명 환경, 주위, 둘러쌈, 포위

Environment is very important for students.
학생들에게 환경은 매우 중요하다.

envy ■1071
[énvi] 엔비

타 부러워하다 명 선망, 부러움, 질투

I was filled with envy at his success.
나는 그의 성공이 부러웠다.

epidemic
[èpədémik] 에퍼데믹 ■1072

명 유행병, 전염병 형 유행성의

There is an epidemic of influenza nearly every winter.
거의 매년 겨울마다 감기가 유행한다.

episode
[épəsòud] 에퍼소우드 ■1073

명 삽화, 에피소드, 소설, 극

There are many episodes told of him.
그에 관한 많은 에피소드가 있다.

epoch
[épək] 에퍽 ■1074

명 신기원, 신시대, 시대

Einstein's theories marked a new epoch in physics.
아인슈타인의 이론은 물리학의 신기원을 열었다.

equal
[í:kwəl] 이-퀄 ■1075

형 같은, 동등한 타 ~과 같다

I cut an apple into two equal parts.
나는 사과를 이등분하였다.

equator
[ikwéitər] 이퀘이터 ■1076

명 적도(赤道), 주야

The countries near the equator are usually hot.
적도 근처에 있는 나라들은 대체로 덥다.

equip
[ikwíp] 이퀍 ■1077

타 갖추다, 설비하다, 꾸미다

The gym was equipped with shower facilites.
그 체육관은 샤워 시설이 갖추어져 있었다.

equipment
[ikwípmənt] 이퀍먼트 ■1078

명 비품, 준비, 장비

I will sell some of my equipment.
내 장비라도 팔아야지.

E

equity
[ékwəti] 에쿼티 ■ 1079

명 공평, 공정, 정당

Social justice and equity is important value.
사회정의와 평등은 중요한 가치이다.

equivalent
[ikwívələnt] 이퀴벌런트 ■ 1080

형 동등의, 동등한, ~와 같은

1000 won is equivalent to 1 US dollar.
1000원은 1달러와 맞먹는다.

era
[íərə] 이어러 ■ 1081

명 기원, 시대, 연대

The new era of information technology has already began.
정보기술의 새로운 시대가 이미 시작되었다.

eraser
[iréisər] 이레이서 ■ 1082

명 칠판 지우개, 고무지우개

He bought an eraser.
그는 지우개를 샀다.

erect
[irékt] 이렉트 ■ 1083

형 똑바로 선 타 똑바로 세우다

The old man erected himself alone without help.
노인은 도움없이 혼자서 몸을 일으켰다.

error
[érər] 에러 ■ 1084

명 잘못, 실수, 착오, 과오

Is there an error?
에러 있어요?

escape
[iskéip] 이스케잎 ■ 1085

타 자 탈출하다, 도망하다

Did he just escape?
도망친 거야?

e

especially
[ispéʃəli] 이스페셔리
- 튀 특히, 대단히, 각별히

It is especially cold this morning.
오늘 아침은 특히 춥다.

essay
[ései] 에세이
- 명 평론, 수필, 시론

The essay is written in a concise style.
그 수필은 간결한 문체로 쓰여 있다.

essence
[ésns] 에선스
- 명 본질, 정수, 정유

Tolerance is the essence of friendship.
관용이 우정의 본질이다.

essential
[isénʃl] 이센셜
- 형 본질적인, 필수의 명 요소

Perseverance is the first essential to success.
성공에는 인내가 첫번째 필수이다.

establish
[istǽbliʃ] 이스태블리쉬
- 타 확립하다, 창립하다, 설립하다

They established English as the official language of the country.
그들은 영어를 국가의 공식 언어로 제정하였다.

establishment
[istǽbliʃmənt] 이스태블리쉬먼트
- 명 설립, 설정, 설치

They have sanctioned the establishment of a foundation.
그들은 재단법인의 설립을 허가했다.

estate
[istéit] 이스테이트
- 명 재산, 유산, 토지, 부동산

He has extensive real estate holdings.
그는 많은 부동산을 소유하고 있다.

E

esteem
[istíːm] 이스**티**임
■ 1093

타 존경하다, 존중하다

They esteem each other's character.
그들은 서로의 인격을 존중한다.

estimate
[éstəmèit] 에스터메이트
■ 1094

타 어림잡다, 견적하다, 평가하다 **명** 견적, 평가

How soon can you get me an estimate?
견적을 얼마나 빨리 받아 볼 수 있을까요?

etc.
[etsétərə] 엣세터러
■ 1095

약 et cetera 줄임, ~따위, ~등

He asked me my name, age, address, etc.
그는 나에게 이름, 나이, 주소 등을 물었다

eternal
[itə́ːrnl] 이**터**-널
■ 1096

형 영원한, 불멸의, 끝없는

This is an eternal truth.
이것은 불변의 진리이다.

ethics
[éθiks] 에씩스
■ 1097

명 윤리, 윤리학, 도덕

Public officials need strict professional ethics.
공무원에게는 임격한 직업윤리가 요구된다.

European
[jùərəpíːən] 유어러**피**언
■ 1098

형 유럽의 **명** 유럽 사람

What do Europeans think about this matter?
유럽인들은 이 문제에 대해서 어떻게 생각하나요?

even
[íːvən] **이**-번
■ 1099

부 까지도, ~조차 **형** 평평한

Even a child can understand it.
어린 아이조차도 그것을 알 수 있다.

evening
[íːvniŋ] 이-브닝 ■ 1100

⑬ 저녁 때, 해질 무렵, 밤

This is truly a wonderful evening.
정말로 아름다운 밤이네요.

event
[ivént] 이벤트 ■ 1101

⑬ 사건, 대사건, 결과, 사변

It was quite an event.
그건 정말 큰 사건이었다.

ever
[évər] 에버 ■ 1102

⑭ 일찍이, 언젠가, 언제나

Have you ever been to London?
런던에 가 본 적이 있니?

every
[évri] 에브리- ■ 1103

⑬ 모든, 일체의, 어느 ~이다

Every boy likes baseball.
모든 소년이 야구를 좋아한다.

everyday
[évridèi] 에브리데이 ■ 1104

⑬ 매일의, 일상의, 평범한

I used to work out in the gym everyday.
나는 매일 체육관에 가서 운동하곤 했다.

everything
[évriθiŋ] 에브리씽 ■ 1105

㈹ 모든 것, 모두, 만사

Everything is all right.
모든 게 다 좋다.

everywhere
[évrihwɛ̀ər] 에브리웨어 ■ 1106

⑭ 어디에나, 도처에

Everywhere we went was full of tourists.
우리가 가는 어디나 관광객이 가득했다.

E

evidence
[évədəns] 에비던스
■ 1107

명 증거, 징후, 증언 **타** 증명하다

There is no evidence of his guilt.
그가 유죄라는 증거는 조금도 없다.

evident
[évədənt] 에비던트
■ 1108

형 뚜렷한, 명백한, 분명한

The warmth of spring is evident now.
이제는 따스한 봄기운이 완연하다.

evil
[íːvəl] 이-벌
■ 1109

형 간악한, 나쁜, 사악한

Love of money is the root of all evil.
금전욕은 모든 악의 근원이다.

evolution
[èvəlúːʃən] 에벌루-션
■ 1110

명 진화, 전개, 발전, 진전

The evolution of the computer was rapid.
컴퓨터의 발달은 아주 빠르다.

evolve
[iválv] 이발브
■ 1111

타 자 전개하다, 발전시키다

Society has evolved over a long period of time.
사회는 오랜 시간에 걸쳐 진화되어 왔다.

exact
[igzǽkt] 익잭트
■ 1112

형 엄밀한, 정확한, 틀림없는

This watch keeps exact time.
이 시계는 정확하다.

exaggerate
[igzǽdʒərèit] 익재져레이트
■ 1113

타 과장하다, 허풍떨다

I think he's exaggerating too much.
그는 너무 과장하는 것 같다.

e

examination 1114
[igzæmənéiʃən] 익재머네이션

명 시험, 검사, 심사, 조사

We need to do some examinations.
우리는 몇 가지 검사를 해야 한다.

examine 1115
[igzǽmin] 익재민

타 자 조사하다, 검사하다

I'll examine the proposal later.
그 제안을 나중에 검토할게요.

example 1116
[igzǽmpl] 익잼펄

명 실례, 보기, 견본

Give me an example.
예를 하나 들어줘.

exceed 1117
[iksíːd] 익시-드

타 자 초과하다, (한도를) 넘다

She was exceeding the speed limit.
그녀는 제한 속도를 초과해서 달리고 있었다.

excel 1118
[iksél] 익셀

동 (~을) 능가하다, 뛰어나다

She has excelled in foreign languages.
그녀는 외국어에 탁월하다.

excellent 1119
[éksələnt] 엑설런트

형 우수한, 탁월한, 일류의

He is an excellent soccer player.
그는 뛰어난 축구 선수예요.

except 1120
[iksépt] 익셉트

전 ~을 제외하고 타 제외하다

Everyone is ready except you.
너 말고는 다 준비되어 있다.

E

exception
[iksépʃən] 익셉션

명 제외, 예외, 이의(異議)

There is no rule without exception.
예외 없는 규칙은 없다.

excess
[iksés] 익세스

명 과다, 과잉, 초과, 잉여

He drinks to excess.
그는 지나치게 술을 많이 마신다.

exchange
[ikstʃéindʒ] 익스체인쥐

타 자 교환하다, 환전하다

Will you exchange seats with me?
자리를 바꿔 주시겠습니까?

excite
[iksáit] 익사이트

타 자극하다, 흥분시키다, 돋우다

Don't get excited.
흥분하지 마라.

exclude
[iksklúːd] 익스클루-드

타 배척하다, 추방하다, 몰아내다

They excluded him from a club.
그들은 그를 클럽에서 제명했다.

exclusive
[iksklúːsiv] 익스클루시브

형 배타적인, 독점적인

The company has the exclusive right to sell oil.
그 회사는 석유 독점 판매권을 가지고 있다.

excuse
[ikskjúːz] 익스큐-즈

타 변명하다, 용서하다, 면제하다

Excuse me.
미안합니다. 실례합니다.

execute
[éksikjù:t] 엑시큐-트

타 실행하다, 실시하다, 수행하다

All of them were executed for treason.
그들은 모두 반역죄로 처형됐다.

executive
[igzékjutiv] 익제커티브

형 실행의, 실시의, 적합한

He is an executive at a major company.
그는 대기업의 임원이다.

exempt
[igzémpt] 익젬(프)트

타 면제하다, 면해주다 형 면제된

He was exempted from military service.
그는 병역 면제를 받았다.

exercise
[éksərsàiz] 엑서사이즈

명 사용, 운동, 연습, 훈련

Exercise is good for you.
운동은 당신에게 좋다.

exertion
[igzə́:rʃən] 익저-션

명 노력, 진력, 발휘, 수고

You will succeed if you only do your exertion.
전력을 다하기만 한다면 성공할 것이다.

exhaust
[igzɔ́:st] 익조-스트

타 자 비우다, 다하다, 유출하다

I'm exhausted after walking all day long.
하루 종일 걸었더니 녹초가 되었다.

exhibit
[igzíbit] 익지비트

타 보이다, 공개하다, 전시하다 명 전시, 전람

The gallery will exhibit new paintings soon.
그 화랑은 곧 새로운 그림을 전시할 거예요.

E

exist
[igzíst] 익지스트

재 존재하다, 생존하다

Man cannot exist without air.
인간은 공기 없이는 살아갈 수 없다.

existence
[igzístəns] 익지스턴스

명 실재, 생존, 실존, 존재

He is positive as to the existence of God.
그는 신의 존재를 확신하고 있다.

exit
[égzit] 엑지트

명 나가는 곳, 출구 타 퇴거하다

Where is the exit of this theater?
이 극장의 출구가 어디 있나요?

expect
[ikspékt] 익스펙트

타 기대하다, 예기하다

I expected a phone call from him.
나는 그의 전화가 오기를 기다렸다.

expense
[ikspéns] 익스펜스

명 소비, 지출, 비용, 출비

He keeps a journal of expenses.
그는 지출 장부를 쓰고 있다.

expensive
[ikspénsiv] 익스펜시브

형 비싼, 사치스런, 돈이 드는

It's too expensive.
너무 비싸요.

experience
[ikspíəriəns] 익스피어리언스

명 경험, 체험, 경력

I don't have any experience in that field.
저는 그 분야에 경험이 없습니다.

experiment
[ikspérəmənt] 익스페러먼트

명 실험, 시도 타 실험하다

I need to do some experiments this week.
이번 주에 몇 가지 실험을 해야 해요.

expert
[ékspəːrt] 엑스퍼-트

명 숙달자, 노련가, 전문가

She was presented as a computer expert.
그녀는 컴퓨터 전문가로 소개되었다.

explain
[ikspléin] 익스플레인

타 자 설명하다, 해석하다, 쉽게 하다

He explained the rules to us.
그는 우리에게 그 규칙을 설명했다.

explanation
[èksplənéiʃən] 엑스플러네이션

명 설명, 해설, 변명

This dictionary gives fuller explanation than one.
이 사전이 저 사전보다 설명이 자세하다.

explode
[iksplóud] 익스플로-드

타 자 폭발시키다, 타파하다

The teacher exploded with anger.
그 선생님은 격노하였다.

explore
[iksplɔ́ːr] 익스플로-

타 자 탐험하다, 답사하다

I want to explore all over the world.
나는 세상 모든 곳을 탐험하고 싶어.

export
[ikspɔ́ːrt] 익스포-트

명 수출 타 수출하다

The U.S. had been Korea's largest export destination.
미국은 우리나라의 최대 수출국이었다.

E

expose
[ikspóuz] 익스**포**-즈 ■ 1149

타 (위험, 비바람 따위에) 쐬다

Don't expose your skin to the sun too much.
햇볕에 피부를 많이 노출시키지 마세요.

express
[iksprés] 익스프레스 ■ 1150

타 표현하다 형 명백한 명 급행열차

You are allowed to express yourself.
스스로를 표현해 보세요.

expression
[ikspréʃən] 익스프레션 ■ 1151

명 표현, 말투, 표시, 어귀

It is very useful expression.
그건 매우 유용한 표현이야.

extend
[iksténd] 익스텐드 ■ 1152

타 늘이다, 펴다, 넓히다

You can extend the term of the loan by up to three days.
대출 기한은 3일까지 연장 가능하다.

extent
[ikstént] 익스텐트 ■ 1153

명 넓이, 크기, 지역, 범위

That's true, to a certain extent.
어느 정도는 그것이 사실이다.

external
[ikstə́ːrnl] 익스터어널 ■ 1154

형 외부의, 외계의, 표면의

There was no indication of external damage.
외부적인 손상의 징후는 없었다.

extract
[ikstrǽkt] 익스트랙트 ■ 1155

타 끌어내다, 뽑아내다, 캐내다

We extract oil from olives.
올리브에서 기름을 추출한다.

fable
[féibl] 페이벌
- 1156
- 명 우화(寓話), 꾸민 이야기, 전설

I like reading Aesop's Fables.
이솝 우화 읽는 것을 좋아한다.

fabric
[fǽbrik] 패브릭
- 1157
- 명 조직, 피륙, 직물, 천

The fabric outwears the other.
이 천은 딴 것보다 질기다.

face
[féis] 페이스
- 1158
- 명 낯, 얼굴, 표정 타 자 대면하다

His face turned red.
그의 얼굴이 빨개졌다.

facility
[fəsíləti] 퍼실러티
- 1159
- 명 설비, 시설, 편의, 쉬움

They worked hard at the same research facility.
그들은 같은 연구 기관에서 열심히 일을 했다.

fact
[fǽkt] 팩트
- 1160
- 명 사실, 진상, 실제, 진실

It is a fact, not a fantasy.
그건 환상이 아니라, 사실이야.

factor
[fǽktər] 팩터
- 1161
- 명 요소, 요인, 원동력, 인자

Drinking is a main factor of quarrel.
술은 말다툼의 요인이 된다.

factory
[fǽktəri] 팩터리
- 1162
- 명 공장, 제작소, 대리점

Our factory has been closed for ten days.
우리 공장은 10일째 휴업 중이다.

F

faculty
[fǽkəlti] 패컬티
■ 1163

명 능력, 권능, 기능, 지능

She has a faculty for making friends.
그녀는 친구를 사귀는 재능이 있다.

fade
[feid] 페이드
■ 1164

타 자 시들다, 색이 바래지게 하다

Old soldiers never die, they only fade away.
노병은 죽지 않는다, 다만 사라질 뿐이다.

fail
[feil] 페일
■ 1165

타 자 실수하다, 게을리하다, 부족하다

I failed in the exam.
시험에서 낙제했어.

failure
[féiljər] 페일리어
■ 1166

명 실패, 태만, 낙제, 부족

The failure was a good experience to me.
그 실패는 좋은 경험이 되었다.

faint
[feint] 페인트
■ 1167

형 희미한, 약한 **자** 기절하다

She fell down and fainted.
그녀는 그만 쓰러져 기절하고 말았다.

fair
[fɛ́ər] 페어
■ 1168

형 공정한, 공평한 **부** 공명정대하게

The referee gave a fair decision.
그 심판관은 공정한 판결을 내렸다.

faith
[feiθ] 페이쓰
■ 1169

명 신뢰, 신념, 신조

Children usually have faith in their parents.
어린이들은 보통 부모에 대한 믿음이 있다.

faithful
[féiθfəl] 페이쓰펄

형 성실한, 정확한, 충실한

Dogs are faithful to their owners.
개들은 주인에게 충직하다.

faithfully
[féiθfəli] 페이쓰펄리

부 충실히, 성실하게, 정숙하게

He is faithful to his mother.
그는 그의 어머니에게 충실하다.

fall
[fɔːl] 포올

자 떨어지다, 함락하다, 지다

Young children often fall down.
아이들은 곧잘 넘어진다.

false
[fɔːls] 포올스

형 거짓의, 그릇된 부 거짓으로

The rumor turned out to be false.
그 소문은 거짓으로 판명되었다.

fame
[féim] 페임

명 명성, 성망 타 유명하게 만들다

She has achieved worldwide fame.
그녀는 세계적인 명성을 얻었다.

familiar
[fəmíljər] 퍼밀리어

형 잘알려진, 친한 명 친한 사람, 친구

He has few familiar friends.
그는 친한 친구가 적다.

family
[fǽməli] 패멀리

명 가족, 식구, 일가, 가정

My family are all well.
우리 식구는 모두 잘 있다.

F

famine 1177
[fǽmin] 패민

[명] 기근, 굶주림, 결핍

Each year famine kills millions of people.
매년 수많은 사람들이 기아로 죽어갑니다.

famous 1178
[féiməs] 페이머스

[형] 유명한, 잘 알려진

Naju is famous for sweet and juicy pears.
나주는 달고 과즙이 풍부한 배로 유명하다.

fan 1179
[fǽn] 팬

[명] 부채, 선풍기 [동] 부채질하다

The fan was almost noiseless.
그 선풍기는 소음이 거의 나지 않았다.

fancy 1180
[fǽnsi] 팬시

[명] 공상, 환상, 변덕 [타] 공상하다

I have a fancy that he will not come.
그가 오지 않을 거란 생각이 든다.

fantasy 1181
[fǽntəsi] 팬터시

[명] 공상, 환상, 기상

Harry Potter is a main character of a well-known fantasy novel.
해리포터는 유명한 환상 소설의 주인공이에요.

far 1182
[fɑːr] 파-

[형] 먼, 저쪽의 [부] 멀리, 아득한

How far can you walk?
어디까지 [어느 정도] 걸을 수 있니?

fare 1183
[fɛər] 페어

[명] 요금, 운임, 통행료 [자] 지내다

The bus fare is 900 won a section.
버스 요금은 구간 900원 이다.

f

farm
[fɑ́ːrm] 파암

■ 1184

명 농지, 농가 타 자 경작하다

He works on a farm.
그는 농장에서 일한다.

farther
[fɑ́ːrðər] 파-더

■ 1185

형 더 먼, 더 앞의 부 더 멀리

How much farther do we have to go?
얼마나 더 멀리 가야 하나요?

fashion
[fǽʃən] 패션

■ 1186

명 유행, 방식 타 모양을 만들다

She is a big name in fashion industry.
그녀는 패션계의 주요 인물이다.

fashionable
[fǽʃənəbl] 패셔너블

■ 1187

형 유행의, 사교계의

Her hair style is very fashionable.
그녀의 헤어 스타일은 최신 유행 스타일이다.

fast
[fǽst] 패스트

■ 1188

형 빠른, 민첩한, 고속의, 단단한

He runs fast.
그는 빨리 달린다.

fasten
[fǽsn] 패슨

■ 1189

타 자 단단히 고정시키다, 잠기다

Fasten your seat belt.
안전띠를 매세요.

fat
[fǽt] 패트

■ 1190

형 살찐, 비대한 명 기름기

She exercises every day to avoid getting fat.
그녀는 살이 찌지 않으려고 매일 운동한다.

F

fatal
[féitl] 페이틀

형 숙명의, 치명적인, 운명의

This illness in almost all cases is fatal.
이 질병은 거의 모든 경우에 치명적이다.

fate
[féit] 페이트

명 운명, 숙명, 파멸, 인연

His fate is in my hands.
그의 운명은 내 손안에 있다.

father
[fɑ́ːðər] 파-더

명 아버지, 조상, 장인

He had a letter from his father.
그는 아버지로부터 편지를 받았다.

fatigue
[fətíːg] 퍼티-그

명 피로, 피곤 **타** 지치게 하다

A cup of coffee relieved my fatigue.
한 잔의 커피는 피로를 풀어준다.

fault
[fɔ́ːlt] 포올트

명 결점, 과실, 과오, 허물

This is not your fault.
당신 실수가 아니에요.

favo(u)r
[féivər] 페이버

명 호의, 친절, 은혜, 부탁

Could you me a favor?
부탁 하나 해도 될까요?

favo(u)rite
[féivərit] 페이버리트

형 마음에 드는 **명** 행운아

White is my favorite color.
흰색은 내가 가장 좋아하는 색이야.

f

fear
[fiər] 피어
■ 1198

명 두려움, 공포 타 자 무서워하다

I still have fears.
난 아직 두려워.

feast
[fiːst] 피-스트
■ 1199

명 축제일, 향연 타 자 잔치를 베풀다

After feast, we went to movies by ourselves.
축하연 후에, 우리는 우리끼리 영화를 보러 갔다.

feat
[fiːt] 피-트
■ 1200

명 행위, 공적, 묘기

The magician performed a daring feat.
그 마술사는 대담한 묘기를 부렸다.

feather
[féðər] 페더
■ 1201

명 깃털, 깃 장식

Look, I have a feather!
여기 깃털이 있어요.

feature
[fíːtʃər] 피-쳐
■ 1202

명 용모, 특징 타 ~의 특징이 되다

You have the most beautiful features.
당신은 정말 아름다운 모습을 갖고 있어요.

February
[fébruèri] 페브루에리
■ 1203

명 2월(약 Feb.)

February is the second month of the year.
2월은 일년 중 두 번째 달이다.

federal
[fédərəl] 페더럴
■ 1204

형 연방의, 연방 정부의, 동맹의

The federal government disperses funds to the states.
연방정부는 주 정부에 기금을 분배한다.

F

fee
[fi:] 피-

■ 1205

명 수수료, 요금 타 요금을 치르다

The entrance fee is $10.00 per head.
입장료는 일인당 10달러이다.

feed
[fi:d] 피-드

■ 1206

동 먹이다, 기르다

I have a family to feed.
나는 부양해야 할 가족이 있어.

feel
[fi:l] 피일

■ 1207

동 만지다, 더듬다 명 느낌, 감촉

I felt happy.
행복하게 느꼈다.

feeling
[fí:liŋ] 피일링

■ 1208

명 촉감, 지각, 느낌, 감촉

I have a guilty feeling of what happened.
발생한 일에 대해 죄책감이 들어요.

fellow
[félou] 펠로우

■ 1209

명 동무, 친구, 동지 형 동지의

Altogether he is a very nice fellow.
어쨌든 그는 아주 좋은 녀석이다.

female
[fí:meil] 피-메일

■ 1210

명 여성, 암컷 형 여자의

A female chicken is a hen.
암탉은 hen이라고 한다.

feminine
[fémənin] 페머닌

■ 1211

형 여성의, 여자다운

She is not very feminine.
그 여자는 여자다운 데가 없다.

f

fence
[féns] 펜스
- 1212
- 명 담, 울타리 타 자 방어하다

Turn around and face the fence!
뒤돌아서 울타리를 마주 봐!

fertile
[fɚ́ːrtl] 퍼-틀
- 1213
- 형 기름진, 풍부한

The soil here is fertile.
이곳은 땅이 비옥하다.

festival
[féstəvəl] 페스터벌
- 1214
- 명 축전, 축제일, 향연

The hall was decorated for the festival.
홀은 축제를 위해서 꾸며졌다.

fetch
[fétʃ] 페취
- 1215
- 타 가서 가져오다, 불러오다

Could you please fetch some more orange juice?
오렌지 주스 좀 가져다 주시겠습니까?

feudal
[fjúːdl] 퓨-들
- 1216
- 형 봉건(제도)의, 영지의

They tried to break down the feudal social system.
그들은 봉건적인 사회 제도를 타파하려고 했다.

fever
[fíːvər] 피-버
- 1217
- 명 열병, 열, 열광 타 발열시키다

I have a high fever.
고열이 있다.

few
[fjuː] 퓨-
- 1218
- 명 소수 형 소수의, 적은

He has a few friends.
그는 친구가 조금 있다.

F

fiction
[fíkʃən] 픽션
■ 1219

명 소설, 꾸며낸 일, 가정, 가설

Do you like science fiction novels?
공상 과학 소설을 좋아하니?

field
[fíːld] 피일드
■ 1220

명 벌판, 들, 논, 목초지

The farmer has a large field.
그 농부는 큰 토지를 가지고 있다.

fierce
[fíərs] 피어스
■ 1221

형 사나운, 맹렬한, 흉포한

Fierce fighting has continued.
격렬한 싸움이 계속되었다.

fig
[fíg] 피그
■ 1222

명 무화과, 복장, 모양

They planted fig trees at the garden.
그들은 정원에 무화과 나무를 심었다.

fight
[fáit] 파이트
■ 1223

명 전투, 다툼 타 자 전투하다

Do you want to fight?
싸우고 싶어?

fighting
[fáitiŋ] 파이팅
■ 1224

명 싸움, 전투, 투쟁 형 싸우는, 전투의

Never get between fighting dogs.
싸우고 있는 개들 사이에 절대로 끼어들지 마라.

figure
[fígjər] 피겨
■ 1225

명 모양, 형태 타 자 그리다

You have to figure it out.
네가 그것을 알아 내야해.

file
[fáil] 파일 — 1226

명 서류철, 표지 **타** 철하다

I have the personnel file for the driver.
나는 운전사의 개인 파일을 가지고 있다.

fill
[fil] 필 — 1227

타 자 채우다, 가득 차다

He filled the basket with apples.
그는 바구니에 사과를 가득 채웠다.

film
[film] 필름 — 1228

명 필름, 피막 **타 자** 얇은 껍질로 덮다

He is a film director.
그는 영화감독이다.

filter
[fíltər] 필터 — 1229

명 여과기, 여과판 **타 자** 거르다

Sunlight filtered through the curtains.
햇볕이 커튼을 통해 스며 들어왔다.

final
[fáinl] 파이널 — 1230

형 최후의, 결정적인 **명** 최후, 최종

A final report is due to be released next week.
최종 보고서는 다음 주에 나올 예정이다.

finally
[fáinəli] 파이널리 — 1231

부 마침내, 최후로

Finally she passed the exam.
마침내 그녀는 시험에 합격했다.

finance
[fainǽns] 파이낸스 — 1232

명 재정, 재무, 재력

My husband usually handles our finances.
자금은 남편이 주로 관리하다.

F

financial
[fainǽnʃəl] 파이낸셜 ■ 1233

🔘 재정의, 재무의

Your company is suffering from financial trouble.
당신 회사가 재정적인 문제로 고생하고 있어요.

find
[fáind] 파인드 ■ 1234

🔘 찾아내다, 발견하다

I found a key.
열쇠를 찾아냈다.

fine
[fáin] 파인 ■ 1235

🔘 뛰어난, 훌륭한 🔘 벌금

I'm fine, Thank you.
저는 괜찮아요, 감사합니다.

finger
[fíŋɡər] 핑거 ■ 1236

🔘 손가락 🔘 손가락을 대다

Can I see your fingers?
손가락을 좀 봐도 될까요?

finish
[fíniʃ] 피니쉬 ■ 1237

🔘 완성하다, 마치다, 끝나다

I finished writing a letter.
나는 편지 쓰기를 끝냈다.

fire
[fáiər] 파이어 ■ 1238

🔘 불, 화롯불, 모닥불, 숯불

There was a big fire last night.
간밤에 큰 불이 났다.

firm
[fə́ːrm] 퍼엄 ■ 1239

🔘 굳은, 단단한, 튼튼한 🔘 굳게

It is their firm belief that the earth is flat.
지구가 평평하다는 것이 그들의 확고한 신념이다.

first
[fə́ːrst] 퍼-스트

⬛ 첫번째의, 최초의 ⬛ 첫째로

At first I didn't like English.
처음에는 영어를 좋아하지 않았다.

fish
[fiʃ] 피쉬

⬛ 물고기, 생선

I caught five fish yesterday.
나는 어제 물고기 다섯 마리를 잡았다.

fit
[fit] 피트

⬛ 적당한 ⬛ ⬛ ~에 적합하다

Look at you! It's a perfect fit.
보세요. 정말 잘 어울립니다.

fix
[fiks] 픽스

⬛ ⬛ 고정시키다, 고정하다

The store opens and closes at fixed hour.
그 가게는 고정된 시간에 열고 닫는다.

flag
[flǽg] 플래그

⬛ 기 ⬛ 기를 올리다

The national flag is flapping in the wind.
국기가 바람에 날리고 있다.

flame
[fléim] 플레임

⬛ 불길, 화염 ⬛ 훨훨 타다

The house was in flames.
그 집은 불길에 휩싸였다.

flash
[flǽʃ] 플래쉬

⬛ 섬광, 번쩍임 ⬛ ⬛ 번쩍이다

A good idea flashed on me.
좋은 생각이 순간 떠올랐다.

F

flat — 1247
[flǽt] 플래트

형 평평한 **타 자** 평평하게 하다

He bought me these flat shoes.
그는 나에게 이 플랫슈즈를 사줬어.

flatter — 1248
[flǽtər] 플래터

타 아첨하다, 알랑거리다

Don't flatter yourself.
자만하지 마라.

flavo(u)r — 1249
[fléivər] 플레이버

명 풍미, 맛, 향기

Ice cream comes in many flavors.
아이스크림 맛이 여러가지다.

flaw — 1250
[flɔ́ː] 플로-

명 흠, 금, 결점 **타 자** 금가다

When we fall in love, we are unable to see a person's flaws.
사랑에 빠지면 그 사람의 결점을 볼 수 없게 된다.

flee — 1251
[flíː] 플리-

타 자 도망하다, 피하다

The mob had fled before the police arrived.
도둑들은 경찰이 오기전에 도망 쳤다.

fleet — 1252
[flíːt] 플리-트

명 함대 **형** 빠른 **자** 빨리 날아가다

They sent naval forces to protect merchant fleet.
그들은 상선을 보호하기 위하여 해군를 보냈다.

flesh — 1253
[fléʃ] 플레쉬

명 살, 살집, 식욕, 육욕

You have to clean up yourself flesh and fell.
너는 온몸을 깨끗이 해야 한다.

f

flexible ■ 1254
[fléksəbl] 플렉서벌
형 구부리기 쉬운, 융통성 있는

Rubber is flexible materials.
고무는 탄력 있는 물질이다.

flight ■ 1255
[fláit] 플라이트
명 비행, 날기

Have a nice flight.
멋진 비행여행 되세요.

float ■ 1256
[flóut] 플로-트
타 자 뜨다, 띄우다 명 낚시찌

A boat floated on the river.
배가 강에 떠 있었다.

flood ■ 1257
[flʌ́d] 플러드
명 홍수, 만조 타 자 범람하다

The river flooded our fields.
강이 범람하여 논밭이 잠겼다.

floor ■ 1258
[flɔ́ːr] 프워-
명 마루, 층계, 의원석, 방바닥

They live on the third floor.
그들은 3층에 살고 있다.

flour ■ 1259
[fláuər] 플라워
명 가루, 밀가루 타 가루를 뿌리다

Bread is made from flour.
빵은 밀가루로 만든다.

flourish ■ 1260
[flə́ːriʃ] 플러리쉬
타 자 무성하다, 번창하다

The local dialects are flourishing.
사투리가 널리 활용되고 있다.

F

flow ■1261
[flóu] 플로우

자 흐르다, 지나가다

The tide has the ebb and flow.
조수에는 간만이 있다.

fluid ■1262
[flú:id] 플루-이드

명 액체, 유동체 형 유동성의

Their gestures are large and fluid.
그들의 동작은 크고 유연했다.

fly ■1263
[flái] 플라이

명 파리 타 자 날다, 비행하다

He flew to Jeju.
우리는 제주에 비행기로 갔다.

flying ■1264
[fláiiŋ] 플라잉

명 비행, 질주 형 나는, 급한

I thought you were afraid of flying.
나는 네가 하늘을 나는 걸 무서워하는 줄 알았어.

focus ■1265
[fóukəs] 포우커스

명 초점, 중심점 타 자 집중하다

I just can't focus this morning.
오늘 아침엔 집중이 안 돼요.

fog ■1266
[fɔ́:g] 포그

명 안개 타 안개로 덮다

London has bad fogs in winter.
런던은 겨울에 안개가 심하다.

fold ■1267
[fóuld] 포울드

타 자 접다, 접치다 명 접음, 우리

Don't fold your arms.
팔짱 끼지 마세요.

folk
[fóuk] 포우크
- 명 사람들, 가족, 친척

Pansori is a kind of folk play.
판소리는 민속극의 일종이다.

follow
[fálou] 팔로우
- 타 자 ~의 뒤를 따라가다, 따르다

The dog followed him.
개는 그를 따라갔다.

following
[fálouiŋ] 팔로-잉
- 형 다음의, 순풍의 명 다음

Read the following paragraph.
다음의 문단을 읽으세요.

folly
[fáli] 팔리
- 명 어리석음, 어리석은 행동

He committed an act of folly.
그는 어리석은 행동을 범했다.

food
[fúːd] 푸-드
- 명 음식물, 자양분

Give these foods to your dog.
이 음식들을 강아지한테 주세요.

fool
[fúːl] 푸울
- 명 바보, 어리석은 사람

I was a fool to trust him.
그를 믿다니 내가 바보였다.

football
[fútbɔ̀ːl] 풋보올
- 명 축구

He's a football player.
그는 미식축구 선수이다.

F

forbid
[fərbíd] 퍼비드 ▪ 1275

타 금하다, 금지하다

You are forbidden to smoke in this room.
이 방에서 담배를 피워서는 안 된다.

force
[fɔːrs] 포-스 ▪ 1276

명 힘, 세력 타 폭력을 가하다

We don't want to force it.
억지로 시키긴 싫어요.

forecast
[fɔ́ːrkæ̀st] 포-캐스트 ▪ 1277

명 예상, 예보 타 예상하다, (날씨를)예보하다

The weather forecast calls for rain.
일기예보에선 비가 예상된답니다.

foreign
[fɔ́ːrən] 포린 ▪ 1278

형 외국의, 외국풍의, 이질적인

They should be proficient in one or two foreign languages.
그들은 한 두 개의 외국어에 능통해야 한다.

forest
[fɔ́ːrist] 포리스트 ▪ 1279

명 숲, 삼림 타 숲으로 만들다

Whose forest is it?
누구의 숲입니까?

forever
[fərévər] 퍼레버 ▪ 1280

부 영원히, 언제나

I'll remember you forever.
여러분을 영원히 기억할 거예요.

forget
[fərgét] 퍼게트 ▪ 1281

동 잊어버리다, 망각하다

I forgot his name.
그의 이름을 잊어 버렸다.

forgive
[fərgív] 퍼기브
■ 1282
타 용서하다, 탕감하다

When will you forgive me?
언제 날 용서해 줄 거야?

form
[fɔ́ːrm] 포옴
■ 1283
명 모양, 형상 타 모양을 짓다

She has a good swimming form.
그녀는 좋은 수영 폼을 갖고 있다.

formal
[fɔ́ːrməl] 포-멀
■ 1284
형 정식의, 형식의

He is dressed in formal attire.
그 남자는 정장을 하고 있다.

former
[fɔ́ːrmər] 포-머
■ 1285
형 앞의, 이전의, 전자의

He once served as secretary to former President Kim.
그는 김 전 대통령의 비서관을 지내기도 했다.

formula
[fɔ́ːrmjulə] 포-미얼러
■ 1286
명 판에 박은 말, 공식, 법식, 처방

Can you explain this formula to the class?
이 식을 반 전체에게 설명할 수 있어?

fortunately
[fɔ́ːrtʃənətli] 포-처너틀리
■ 1287
부 운좋게, 다행히

Fortunately, his offer worked both ways.
다행히 그의 제안은 양쪽으로 유용하였다.

fortune
[fɔ́ːrtʃən] 포-천
■ 1288
명 운, 행운, 우연

He inherited a large fortune from his father.
그는 아버지로부터 많은 재산을 상속받았다.

F

forward(s) ■ 1289
[fɔ́ːrwərd(z)] 포-워드(즈)

🔹 앞으로, 앞에, 향후 🔹 앞의

Let's go forward.
전진하자.

foster ■ 1290
[fɔ́ːstər] 포스터

🔹 기르다, 양육하다, 돌보다

We have to foster exports.
우리는 수출을 촉진해야만 한다.

found ■ 1291
[fáund] 파운드

🔹 기초를 두다, 창설하다

He founded a trading company after graduation.
졸업 후에 그는 무역회사를 설립했다.

foundation ■ 1292
[faundéiʃən] 파운데이션

🔹 토대, 기초, 근거, 창설

The foundation is for individuals with disabilities.
그 재단은 장애인들을 위한 곳입니다.

frame ■ 1293
[fréim] 프레임

🔹 뼈대, 구조, 기구 🔹 만들다

He failed to elaborate on an exact time frame.
그는 정확한 발표 시기는 말하지 않았다.

framework ■ 1294
[fréimwə̀ːrk] 프레임-어크

🔹 틀, 뼈대, 구성

The framework for the project has been completed.
그 프로젝트의 골조가 완성되었다.

free ■ 1295
[fríː] 프리-

🔹 자유로운 🔹 자유롭게 하다

Are you free this afternoon?
오늘 오후에 시간 있어요?

f

freedom
[fríːdəm] 프리-덤 ■ 1296

명 자유, 독립, 해방

It's the smell of freedom.
자유의 냄새죠.

French
[frént∫] 프렌취 ■ 1297

형 프랑스의, 프랑스어의

I can speak Korean, English and French.
나는 한국어, 영어, 프랑스어를 말할 줄 알아.

fresh
[fré∫] 프레쉬 ■ 1298

형 새로운, 신선한, 생기있는

I just need some fresh air.
바람 좀 쐬어야 겠어요.

friend
[frénd] 프렌드 ■ 1299

명 벗, 친구, 동무

Are you my friend or not?
너는 내 친구야 아니야?

friendly
[fréndli] 프렌들리 ■ 1300

형 친구의, 우정이 있는

She is very friendly, isn't she?
그녀는 매우 친절해요, 그렇죠?

frighten
[fráitn] 프라이튼 ■ 1301

타 자 놀라게 하다, 겁내다

I'm sorry if I frightened you.
당신을 놀라게 했다면 죄송합니다.

front
[fr∧nt] 프런트 ■ 1302

명 앞면 형 정면의 타 자 맞서다

He stood in front of me.
그는 내 앞에 서 있었다.

F

fruit ■1303
[frúːt] 프루-트

명 과일, 과실 **타자** 열매를 맺다

I like fruits very much.
나는 과일을 매우 좋아한다.

fry ■1304
[frái] 프라이

동 기름에 튀기다

Don't eat my French fries.
내 감자튀김 먹지 마.

fuel ■1305
[fjúːəl] 퓨-얼

명 연료 **타자** 연료를 공급하다

The prices of fuel have shown a sudden rise.
연료 값이 급등했다.

fulfill ■1306
[fulfíl] 풀필

타 이행하다, 완수하다

He suspended his college education to fulfill his duty.
그는 의무를 이행하기 위해 대학을 휴학했다.

full ■1307
[fúl] 풀

형 가득찬, 충분한 **부** 가득히

The room was full of guests.
방은 손님으로 가득했다.

fun ■1308
[fʌ́n] 펀

명 장난, 놀이 **타** 장난하다

Swimming in the sea is great fun.
바다에서 수영하는 것은 매우 즐겁다.

function ■1309
[fʌ́ŋkʃən] 펑(크)션

명 기능, 작용, 임무

What function does your new MP3 player have?
새 mp3는 무슨 기능을 가지고 있니?

fund
[fʌnd] 펀드
■ 1310

명 기금, 자금, 소지금

The church had a fair for fund-raising.
교회에서 자선 기금을 모금하는 바자회가 열렸다.

fundamental
[fʌ̀ndəméntl] 펀더멘틀
■ 1311

형 근본적인, 중요한

One-man dictatorship is the fundamental problem.
일인 독재가 근본적인 문제다.

funeral
[fjúːnərəl] 퓨-너럴
■ 1312

명 장례식 형 장례식의

I didn't go to the funeral but I sent flowers.
그 장례식장에 가진 않았지만 꽃을 보냈다.

funny
[fʌ́ni] 퍼니
■ 1313

형 우스운, 재미있는

Sounds like a funny story.
재미있는 내용 같은데요.

fur
[fɔ́ːr] 퍼-
■ 1314

명 모피, 부드러운 털, 털가죽

They deal in furs.
그들은 모피 장사를 하고 있다.

furniture
[fɔ́ːrnitʃər] 퍼-니쳐
■ 1315

명 가구, 비품

Where's the best place to buy furniture?
어디가 가구를 사기 좋은 곳인가요?

further
[fɔ́ːrðər] 퍼-더
■ 1316

형 더욱이, 그 이상의 부 더 멀리

He didn't elaborate further.
그는 더 이상의 자세한 내용은 언급하지 않았다.

G

gain
[géin] 게인 ■ 1317

타 자 얻다, 이기다, 도달하다

What should I do to gain more money?
돈을 더 벌기 위해서 무엇을 해야 하나요?

gallant
[gǽlənt] 갤런트 ■ 1318

형 훌륭한, 용감한, 씩씩한

King Arthur was a gallant knight.
아서 왕은 용감한 기사였다.

gallery
[gǽləri] 갤러리 ■ 1319

명 관람석, 화랑, 전시장

I went to the gallery with my sister.
여동생과 함께 그 화랑에 갔어.

gallon
[gǽlən] 갤런 ■ 1320

명 갤런(용량을 재는 단위)

They sell gas by the gallon.
휘발유는 갤런 단위로 판매한다.

gamble
[gǽmbl] 갬블 ■ 1321

타 자 도박을 하다, 투기하다

The gamble makes people crazy.
도박은 사람을 미치게 한다.

game
[géim] 게임 ■ 1322

명 유희, 오락, 경기 **타 자** 내기하다

Which team won the game?
어느 팀이 경기에 이겼니?

gang
[gǽŋ] 갱 ■ 1323

명 한 떼

One gang made a hit on the leader of another gang.
한 조직이 다른 조직의 두목을 죽였다.

gap
[gǽp] 갭 ■ 1324

명 갈라진 틈, 빈틈

The gap between rich and poor is still widening.
빈부의 격차가 여전히 벌어지고 있다.

garage
[gərάːʒ] 게라-지 ■ 1325

명 자동차 차고, 격납고, 주유소

My car is in the garage.
내 차는 차고에 있어.

garden
[gάːrdn] 가-든 ■ 1326

명 뜰, 정원, 마당

This house has a beautiful garden.
이 집에는 아름다운 정원이 있다.

gas
[gǽs] 개스 ■ 1327

명 기체, 가스 자 가스를 내다

She came to read the gas meter.
그녀는 가스 미터기를 검침하러 왔다.

gasoline
[gæsəlíːn] 개설리인 ■ 1328

명 가솔린, 휘발유

The prices on gasoline have gone through the roof.
휘발류 값이 엄청나게 치솟았다.

gate
[géit] 게이트 ■ 1329

명 문, 수문, 통로, 관문

Open the gate.
문을 열어라.

gather
[gǽðər] 개더 ■ 1330

타 자 모으다, 채집하다, 모이다

A good game always gathers a crowd.
재미있는 게임에는 언제나 관중이 모인다.

G

gay ■ 1331
[géi] 게이

형 쾌활한, 화려한, 방탕한 명 동성애(자)

What a gay day!
얼마나 좋은 날인가 !

gaze ■ 1332
[géiz] 게이즈

명 응시, 주시 자 응시하다

He gazed at me for a long time.
그는 오랜 시간 동안 나를 응시했다.

gear ■ 1333
[gíər] 기어

명 톱니바퀴, 연동기, 도구

I put the car into high gear and drove away.
나는 차의 기어를 고속으로 놓고 몰았다.

gender ■ 1334
[dʒéndər] 젠더

명 (문법) 성(性), 성칭

There are two genders in the world.
세상에는 두 가지 성이 있다.

general ■ 1335
[dʒénərəl] 제너럴

형 보통의, 일반적인

Generally speaking, men are stronger than women.
일반적으로 말해서, 남자들이 여자들보다 힘이 세다.

generate ■ 1336
[dʒénərèit] 제너레이트

타 낳다, 산출하다, 생기다

We need to generate more supply to ease the demand problem.
우리는 수요를 완화하기 위해 공급을 늘려야 한다.

generation ■ 1337
[dʒènəréiʃən] 제너레이션

명 생식, 산출, 세대, 발생

It goes from generation to generation.
그것은 세대에서 세대로 이어져 간다.

g

generosity ■1338
[dʒènərásəti] 제너**라**서티

® 관대, 도량이 큼, 대범

His reputation is a tribute to his generosity.
그의 명성은 그의 관대함에 기인한다.

generous ■1339
[dʒénərəs] 제너러스

® 관대한, 마음이 넓은

He was generous and kind.
그는 관대하고 친절했어요.

genial ■1340
[dʒíːnjəl] 지-니얼

® 온화한, 쾌적한, 기분좋은

These people are very genial.
그들은 매우 온화합니다.

genius ■1341
[dʒíːnjəs] 지-녀스

® 천재, 타고난 자질, 특질

There's only a very fine line between a genius and a fool.
천재와 바보는 종이 한 장 차이다.

gentle ■1342
[dʒéntl] 젠틀

® 상냥한, 온화한, 얌전한

These people are very gentle.
그들은 매우 온화합니다.

gentleman ■1343
[dʒéntlmən] 젠틀먼

® 신사, 점잖은 사람, 남자

The gentleman gave me a ride.
그 신사가 차로 데려다 줬어요.

genuine ■1344
[dʒénjuin] 제뉴인

® 순수한, 성실한, 진짜인

We can have our fill of genuine Italian food at that restaurant.
저 식당에서는 진짜 이탈리아 요리를 만끽할 수 있다.

G

geography ■1345
[dʒiágrəfi] 지-아그러피

몡 지리학, 지리, 지형

He knows the geography of the place.
그는 그곳의 지리에 밝다.

geometry ■1346
[dʒiámətri] 지-아머트리

몡 기하학, 기하학책

This dictionary is a bible in geometry.
이 사전은 기하학의 바이블이다.

germ ■1347
[dʒə́ːrm] 져엄

몡 어린 싹, 병원균, 세균

You might spread germs.
당신은 세균에 감염될 지도 모릅니다.

German ■1348
[dʒə́ːrmən] 져-먼

혱 독일의 몡 독일사람

He has a good command of German.
그는 독일어를 능란하게 한다.

gesture ■1349
[dʒéstʃər] 제스쳐

몡 손짓, 몸짓, 태도, 거동

He made a strange gesture.
그는 이상한 몸짓을 했다.

get ■1350
[gét] 게트

타 자 얻다, 획득하다, 도착하다

I got a letter from her.
나는 그녀로부터 편지를 받았다.

ghost ■1351
[góust] 고우스트

몡 유령, 환상, 망령

Are you a ghost?
귀신인가요?

g

giant
[dʒáiənt] 자이언트 — 1352

㉢ 거인, 거물 ㉠ 거대한

I saw a giant cockroach on the tree.
나는 나무에서 거대한 바퀴벌레를 보았다.

gift
[gíft] 기프트 — 1353

㉢ 선물, 선사품 ㉣ 선사하다

You can use your gift.
재능을 이용해요.

giraffe
[dʒəræf] 져래프 — 1354

㉢ 기린

The giraffe has a long neck.
기린은 목이 길다.

girl
[gə́ːrl] 거-얼 — 1355

㉢ 소녀, 계집아이

I like the girl very much.
나는 그 소녀를 매우 좋아한다.

give
[gív] 기브 — 1356

㉣ 주다, 선사하다, 증여하다

He gave a watch to me.
그는 나에게 시계를 주었다.

glacier
[gléiʃər] 글래서 — 1357

㉢ 빙하

Warming temperatures caused melting of the glaciers.
기온이 따뜻해지자 빙하가 녹게 되었다.

glad
[glǽd] 글래드 — 1358

㉠ 기쁜, 기쁜 듯한, 즐거운

I'm glad to meet you.
너를 만나서 기쁘다.

G

glance [gléns] 글랜스 · 1359
명 힐끗 봄, 일견 타 자 힐끗 보다

He gave me a suspicious glance.
그는 나를 의심쩍은 눈으로 흘긋 쳐다 보았다.

glass [glés] 글래스 · 1360
명 유리컵 타 유리를 끼우다

Give me a glass of milk, please.
우유 한 잔 주세요.

globe [glóub] 글로우브 · 1361
명 공, 지구, 천체

We hope that there will be peace all over the globe.
우리는 전 지구에 평화가 있기를 바랍니다.

gloomy [glú:mi] 글루-미 · 1362
형 어두운, 음울한

It was a very gloomy and dank day.
그날은 매우 어둡고 우중충한 날이었다.

glory [glɔ́:ri] 글로-리 · 1363
명 영광, 영예 자 기뻐하다

Glory be in the heaven, and peace on earth!
하늘에는 영광을, 땅에는 평화를!

glove [glʌ́v] 글러브 · 1364
명 장갑, (야구, 권투용) 글러브

I lost the mate to my glove.
나는 장갑 한 짝을 잃어버렸다.

glue [glú:] 글루- · 1365
명 아교 타 아교로 붙이다

Don't let that glue come into contact with your skin.
접착제가 피부와 닿지 않도록 하십시오.

g

go [góu] 고우 — 1366
동 가다, 나아가다, 지나가다
When will you go out?
너는 언제 외출할 거니?

goal [góul] 고울 — 1367
명 결승점, 목표, 득점
He has just scored the first goal.
그가 지금 막 한 골을 넣었다.

god [gád] 갇 — 1368
명 신, 하느님 타 신격화하다
God made the world.
신은 세상을 만들었다.

gold [góuld] 고울드 — 1369
명 금, 황금, 금화 형 금의
Gold is more expensive than silver.
금은 은보다 비싸다.

golden [góuldən] 고울던 — 1370
형 금빛의, 금의, 황금빛의
She has golden hair.
그 여자는 금발이다.

golf [gálf] 갈프 — 1371
명 골프 자 골프를 치다
Will you have time for a round of golf this weekend?
이번 주말에 골프 한 게임 칠 시간이 있습니까?

good [gúd] 굳 — 1372
형 좋은, 잘된, 훌륭한, 착한
He is a good student.
그는 좋은 학생이다.

G

good-bye
[gùdbái] 굳바이 ■ 1373

감 안녕히! 명 고별, 작별

Good-bye. See you tomorrow.
안녕. 내일 봐.

goods
[gúdz] 굳즈 ■ 1374

명 상품, 물품, 재산

The goods are of poor quality.
그 물건은 품질이 나쁘다.

gorgeous
[gɔ́ːrdʒəs] 고-저스 ■ 1375

형 호화스러운, 굉장한

Thank you for the gorgeous dinner.
멋진 저녁식사에 감사해요.

govern
[gʌ́vərn] 거번 ■ 1376

타 자 통치하다, 관리하다

The King reigns but does not govern.
왕은 군림하되 통치하지 않는다.

government
[gʌ́vərnmənt] 거번먼트 ■ 1377

명 통치, 지배, 정치

The government made a contract.
정부는 계약을 했다.

governor
[gʌ́vərnər] 거버너 ■ 1378

명 통치자, 지사, 장관, 사령관

Schwarzenegger was elected Governor of California.
슈왈츠제네거가 캘리포니아 주지사로 당선되었다.

grab
[grǽb] 그래브 ■ 1379

타 자 움켜잡다, 잡아채다

Let's grab a bite after work.
퇴근 후 간단히 뭐라도 좀 먹자.

grace
1380
[gréis] 그레이스

[명] 우아, 매력, 얌전한

She welcomed her guests with grace.
그녀는 품위 있게 손님들을 맞이했다.

grade
1381
[gréid] 그레이드

[명] 단체, 계급, 등급

My sister is in the third grade.
내 여동생은 삼학년이야.

gradual
1382
[grǽdʒul] 그래쥬얼

[형] 점차적인, 서서히 하는

There was a gradual improvement in the weather.
날씨는 점진적으로 좋아졌다.

graduate
1383
[grǽdʒuèit] 그래쥬에이트

[타] 진급시키다 [자] 졸업하다

She is a graduate of UCLA.
그녀는 UCLA 졸업생이다.

grain
1384
[gréin] 그레인

[명] 곡식, 낟알, 미량, 알

The barns are bursting with grain.
광에 곡식이 가득 쌓여 있다.

gram
1385
[grǽm] 그램

[명] 그램(=g)

One pound is equal to 454 grams.
1파운드는 454그램과 똑같다.

grammar
1386
[grǽmər] 그래머

[명] 문법, 문법책, 문전

Grammar is the building blocks of language.
문법은 언어 학습의 기본이다.

G

grand ■1387
[grǽnd] 그랜드

형 웅대한, 장엄한, 광대한

The Grand Opening of Lotte Mart is tomorrow.
롯데마트의 대 개장은 내일이다.

grandfather ■1388
[grǽndfɑ̀ːðər] 그랜드파-더

명 할아버지, 조부

My grandfather passed away four years ago.
우리 할아버지는 4년 전에 돌아가셨어.

grant ■1389
[grǽnt] 그랜트

타 승낙하다, 허락하다, 수여하다

The principal granted me a scholarship.
교장 선생님은 장학금을 나에게 주었다.

grasp ■1390
[grǽsp] 그래습

타 잡다, 쥐다, 이해하다

One who grasps at too much loses all.
너무 욕심을 부리면 아무것도 얻지 못한다.

grass ■1391
[grǽs] 그래스

명 풀, 목초, 잔디, 목장

We should mow the grass.
잔디를 깎아야 해요.

gratitude ■1392
[grǽtətjùːd] 그래터튜-드

명 감사, 사의

I have no words to express my gratitude.
뭐라고 감사의 말씀을 드려야 할지 모르겠습니다.

grave ■1393
[gréiv] 그레이브

명 무덤, 죽음 **형** 중대한, 진지한

She shed tears over her lover's grave.
그녀는 연인의 무덤에서 눈물을 흘렸다.

g

gravitation
[grǽvətéiʃən] 그래버테이션 — 1394

명 인력, 중력

Tides are due to the gravitation of the moon.
조수는 달의 인력에 기인한다.

gravity
[grǽvəti] 그래버티 — 1395

명 진지함, 중대함, 중력

In space, there is no gravity.
우주에는 중력이 없다.

gray
[gréi] 그레이 — 1396

명 회색, 황혼 형 어두운, 창백한

The sky turned to gray.
하늘이 회색으로 변했다.

great
[gréit] 그레이트 — 1397

형 큰, 위대한, 훌륭한

He is a great teacher.
그는 위대한 스승이다.

greedy
[gríːdi] 그리-디 — 1398

형 탐욕스러운, 욕심많은

He is greedy and presumptuous.
그는 탐욕스럽고 뻔뻔스럽다.

Greek
[gríːk] 그리-크 — 1399

형 그리이스의 명 그리이스 사람

Greek yogurt is a healthy food.
그리스의 요구르트는 건강 음식이다.

green
[gríːn] 그리인 — 1400

형 초록색의, 싱싱하게 푸른

The light is green.
신호등이 파란색이에요.

G

greet ■1401
[gríːt] 그리-트

타 인사하다, 맞이하다, 환영하다

I want to greet this young man myself.
내가 직접 이 젊은이를 맞이하겠네.

greeting ■1402
[gríːting] 그리-팅

명 인사, 경례

Deep bows are a formal greeting in Korea.
큰 절은 한국의 격식을 갖춘 인사법이에요.

grief ■1403
[gríːf] 그리-프

명 비탄, 슬픔

He surrendered himself to grief.
그는 슬픔에 빠졌다.

grin ■1404
[grín] 그린

자 씩 웃다, 싱글거리다

A mean grin came to his lips.
야비한 웃음이 그의 입가에 번졌다.

ground ■1405
[gráund] 그라운드

명 땅, 지면 타 자 세우다

The ground is dried up.
지면은 메말랐다.

group ■1406
[grúːp] 그룹

명 무리, 집단 타 자 모으(이)다

He is the leader of a group.
그는 그룹의 리더이다.

grow ■1407
[gróu] 그로우

타 자 성장하다, 성장시키다

He grew up in a little village.
그는 조그만 마을에서 자랐다.

growth
[gróuθ] 그로우쓰
■ 1408

® 성장, 발육, 발달

The rapid economic growth in China surprised the world.
중국의 급격한 경제 성장은 세계를 놀라게 했다.

guarantee
[gæ̀rəntíː] 개런티-
■ 1409

® 보증, 보장 ® 보증하다

Wealth is no guarantee of happiness.
재산이 행복을 보장하는 것은 아니다.

guard
[gáːrd] 가-드
■ 1410

® 경계, 감시 ® 지키다

These are the best ways to guard against fires.
이것들은 화재로부터 보호하기 위한 가장 좋은 방법들이다.

guess
[gés] 게스
■ 1411

® 추측 ® 추측하다

You've guessed right.
당신의 추측이 맞았다.

guest
[gést] 게스트
■ 1412

® 손님, 숙박인, 빈객

I invited five guests to the party.
나는 파티에 손님을 5명 초대했다.

guide
[gáid] 가이드
■ 1413

® 안내자, 지도자 ® 안내하다

I need you to guide me.
네가 날 안내해줘야 해.

guilty
[gílti] 길티
■ 1414

® 유죄의, 죄를 범한

The judge adjudicated him to be guilty.
판사는 그가 유죄라고 선고했다.

H

habit
[hǽbit] 해빗

명 버릇, 습관, 습성, 성질

Habit is a second nature.
습관은 제2의 천성이다.

hair
[hɛ́ər] 헤어

명 털, 머리털, 머리카락

The hairdresser clipped her hair with scissors.
미용사는 가위로 그녀의 머리를 잘랐다.

half
[hǽf] 해프

명 절반 **부** 절반의 **형** 절반은

I was in America for three and a half years.
나는 삼년 반 동안 미국에 있었다.

hall
[hɔ́ːl] 호올

명 집회장 넓은 방, 홀

This hall can accommodates 2,000 people.
이 강당은 2,000명을 수용할 수 있다.

halt
[hɔ́ːlt] 호올트

명 정지, 휴게 **타 자** 정지하다

The car came to a sudden halt.
차가 갑자기 멈췄다.

hammer
[hǽmər] 해머

명 망치 **타 자** 망치로 두드리다

I will get a hammer.
망치를 가져올게.

hand
[hǽnd] 핸드

명 손, 팔, 일꾼 **타** 넘겨주다

Can you hand me the salt?
소금 좀 건네줄 수 있나요?

h

handicap
[hǽndikæ̀p] 핸디캡
- 명 핸디캡 타 핸디를 붙이다

He has a physical handicap.
그는 신체 장애가 있어요.

handkerchief
[hǽŋkərtʃif] 행커치프
- 명 손수건, 목도리

Give me back my handkerchief.
내 손수건 돌려줘.

handle
[hǽndl] 핸들
- 명 자루, 핸들, 손잡이 타 조종하다

It's hard to handle.
그것은 다루기 힘들어.

handsome
[hǽnsəm] 핸섬
- 형 잘 생긴, 활수한, 상당한

You look really handsome.
너 정말 멋있어.

handy
[hǽndi] 핸디
- 형 능숙한, 알맞은, 편리한

He's really handy when it comes to fixing computers.
그는 컴퓨터를 고치는 데 손재주가 있다.

hang
[hǽŋ] 행
- 타 자 걸다, 매달리다, 내리다

You can hang your coat up here.
여기에 코트를 걸어 놓으세요.

happen
[hǽpən] 해펀
- 자 일어나다, 생기다

Accidents happen before we know where we are.
사고는 순식간에 일어난다.

H

happy
[hǽpi] 해피 ■ 1429

형 행복한, 행운의, 운좋은

I am happy to meet you.
너를 만나서 기쁘다.

harbo(u)r
[háːrbər] 하-버 ■ 1430

명 항구, 피난처 **타자** 숨기다

The yacht is anchored in the harbor.
요트가 항구에 정박해 있다.

hard
[háːrd] 하-드 ■ 1431

형 굳은, 어려운, 단단한

He studies hard.
그는 열심히 공부한다.

hardly
[háːrdli] 하-들리 ■ 1432

부 거의 ~않다, 간신히, 겨우

I can hardly understand what he says.
그가 뭐라고 하는지 거의 모르겠어요.

hardship
[háːrdʃip] 하-드쉽 ■ 1433

명 고난, 고생, 곤궁, 고초

Hardship is good training.
고난은 좋은 훈련이다.

hardware
[háːrdwɛ̀ər] 하-드웨어 ■ 1434

명 철물, 철기류

The hardware store has every possible kind of nails.
철물점에 가면 모든 종류의 못이 다 있다.

harm
[háːrm] 하암 ■ 1435

명 손해, 해악, 해로움 **타** 해치다

It has no harm.
그것은 해가 없다.

h

harmful
[háːrmfəl] 하암펄
- 형 해로운

Smoking is harmful to health.
흡연은 건강에 해롭다.

harmony
[háːrməni] 하-머니
- 명 조화, 화합, 협화, 협조

This new harmony is the key to success.
이 새로운 조화가 성공의 열쇠이다.

harsh
[haːrʃ] 하-쉬
- 형 거친, 귀에 거슬리는, 껄껄한

He's too harsh with the children.
그는 아이들에게 지나치게 가혹하다.

harvest
[háːrvist] 하-비스트
- 명 수확, 추수 타 자 추수하다

The harvest is dependent upon the weather.
수확은 날씨에 좌우된다.

haste
[héist] 헤이스트
- 명 급속, 급함 타 자 재촉하다

There is an old proverb that haste makes waste.
서두르면 일을 그르친다는 옛 속담이 있다.

hastily
[héistili] 헤이스틸리
- 부 급히 서둘러서, 급하게

The company acted too hastily.
그 회사는 너무 성급하게 행동했다.

hat
[hæt] 햇
- 명 (테가 있는) 모자

Get your hat.
모자를 가져오너라.

H

hate ₁₄₄₃
[héit] 헤잇

타 미워하다, 싫어하다 명 증오

Please, don't hate me for this.
이것 때문에 나를 미워하지 말아요.

hatred ₁₄₄₄
[héitrid] 헤이트리드

명 증오, 혐오

Dislike easily rises into hatred.
혐오는 곧 증오로 변한다.

haughty ₁₄₄₅
[hɔ́ːti] 호-티

형 오만한, 거만한, 불손한

He has a haughty bearings.
그는 태도가 거만하다.

haunt ₁₄₄₆
[hɔ́ːnt] 호온트

타 자 자주 가다, 종종 방문하다

Have you been to a haunted house?
유령집에 가본 적이 있어요?

have ₁₄₄₇
[hǽv] 해브

타 가지고 있다, 얻다, 받다

He has a lot of money.
그는 돈이 많다.

hawk ₁₄₄₈
[hɔ́ːk] 호-크

명 매 타 자 매를 부리다

The hawk can not hear a hawker.
매는 매잡이(의 소리)를 듣지 못한다.

hazard ₁₄₄₉
[hǽzərd] 해저드

명 운수, 위험, 모험

Secondhand smoking is a big health hazard.
간접흡연은 건강에 매우 해롭다.

head
[héd] 헤드
■ 1450

명 머리, 두뇌, 정상, 지력

Better be the head of a dog than the tail of a lion.
사자의 꼬리보다는 개의 머리가 낫다.

headache
[hédèik] 헤데익
■ 1451

명 두통, 두통거리

I have a bad headache.
심한 두통이 있어요.

headquarters
[hédkwɔ̀ːrtərz] 헤드쿼-터즈
■ 1452

명 본부, 본영, 사령부

They raided the enemy headquarters.
그들은 적군의 본부를 급습했다.

heal
[híːl] 히일
■ 1453

타 자 낫게 하다, 고치다, 낫다

Time doesn't heal all wounds.
시간이 모든 상처를 치유해주지는 못한다.

health
[hélθ] 헬쓰
■ 1454

명 건강, 건강상태

She swims for her health.
그녀는 건강을 위해 수영을 한다.

hear
[híər] 히어
■ 1455

타 자 듣다, 들리다, 들을 수 있다

Can you hear me?
내 말 들리니?

hearing
[híəriŋ] 히어링
■ 1456

명 청취, 청력, 청각

Her grandmother is hard of hearing.
그녀의 할머니는 귀가 어두우시다.

H

heart
[háːrt] 하-트 ■ 1457

명 심장, 마음, 가슴, 흉부

My father has a heart disease.
우리 아빠는 심장병이 있다.

heat
[híː] 힛트 ■ 1458

명 열, 더움 타 자 뜨겁게 하다

The body loses heat.
체온이 내려가고 있다.

heaven
[hévən] 헤번 ■ 1459

명 태양, 하늘, 상공, 하느님

It is a taste of heaven.
이건 천상의 맛이야.

heavy
[hévi] 헤비 ■ 1460

형 무거운, 묵직한, 대량의

The bag is too heavy for me.
그 가방은 나에게 너무 무겁다.

hedge
[hédʒ] 헤쥐 ■ 1461

명 산울타리 타 간막이하다

They hedged out the entrance.
그들은 입구를 울타리로 막았다.

heel
[híːl] 히일 ■ 1462

명 뒤꿈치 타 뒤축을 대다

One has one's heel bitten by one's own dog.
제집 개에게 발뒤꿈치를 물리다.

height
[háit] 하이트 ■ 1463

명 높이, 고도, 키, 절정

This tower rises to a height of over 10 meters.
이 탑의 높이는 10미터 넘는다.

h

hell
[hél] 헬
■ 1464
명 지옥, 곤경, 저승, 악귀

Heaven and hell exist in this world.
천국도 지옥도 이승에 있다.

help
[hélp] 헬프
■ 1465
타 자 돕다, 거들다, 도움이 되다

May I help you?
무엇을 도와 드릴까요?

hence
[héns] 헨스
■ 1466
부 지금부터, 이제부터, 그러므로

Hence, the attempt to control a conversation is not good.
따라서 대화를 자기 위주로 하려는 의도는 좋지 않다.

here
[híər] 히어
■ 1467
부 여기에, 여기로, 이리로

How far is the subway station from here?
여기서 자하철역이 얼마나 멀죠?

heritage
[héritidʒ] 헤리티쥐
■ 1468
명 유산, 상속재산, 유전

This place is a UNESCO World Heritage Site.
이곳은 유네스코 세계 유산지역입니다.

hero
[híərou] 히-로우
■ 1469
명 영웅, (연극, 속설 속의) 주인공

My father is a hero to me.
아빠는 저의 영웅이에요.

hesitate
[hézətèit] 헤저테이트
■ 1470
자 망설이다, 주저하다

Don't hesitate.
주저하지 마라.

H

hide
[háid] 하이드 ■ 1471

타 자 숨기다, 감추다, 덮다

The cloud hid the sun.
구름이 태양을 가렸다.

hideous
[hídiəs] 히디어스 ■ 1472

형 끔찍한, 섬뜩한, 소름끼치는

It was hideous to watch.
그것은 보기에 소름끼쳤다.

highly
[háili] 하일리 ■ 1473

부 높이, 세게, 고도로

Watching TV drama is highly addictive.
드라마 시청은 중독성이 대단히 높다.

hill
[híl] 힐 ■ 1474

명 언덕, 작은 산, 두둑, 흙더미

The house stands on the hill.
그 집은 언덕 위에 있다.

hip
[híp] 힙 ■ 1475

명 엉덩이, 둔부

He fell and hurt his hip.
그는 넘어져서 엉덩이를 다쳤다.

hire
[háiər] 하이어 ■ 1476

명 임대료, 고용 **타** 세놓다

The store will hire more cashiers.
그 가게는 종업원을 좀 더 고용할 거예요.

historian
[histɔ́:riən] 히스토-리언 ■ 1477

명 역사가

A historian writes about or studies history.
사학자는 역사에 관해 쓰거나, 역사를 연구하는 사람이다.

historical
[histɔ́:rikəl] 히스**토리**컬 ■ 1478

형 역사의, 역사에 관한, 역사적인

There are many historical remains in Gyeongju.
경주에는 많은 역사적인 유물이 남아 있다.

history
[hístəri] **히**스터리 ■ 1479

명 역사, 사실, 역사학

We can make history.
우리가 역사를 만들 수 있어.

hit
[hít] 힛 ■ 1480

타 때리다, 치다

He hit a home run.
그는 홈런을 쳤다.

hobby
[hábi] **하**비 ■ 1481

명 취미, 도락, 특기

My hobby is collecting stamps.
나의 취미는 우표 수집이다.

hold
[hóuld] **호**울드 ■ 1482

동 ~을 붙들다, 잡다, 쥐다

Can you hold this bag for a minute?
잠시만 이 가방을 들어 주시겠어요?

holder
[hóuldər] **호**울더 ■ 1483

명 그릇, 용기, 보유자

He is the world record holder for the marathon.
그는 마라톤의 세계 기록 보유자이다.

hole
[hóul] **호**울 ■ 1484

명 구멍, 구덩이, 굴

The dog dug a hole in the garden.
개가 마당에 구멍을 팠다.

H

holiday ■ 1485
[hálədèi] 할러데이

명 휴일, 명절, 국경일

I'm going on a holiday to Korea.
나는 한국으로 휴가를 간다.

hollow ■ 1486
[hálou] 할로우

형 속이 빈 타 자 움푹 들어가다

The hollow man.
투명 인간

holy ■ 1487
[hóuli] 호울리

형 신성한, 거룩한, 정결한

Marriage is a holy thing.
결혼은 신성한 것이다.

home ■ 1488
[hóum] 호움

명 집, 가정 형 가정의 부 내집으로

My mother comes home at 9 p.m.
우리 엄마는 저녁 9시에 집에 온다.

homesick ■ 1489
[hóumsìk] 호움식

형 집을 그리워하는, 향수병의

I'm homesick.
고향이 그리워요.

honest ■ 1490
[ánist] 아니스트

형 정직한, 성실한, 공정한

I shall be quite honest with you.
너에게는 정직하게 말하겠다.

honesty ■ 1491
[ánisti] 아니스티

명 정직, 성실, 충실, 정절

Honesty is the head and front of a good citizen.
정직은 훌륭한 시민의 본질이다.

h

1492 hono(u)r
[ánər] 아너

명 명예, 영광, 명성

It's honor to meet you.
당신을 만나게 되어 영광입니다.

1493 hook
[húk] 훅

명 갈고리 타 자 구부러지다

Are you using a fishing hook?
낚시 바늘을 사용하는 건가요?

1494 hope
[hóup] 호웁

명 희망, 기대 타 자 기대하다

I hope to see you again.
또 만나기를 바란다.

1495 horizon
[həráizn] 허라이전

명 수평선, 지평선, 시야

What is there beyond the horizon?
수평선 너머에는 뭐가 있을까?

1496 horn
[hɔ́ːrn] 호온

명 뿔, 촉수, 더듬이

Unicorn has only one horn.
유니콘은 하나의 뿔만을 가지고 있다.

1497 horror
[hɔ́ːrər] 호-러

명 공포, 잔혹, 몹시 무서움

I like to watch horror movies.
나는 공포영화 보는 것을 좋아한다.

1498 horse
[hɔ́ːrs] 호-스

명 말 타 자 말을 타다, 승마하다

This horse is my friend.
이 말은 내 친구야.

H

hospital
[háspitl] 하스피틀

명 병원, 수리점

He is in a hospital.
그는 입원중이다.

hospitality
[hàspətǽləti] 하스피탤러티

명 환대, 친절한 대접

Thank you for your wonderful hospitality.
멋진 환대에 감사 드려요.

host
[hóust] 호우스트

명 주인노릇, 집 주인

Where is the host?
집주인은 어디에 있나요?

hot
[hát] 핫

형 뜨거운, 더운, 고열의

Today is very hot.
오늘은 매우 덥다.

hour
[áuər] 아워

명 한 시간, 시각, 시

How many hours do you need?
몇 시간이나 필요합니까?

household
[háushòuld] 하우스호울드

명 가족, 세대 형 가족의

We are collecting money for teen heads of household.
우린 소년 소녀 가장을 위해 모금을 하고 있다.

however
[hauévər] 하우에버

부 아무리 ~일지라도 접 그렇지만, 그러나

He is wrong, however.
아무리 해도 그는 틀렸다.

howl
[hául] 하울
■ 1506

타 자 (개 따위가) 짖다, 악쓰다

A wolf howls at night.
늑대는 밤에 운다.

huge
[hjúːdʒ] 휴-쥐
■ 1507

형 거대한, 막대한

Something huge is coming.
뭔가 큰 게 오고 있어.

human
[hjúːmən] 휴-먼
■ 1508

형 인간의, 인간다운 **명** 사람

We are all the same humans.
우리는 모두 같은 인간이다.

humble
[hʌ́mbl] 험블
■ 1509

형 비천한, 천한 **타** 천하게 하다

He is a humble man.
그는 겸손한 사람이에요.

humo(u)r
[hjúːmər] 유-머
■ 1510

명 익살, 해학, 유머, 기분

He's got a great sense of humor.
그는 유머 감각이 뛰어나다.

hunger
[hʌ́ŋgər] 헝거
■ 1511

형 굶주림, 공복, 열망 **타 자** 굶주리다

Everybody's got a dream and a hunger inside.
모든 사람은 꿈과 열망을 안에 가지고 있다.

hungry
[hʌ́ŋgri] 헝그리
■ 1512

형 굶주린, 공복의, 갈망하는

I am hungry.
배가 고프다.

H

hunt 1513
[hʌ́nt] 헌트

타 자 사냥하다, 추적하다 명 사냥

They hunt ghosts.
그들은 유령을 사냥한다.

hurry 1514
[hə́ːri] 허-리

명 서두름, 매우 급함 타 자 서두르다

He hurried to the station.
그는 역으로 서둘러 갔다.

hurt 1515
[hə́ːrt] 허-트

명 부상, 상처 타 자 상하게 하다

She was hurt in the accident.
그녀는 그 사고로 상처를 입었다.

husband 1516
[hʌ́zbənd] 허즈번드

명 남편 타 절약하다

She was unfortunate to lose her husband.
그녀는 불행하게도 남편을 잃었다.

hydrogen 1517
[háidrədʒən] 하이드러전

명 수소

Hydrogen is a colorless gas.
수소는 색이 없는 가스이다.

hypocrisy 1518
[hipɑ́krəsi] 히파크러시

명 위선, 협잡

Her attitude smells(stinks) of hypocrisy.
그녀의 태도에는 위선적인 데가 있다.

hypothesis 1519
[haipɑ́θəsis] 하이파써시스

명 가설(假說), 가정 타 자 가정하다

His statement is simply a hypothesis.
그의 말은 단순한 가설일 뿐이다.

ice
1520

[áis] 아이스

[명] 얼음, 얼음과자 [타] 얼리다

How many ice creams do you need?
얼마나 많은 아이스크림이 필요하나요?

iceberg
1521

[áisbəːrg] 아이스버-그

[명] 빙산, 냉담한 사람

Titanic struck an iceberg.
타이타닉은 빙산에 부딪쳤다.

idea
1522

[aidíːə] 아이디-어

[명] 생각, 이념, 관념, 상상

That's a good idea.
좋은 생각입니다.

ideal
1523

[aidíːəl] 아이디-얼

[형] 이상적인, 공상적인 [명] 이상

The actual is often contradictory to the ideal.
현실과 이상은 종종 모순된다.

identify
1524

[aidéntəfài] 아이덴터파이

[타] ~을 확인하다, 동일시하다

We're here to find it and identify it.
우리가 여기서 그걸 찾아서 밝혀낼 겁니다.

identity
1525

[aidéntəti] 아이덴터티

[명] 동일함, 동일성, 동일한 사람

I got access to the office by showing my identity card.
내 신분증을 보여줘서 사무실에 들어갈 수 있었다.

idle
1526

[áidl] 아이들

[형] 태만한 [자] 게으름피우다

There were many idle kings in history.
역사적으로 게으른 왕들이 많았다.

I

ignorance ■1527
[ígnərəns] 이그너런스

명 무지, 무학, 모르고 있음

Ignorance is bliss.
모르는 것이 약이다(모르는 것이 행복이다).

ignore ■1528
[ignɔ́ːr] 이그노-

타 무시하다

Don't ignore your inferiors.
너보다 못한 사람을 무시하지 마라.

ill ■1529
[íl] 일

형 건강이 나쁜, 병든 부 나쁘게

She got ill.
그녀는 병에 걸렸다.

illegal ■1530
[ilíːgəl] 일리-걸

형 불법의, 위법의 비합리적인

It is illegal to drive while intoxicated.
음주운전은 위법이다.

illness ■1531
[ílnis] 일니스

명 병, 불쾌

He was emaciated by long illness.
그는 오랜 병으로 쇠약해져 있었다.

illustrate ■1532
[íləstrèit] 일러스트레이트

타 (보기를 들어) 설명하다

This book is profusely illustrated with pictures.
이 책에는 삽화가 많이 들어 있다.

image ■1533
[ímidʒ] 이미쥐

명 모습, 영상 타 그림자를 비추다

Man is created in God's image.
인간은 신의 형상으로 만들어졌다.

imagination
[imædʒənéiʃən] 이매져네이션 ■ 1534

명 상상력, 창작력, 상상

This experience quickened his imagination.
이 경험이 그의 상상력을 자극했다.

imagine
[imædʒin] 이매쥔 ■ 1535

타 자 상상하다, 가정하다

Just imagine how angry I was!
내가 얼마나 화났던가 생각해 봐!

imitation
[ìmitéiʃən] 이미테이션 ■ 1536

명 모방, 모조품, 흉내

Monkeys are good at giving an imitation of people.
원숭이들은 사람 흉내를 잘 낸다.

immediate
[imíːdiit] 이미-디이트 ■ 1537

형 직접의, 바로 옆의, 즉시의

We must take an immediate action.
즉각적인 조치를 취해야만 한다.

immediately
[imíːdiitli] 이미-디이틀리 ■ 1538

부 즉시로, 직접, 곧, 바로

Please, give me a call immediately.
즉시 전화주세요.

immemorial
[ìmimɔ́ːriəl] 이미모-리얼 ■ 1539

형 기억에 없는, 태고적의, 아주 오랜

Worshiping ancensters is an immemorial tradition.
조상을 섬기는 일은 오랜 전통이다.

immense
[iméns] 이멘스 ■ 1540

형 거대한, 무한한, 막대한

There is still an immense amount of work to be done.
아직도 해야 할 일의 양이 엄청나다.

I

impatient ■ 1541
[impéiʃənt] 임**페**이션트

형 성급한, 참을 수 없는, 조급한

Don't be so impatient.
조급하게 굴지 말아라.

imperative ■ 1542
[impérətiv] 임**페**러티브

형 명령적인, 긴급한 명 명령, 의무

It is imperative that you should rest for a week.
당신은 1주일 동안 절대 안정이 필요합니다.

imperial ■ 1543
[impíəriəl] 임**피**어리얼

형 제국의, 황제의

Imperial Japan forced Emperor Gojong to abdicate the throne.
일제는 고종 황제를 강제로 퇴위시켰다.

implement ■ 1544
[ímpləmənt] **임**플러먼트

명 도구, 용구, 기구

We've decided to restrictively implement the system.
그 제도를 제한적으로 시행하기로 했다.

implore ■ 1545
[implɔ́ːr] 임플**로**-

타 간청하다, 애원하다

They implored her to help.
그들은 그녀에게 도움을 간청했다.

imply ■ 1546
[implái] 임플**라**이

타 함축하다, 의미하다, 암시하다

Silence often implies consent.
침묵은 종종 동의를 의미한다.

import ■ 1547
[impɔ́ːrt] 임**포**-트

타 수입하다 명 수입

We import small household appliances.
저희는 소규모 가전제품을 수입합니다.

importance
[impɔ́ːrtəns] 임포-턴스

명 중요성, 중요한 지위, 오만

We attach importance to creativity.
우리는 창의력에 중요성을 둔다.

important
[impɔ́ːrtənt] 임포-턴트

형 중요한, 유력한, 거만한

What is the most important thing in your life?
당신의 인생에서 가장 중요한 것은 무엇입니까?

impose
[impóuz] 임포우즈

타 자 지우다, 부과하다, 속이다

I have no wish to impose on you.
당신에게 강요하고 싶지 않아요.

impossible
[impásəbl] 임파서벌

형 불가능한, 있을 수 없는

Nothing is impossible.
불가능한 것은 아무것도 없다.

impoverish
[impávəriʃ] 임파버리쉬

타 가난하게 하다

Lack of fertilizer had impoverished the soil.
비료의 부족이 토양의 질을 피폐하게했다.

impress
[imprés] 임프레스

타 인상을 주다, 감동시키다

He's always trying to impress the boss.
그는 항상 사장에게 좋은 인상을 주려고 한다.

impression
[impréʃən] 임프레션

명 인상, 느낌, 흔적, 날인, 자국

What was your first impression of Europe?
유럽에 대한 첫인상이 어땠어요?

I

imprison
[imprízn] 임프리즌

타 투옥하다, 감금하다

He was imprisoned on no evidence.
그는 아무런 증거도 없이 감금되었다.

improve
[imprú:v] 임프루-브

타 자 개량하다, 개선하다

It will improve with time.
그건 시간이 가면서 점점 향상될 거야.

improvement
[imprú:vmənt] 임프루-브먼트

명 개선, 진보, 향상

There is much room for improvement.
개선할 여지가 많다.

impulse
[ímpʌls] 임펄스

명 충동, 자극, 충격, 추진력

Man is a creature of impulse.
인간은 충동의 동물이다.

inability
[ìnəbíləti] 이너빌러티

명 무능, 무력, 무자격

Her inability to pay caused trouble.
그녀는 지불 능력이 없어서 어려움에 빠졌다.

inadequate
[inǽdikwət] 이내디쿼트

형 부적당한, 불충분한, 무력한

The supply is inadequate to meet the demand.
공급이 수요를 맞추기에 불충분하다.

incentive
[inséntiv] 인센티브

형 자극적인, 유발적인 **명** 자극

What incentive can you give them?
그들에게 어떤 인센티브를 줄 수 있나요?

incessant
[insésnt] 인세선트

형 끊임없는, 연속적인, 간단없는

I dislike women who chatter incessantly.
나는 쉴새없이 수다를 떠는 여성은 싫다.

inch
[íntʃ] 인취

명 인치(1/12피이트)

1 inch is equal to 2.54 cm.
1인치는 2.54센티미터와 동일하다.

incident
[ínsədənt] 인서던트

형 흔히 있는 명 일어난 일

The incident passed from his mind.
그 사건은 그의 기억에서 사라졌다.

incline
[inkláin] 인클라인

타 자 기울이다, 기울다, 굽히다

The road is inclined steeply upward.
그 길은 위쪽으로 경사가 심하다.

include
[inklú:d] 인클루-드

타 포함하다(=contain)

You are included.
너도 포함되어 있어.

income
[ínkʌm] 인컴

명 소득, 수입, 순수입

They are just getting along on their small income.
그들은 적은 수입으로 근근히 살림을 꾸려 간다.

incorporate
[inkɔ́ːrpərèit] 인코-퍼레이트

타 자 합동시키다, 합동하다, 법인으로 만들다

They suggest that we incorporate this year.
그들은 우리 회사를 법인으로 만들 것을 제안합니다.

I

increase ₁₅₆₉
[inkríːs] 인크리-스

명 증가 **타 자** 증가하다, 늘다

Demand for gold has increased.
금의 수요는 증가했다.

indebted ₁₅₇₀
[indétid] 인데티드

형 은혜를 입고 있는, 빚이 있는

I'm deeply indebted to you for your help.
도와 주신 것에 대해 깊이 감사드립니다.

indeed ₁₅₇₁
[indíːd] 인디-드

부 참으로, 과연, 실로, 정말로

Thank you very much indeed.
정말 감사합니다.

independence ₁₅₇₂
[ìndipéndəns] 인디펜던스

명 독립, 독립심

The fourth of July is American Independence day.
7월 4일은 미국의 독립일이다.

independent ₁₅₇₃
[ìndipéndənt] 인디펜던트

형 독립의, 자력의

I want to be independent like you.
나도 너처럼 자립적이고 싶어.

index ₁₅₇₄
[índeks] 인덱스

명 색인(索引), 지표 **타** 색인에 넣다

The book has an index.
그 책에는 색인이 있다.

Indian ₁₅₇₅
[índiən] 인디언

형 인도의, 인도 사람의

Indian culture is unique.
인디언 문화는 독특하다.

indicate
[índikèit] 인디케이트 ■ 1576

타 지적하다, 가르치다, 암시하다

A broken mirror indicates seven years of a crook in your lot.
깨진 거울은 7년간의 불행을 가리킨다.

indication
[ìndikéiʃən] 인디케이션 ■ 1577

명 지시, 징조, 지시도수

Broken mirror gives indication of bad luck.
깨진 거울은 불운의 징조를 나타낸다.

indifferent
[indífərənt] 인디퍼런트 ■ 1578

형 무관심한, 냉담한, 대수롭지 않은

He is utterly indifferent to me.
그는 나에게 너무 무관심하다.

indignation
[ìndignéiʃən] 인디그네이션 ■ 1579

형 의분, 분개, 분노

He bridled his indignation.
그는 분노를 억눌렀다.

indirect
[ìndərékt] 인디렉트 ■ 1580

형 간접의, 2차적인, 부정한

I am indirectly concerned in the affair.
나는 그 사건에 간접적으로 관계되어 있다.

indispensable
[ìndispénsəbl] 인디스펜서블 ■ 1581

형 절대 필요한, 긴요한

Water is indispensable to all living things.
물은 모든 생명체에게 없어서는 안 된다.

individual
[ìndəvídʒuəl] 인더비쥬얼 ■ 1582

형 단일한, 개개의 명 개인

Soccer requires a teamwork more than individual skills.
축구는 개인기보다 팀워크를 더 필요로 한다.

indoor
[índɔːr] 인도어 ■ 1583

형 옥내의, 실내의, 집안의

Is there an indoor tennis court in this camp?
이 캠프 안에 실내 테니스장이 있습니까?

indoors
[índɔːrz] 인도어즈 ■ 1584

부 옥내에서, 집안에서

This is too fine a day to be indoors.
집 안에 있기에는 너무나 아까운 날씨다.

induce
[indjúːs] 인듀-스 ■ 1585

타 설득하여 ~시키다, 권유하다

He tried to induce me to accept the offer.
그는 내가 그 제안을 받아들이도록 설득하려 했어요.

indulge
[indʌ́ldʒ] 인덜쥐 ■ 1586

타 자 멋대로 하게 하다, 빠지다

He indulged himself in gambling.
그는 노름에 빠졌다.

industrial
[indʌ́striəl] 인더스트리얼 ■ 1587

형 산업의, 공업의

Britain was an industrial society.
영국은 산업사회였다.

industry
[índəstri] 인더스트리 ■ 1588

명 근면, 노동, 산업, 공업

I phone is bad for the video game industry.
아이폰은 비디오게임 산업에 안 좋다.

inevitable
[inévətəbl] 이네비터벌 ■ 1589

형 피할 수 없는, 필연적인

War is not inevitable.
전쟁은 불가피한 것이 아니다.

i

infancy ■1590
[ínfənsi] 인펀시

명 유년시대, 초기, 미성년

The industry was still in its infancy.
산업은 아직 초기 단계였다.

infant ■1591
[ínfənt] 인펀트

명 유아(7세 미만) 형 유아의

The infant began to cry.
그 갓난아이는 울기 시작했다.

infect ■1592
[infékt] 인펙트

타 전염시키다, (병독 따위로) 오염하다

The computer was infected by viruses.
컴퓨터가 바이러스에 감염됐다.

inferior ■1593
[infíəriər] 인피어리어

형 하위의, 열등한 명 하급자

His work is inferior to mine.
그의 작품은 내 것보다 열등하다.

infinite ■1594
[ínfənət] 인피니트

형 무한의, 막대한

The universe is theoretically infinite.
이론적으로 우주는 무한하다.

inflation ■1595
[infléiʃən] 인플레이션

명 팽창, 통화 팽창

Demand-pull inflation causes prices to go higher.
수요 견인 인플레이션은 물가 상승을 유발한다.

inflict ■1596
[inflíkt] 인플릭트

타 (고통, 형벌을) 가하다

She inflicts great mischief on the community.
그녀는 사회에 큰 해악을 끼친다.

I

influence 1597
[ínfluəns] 인플루언스

명 영향, 감화력

Environment is a potent influence.
환경이 주는 영향은 크다.

inform 1598
[infɔ́ːrm] 인포옴

타 자 알리다, 통지하다

The doctor should inform the patient of the truth.
의사는 환자에게 진실을 알려줘야 한다.

informal 1599
[infɔ́ːrməl] 인포-멀

형 비공식의, 약식의

She's informal with everyone.
그녀는 누구와도 격의가 없다.

information 1600
[ìnfərméiʃən] 인퍼메이션

명 통지, 정보, 밀고

I got new information about it.
나는 그것에 대해 새로운 정보를 얻었다.

inhabit 1601
[inhǽbit] 인해비트

타 ~에 살다, ~에 거주하다

Many creatures inhabit this marsh area.
이 늪지대에는 많은 동물들이 서식하고 있다.

inherit 1602
[inhérit] 인헤리트

타 자 상속하다, 이어받다

He inherited a large fortune from his father.
그는 아버지로부터 많은 재산을 상속받았다.

initial 1603
[iníʃəl] 이니셜

형 최초의 명 첫글자

A final smile is better than an initial laugh.
처음의 큰 웃음보다 마지막 미소가 더 좋다.

injure
[índʒər] 인져

■ 1604

🅱 상처를 입히다, 손상하다

Many peole got injured from an bomb explosion.
폭발로 많은 사람들이 다쳤다.

injury
[índʒəri] 인져리

■ 1605

🅝 손해, 상해, 모욕, 훼손

He's suffered a head injury.
그는 머리에 부상을 입었다.

ink
[íŋk] 잉크

■ 1606

🅝 잉크

Please write in ink, not in pencil.
연필로 쓰지 말고 잉크로 쓰세요.

inner
[ínər] 이너

■ 1607

🅐 내부의, 안의, 속의

That inner voice screams out.
마음속에서 소리쳤다.

inning
[íniŋ] 이닝

■ 1608

🅝 ~회, 이닝

The top of the sixth inning has just ended.
6회 초가 방금 끝났다.

innocent
[ínəsənt] 이너슨트

■ 1609

🅐 죄없는, 결백한, 순결한

Terrorism kills innocent people.
테러는 무고한 사람들을 죽인다.

inquire
[inkwáiər] 인콰이어

■ 1610

🅱 🅼 묻다, 조사하다

May I inquire of you where the concert is?
그 콘서트가 어디서 열리는지 물어봐도 될까요?

I

inquiry — 1611
[ínkwáiəri] 인콰이어리
명 연구, 조사, 질문

The committee held an official inquiry into the matter.
위원회는 그 문제를 공식적으로 조사했다.

insect — 1612
[ínsekt] 인섹트
명 곤충, 벌레

I do not like to insects.
나는 곤충을 싫어한다.

insert — 1613
[insə́ːrt] 인서-트
타 끼워 넣다, 삽입하다

Insert your coin into the hole to play the game.
게임을 하시려면 주입구에 동전을 넣어주세요.

inside — 1614
[insáid] 인사이드
명 안쪽, 내부 형 내부의 부 집안에

She was just inside the door.
그녀는 바로 문 안쪽에 있었다.

insight — 1615
[ínsàit] 인사이트
명 통찰력

She has a subtle insight.
그녀는 예민한 통찰력이 있다.

insist — 1616
[insíst] 인시스트
타 자 강요하다, 주장하다

She insisted on visiting friends in Paris.
그녀는 파리에 있는 친구들을 방문하겠다고 고집을 부렸다.

insolent — 1617
[ínsələnt] 인설런트
형 안하무인의, 무례한

He was insolent to the teacher.
그는 선생님에게 건방지게 굴었다.

inspection
[inspékʃən] 인스**펙**션
- 명 검사, 조사, 검열

Where do I go through customs inspection?
세관 검사는 어디에서 합니까?

inspiration
[ìnspəréiʃən] 인스퍼**레**이션
- 명 숨쉼, 영감, 고취

The poet gets inspiration from nature.
그 시인은 자연으로부터 영감을 얻는다.

install
[instɔ́:l] 인스**토**올
- 타 취임시키다, 자리에 앉히다

Failed to install network card drivers.
네트워크 카드 드라이버를 설치하지 못했습니다.

instance
[ínstəns] **인**스턴스
- 명 보기, 예, 실례 타 예를 들다

Can you give me an instance of this matter?
이 일에 관한 실례를 들어줄 수 있으세요?

instant
[ínstənt] **인**스턴트
- 형 즉시의, 절박한 명 즉각

Come here this instant!
즉시 이곳으로 오시오!

instead
[instéd] 인스**테**드
- 부 (~의) 대신에, (~의) 보다도

I had tea instead of coffee.
나는 커피 대신에 홍차를 마셨다.

institute
[ínstətjù:t] **인**스터튜-트
- 타 설치하다 명 협회, 연구소

I have charge of this institute.
제가 이 연구소의 책임자 입니다.

I

institution [1625]
[ìnstətjúːʃn] 인스터튜-션

명 설립, 제도, 개시, 관례

It is an accredited institution.
그것은 공인된 단체이다.

instructive [1626]
[instrʌ́ktiv] 인스트럭티브

형 교육적인, 유익한

All books are not instructive.
모든 책이 다 유익한 것은 아니다.

instruction [1627]
[instrʌ́kʃən] 인스트럭션

명 교수, 교육, 훈련, 지시

Read this instruction carefully before you open the box.
박스를 열기 전에 이 설명서를 주의깊게 읽으세요.

instrument [1628]
[ínstrəmənt] 인스트러먼트

명 (학술상의) 기계, 기구

Can you play a musical instrument?
넌 악기를 연주할 수 있니?

insult [1629]
[insʌ́lt] 인설트

타 모욕하다 명 모욕

I prefer death by starvation to an insult.
욕보기보다는 차라리 굶어 죽겠다.

insurance [1630]
[inʃúərəns] 인슈어런스

명 보험, 보험금, 보험계약

She works as an insurance broker.
그녀는 보험 설계사로 일한다.

intellectual [1631]
[ìntəléktʃuəl] 인털렉츄얼

형 지력의, 지력있는 명 지식인

He is full of intellectual curiosity.
그는 지적 호기심이 많은 사람이다.

intelligence
[intélədʒəns] 인텔러전스

명 지능, 지혜, 총명, 정보

Intelligence is not necessary, but good to have.
지성은 꼭 필요한 건 아니지만 갖고 있으면 좋다.

intend
[inténd] 인텐드

타 ~할 작정이다, 생각하다

What do you intend to do?
당신은 무엇을 할 예정입니까?

intense
[inténs] 인텐스

형 격렬한, 열심인, 맹렬한

Competition will no doubt grow more intense.
경쟁은 보다 더 치열해질 게 의심할 여지가 없다.

intent
[intént] 인텐트

명 의지, 의향, 목적 형 여념이 없는

His intent is to drive a wedge between us.
그의 의도는 우리 사이를 갈라 놓으려는 것이다.

intercourse
[íntərkɔ̀ːrs] 인터코-스

명 교제, 교통, 교환

I felt like having an intercourse with her.
나는 그녀와 교제를 하고 싶었다.

interest
[íntərəst] 인터리스트

명 흥미, 이익, 관심 타 흥미를 갖게 하다

What is your research interests?
연구에 관심사가 무엇인가요?

interested
[íntərəstid] 인터레스티드

형 흥미를 가진, 이기적인

He is not interested in me.
그는 나에게 관심이 없다.

I

interesting ■1639
[íntərəstiŋ] 인터리스팅

형 재미있는, 흥미있는

It is interesting to read a book.
책을 읽는 것은 재미있다.

interfere ■1640
[ìntərfíər] 인터피어

자 충돌하다, 간섭하다

You have no call to interfere.
네가 참견할 필요는 없다.

interior ■1641
[intíəriər] 인티어리어

형 내부의, 내륙의 명 내부

How do you find the interior?
실내장식이 어떻습니까?

international ■1642
[ìntərnǽʃənl] 인터내셔널

형 국제간의, 국제적인, 만국의

I'm working for an international organization.
나는 국제기구에서 일한다.

interpret ■1643
[intə́ːrprit] 인터-프리트

타 자 설명하다, 해석하다

He interpreted for the American tourists.
그는 미국 관광객에게 통역을 해주었다.

interrupt ■1644
[ìntərʌ́pt] 인터럽트

타 자 가로막다, 중단시키다

I didn't mean to interrupt your phone call.
통화를 방해할 생각은 아니었습니다.

interruption ■1645
[ìntərʌ́pʃən] 인터럽션

명 중단, 방해

How long is the service interruption expected to last?
얼마 동안 서비스가 중단됩니까?

intervention 1646
[ìntərvénʃən] 인터벤션

명 간섭, 중개

The situation became worse with the third party intervention.
제삼자의 개입으로 상황이 더욱 악화되었다.

interview 1647
[íntərvjùː] 인터뷰-

명 회견, 면접 타 회견하다

Will you have time for an interview?
인터뷰 할 시간이 있습니까?

intimate 1648
[íntəmət] 인터미트

형 친밀한, 상세한

I have an intimate acquaintance with him.
그 사람하고는 절친한 사이입니다.

intricate 1649
[íntrikət] 인트러키트

형 뒤섞인, 복잡한, 번잡한

The plot of this story is very intricate.
이 소설의 줄거리는 복잡하다.

introduce 1650
[ìntrədjúːs] 인트러듀-스

타 안내하다, 소개하다, 채용하다

I introduced her to my parents.
나는 그녀를 부모님께 소개했다.

invade 1651
[invéid] 인베이드

타 침입하다, 침범하다, 엄습하다

The Romans invaded Britain 2000 years ago.
2000년 전에 로마는 영국을 침략했다.

invalid 1652
[ínvəlid] 인벌리드

명 병자 형 허약한, 가치 없는

The data file name is invalid.
데이터 파일 이름이 올바르지 않습니다.

I

invent 1653
[invént] 인벤트
타 발명하다, 창안하다

Oh, did you invent that, too?
오, 그것도 당신이 발명했나요?

invert 1654
[invə́ːrt] 인버-트
타 거꾸로 하다, 뒤집다

The order is inverted.
순서의 전후가 바뀌어 있다.

invest 1655
[invést] 인베스트
타 자 쓰다, 소비하다, 투자하다

I will invest all of my money in real estates.
내 전 재산을 부동산에 투자할거야.

investigate 1656
[invéstəgèit] 인베스터게이트
타 자 연구하다, 조사하다

What did researchers investigate?
연구원들이 무엇을 조사했나요?

invite 1657
[inváit] 인바이트
타 초대하다, 간청하다, 끌다

I invited him to my house.
나는 그를 집에 초대했다.

involve 1658
[inválv] 인발브
타 포함하다, 말려들게 하다

Don't involve me in that matter.
그 일에 날 끌어들이지 마.

Irish 1659
[áiəriʃ] 아이리쉬
형 아일랜드의 명 아일랜드 사람

Let's go to the Irish pub in downtown.
시내에 있는 아이리쉬펍에 갑시다.

i

irresistible 1660
[irizístəbl] 이리**지**스터벌

형 저항할 수 없는

The smell was utterly irresistible.
그 냄새는 정말로 저항할 수 없이 유혹적이었다.

irritate 1661
[írətèit] 이러테이트

타 초조하게 만들다, 화나게 하다

Don't irritate me, please.
제발 제 신경을 건드리지 말아요.

isle 1662
[áil] 아일

명 섬, 작은 섬

There is an isle halfway up the river.
강 중류에 작은 섬이 있다.

isolate 1663
[áisəlèit] 아이설레이트

타 고립시키다, 분리시키다

He was isolated to prevent infection.
그는 전염 예방을 위해서 격리되었다.

issue 1664
[íʃuː] 이슈-

명 발행 타 자 나오다, 유래하다, 발행하다

Abortion is a sensitive political issue.
낙태는 민감한 정치 쟁점이다.

Italian 1665
[itǽljən] 이탤런

형 이탈리아의 명 이탈리아 사람

I like Italian coffee.
나는 이탈리아 커피를 좋아한다.

ivy 1666
[áivi] 아이비

명 담쟁이 덩굴

There was a fence with ivy.
담쟁이덩굴 울타리가 있었다.

J

jacket
[dʒǽkit] 재킷

명 짧은 저고리, 자켓

This jacket is too tight for me.
이 웃옷은 내게 너무 꼭 맞아요.

jail
[dʒéil] 제일

명 구치소, 감옥 타 투옥하다

The police put the culprit in jail.
경찰은 범인을 감옥에 수감했다.

jam
[dʒǽm] 잼

명 잼 타 쑤셔 넣다

Would you like jam on your bread?
빵에 잼을 발라 드릴까요?

January
[dʒǽnjuèri] 재뉴에리

명 1월(약어 Jan.)

January is the first month of the year.
1월은 1년의 첫째달이다.

Japanese
[dʒæpəníːz] 재퍼니-즈

형 일본의 명 일본 사람

Some mosquitoes are carriers of Japanese Encephalitis.
어떤 모기들은 일본 뇌염을 옮긴다.

jar
[dʒáːr] 자-

명 단지, 항아리, 충격, 진동

The jar has a scratch on it.
그 항아리는 흠이 있다.

jealous
[dʒéləs] 젤러스

형 질투 많은, 샘내는, 선망하는

She is a very jealous girl.
그녀는 매우 질투심 많은 소녀야.

j

jealousy
[dʒéləsi] 젤러시
■ 1674

명 질투, 샘, 투기

She was obsessed with jealousy.
그녀는 질투심에 사로잡혀 있었다.

jelly
[dʒéli] 젤리
■ 1675

명 젤리 타자 젤리가 되다

I brought a peanut butter and jelly sandwich for lunch.
점심으로 땅콩버터 잼 샌드위치를 가져왔어요.

jet
[dʒét] 제트
■ 1676

명 분사, 분출 타자 분출하다

The jet is ready to take off.
비행기 이륙 준비가 되었다.

Jew
[dʒúː] 쥬-
■ 1677

명 유대인, 유대교도

The Jews were to become God's chosen people.
유태인들은 신이 선택한 사람들이 되었다.

Jewish
[dʒúːiʃ] 쥬-이쉬
■ 1678

형 유대인의, 유대인 같은

Most Jewish men marry a daughter of Abraham.
대부분의 유대인 남자들은 유대여자와 결혼한다.

jewel
[dʒúːəl] 쥬-얼
■ 1679

명 보석, 보옥, 소중한 사람

This jewel is of great value.
이 보석은 대단히 가치가 높다.

job
[dʒáb] 잡
■ 1680

명 삯일, 일, 직업 타자 삯일을 하다

I lost my job.
직장을 잃었어요.

J

join
[dʒɔ́in] 조인 — 1681

타 자 연결하다, 결합하다

Will you join us?
우리와 같이 갈래요?

joint
[dʒɔ́int] 조인트 — 1682

형 공동의 **명** 마디 **타** 접합하다

His knee was out of joint.
그의 무릎이 탈골되었다.

joke
[dʒóuk] 조우크 — 1683

명 농담, 익살 **타 자** 농담하다

It was nothing but a joke.
그것은 그저 농담에 불과했다.

journal
[dʒə́ːrnəl] 저-널 — 1684

명 일지, 일간 신문, 잡지

Do you have today's Wall Street Journal?
오늘자 월 스트리트 저널 있어요?

journey
[dʒə́ːrni] 저-니 — 1685

명 여행, 여정 **타** 여행하다

She made a journey to England.
그녀는 영국으로 여행을 갔다.

joy
[dʒɔ́i] 조이 — 1686

명 기쁨, 즐거움 **타 자** 기뻐하다

She shouted for joy.
그녀는 기뻐서 소리쳤다.

judge
[dʒʌ́dʒ] 져쥐 — 1687

명 판사 **타 자** 판결을 내리다

The judge is not God.
판사는 신이 아니다.

j

judicial ■ 1688
[dʒuːdíʃəl] 쥬-디셜
- 형 재판소의, 공평한, 비판적인

Judicial reform is the wish of the people.
사법개혁은 국민적 요망이다.

juice ■ 1689
[dʒúːs] 쥬-스
- 명 즙, 액, 쥬스, 정수, 본질

Could you please give me a pineapple juice.
파인애플 주스 하나 주시겠어요?

July ■ 1690
[dʒuːlái] 쥴-라이
- 명 7월(약어 Jul.)

The fourth of July is one of the biggest American holidays.
7월 4일은 가장 큰 미국의 휴일 중 하나이다.

jump ■ 1691
[dʒʌmp] 점프
- 타 자 뛰다, 도약하다 명 도약

He jumped out of bed.
그는 침대에서 벌떡 일어났다.

junction ■ 1692
[dʒʌŋkʃən] 정크션
- 명 접합(점), 연접, 접착

Turn hard right at the next junction.
다음 교차로에서 맨 오른쪽으로 도시오.

June ■ 1693
[dʒúːn] 쥬운
- 명 6월(약어 Jun.)

I am going to complete it by the end of June.
6월 말까지 완료할 예정입니다.

junior ■ 1694
[dʒúːnjər] 쥬-니어
- 형 손 아래의, 후배의 명 연소자

He's my school junior.
그는 내 학교 후배야.

J

jurisdiction ■1695
[dʒùərisdíkʃən] 쥬어리스딕션

명 사법권, 관할권, 재판권

This district is under our jurisdiction.
이 지역은 우리 관할 구역이다.

jury ■1696
[dʒúəri] 쥬어리

명 배심, 배심원

The jury decided that he was guilty.
배심원들은 그가 유죄라고 평결했다.

just ■1697
[dʒʌst] 져스트

형 올바른, 공정한 부 바로, 틀림없이

I just met him.
방금 그를 만났어요.

justice ■1698
[dʒʌ́stis] 져스티스

동 정의, 공정, 공평, 정당

The stronger makes what is justice.
힘센 자가 정의가 무엇인지를 만든다.

justify ■1699
[dʒʌ́stəfài] 져스터파이

동 정당화하다, 옳다고 하다

The end doesn't justify the means.
목적이 수단을 정당화하지는 않는다.

justification ■1700
[dʒʌ̀stəfikéiʃən] 져스터피케이션

명 정당화, 지당한 변명

There is no justification for holding him in jail.
그를 감옥에 가둬 둘 명분이 없다.

juvenile ■1701
[dʒúːvənl] 쥬-버닐

형 젊은, 연소한, 소년, 소녀

Juvenile crime is on the increase.
청소년 범죄가 늘고 있다.

k

keen
[kíːn] 키인 ■ 1702

⑱ 날카로운, 예리한, 강한

That's a very keen observation.
아주 예리한 관찰력이군요.

keep
[kíːp] 키잎 ■ 1703

⑤ 간직하다, 유지하다

Many politicians are eager to keep their footing.
많은 정치인들은 자신의 지위를 유지하려고 애를 쓴다.

keeper
[kíːpər] 키-퍼 ■ 1704

⑱ 파수꾼, 간수

Finders keepers, loosers weepers.
줍는 사람이 임자다.

keeping
[kíːpiŋ] 키-핑 ■ 1705

⑱ 보육, 보존, 관리, 부양

The money was put in a bank for safe Keeping.
안전한 보관을 위해 돈은 은행에 맡겨졌다.

kettle
[kétl] 케틀 ■ 1706

⑱ 솥, 주전자, 냄비, 탕관

The pot calls the kettle black.
똥 묻은 개가 겨 묻은 개 탓한다.

kick
[kík] 킥 ■ 1707

㉣ ㉤ 차다, 반항하다 ⑱ 차기

Did you just kick my door?
방금 내 방문 걷어찼어?

kid
[kíd] 킷 ■ 1708

⑱ 키드 가죽, 새끼염소 ㉣ ㉤ 놀리다

He's a cute kid.
예쁜 아이네요.

K

kill ■ 1709
[kíl] 킬

타 죽이다, 살해하다 명 살생

He was killed in the accident.
그는 그 사고로 죽었다.

kind ■ 1710
[káind] 카인드

형 친절한, 상냥한 명 종류, 종족

Her mother was really kind to me.
그녀의 어머니는 제게 무척 친절했다.

kindness ■ 1711
[káindnis] 카인드니스

명 친절, 상냥함, 애정

I'm so touched by your kindness.
당신의 친절에 정말 감동했어요.

kindle ■ 1712
[kíndl] 킨들

타 자 점화하다, 불이 붙다

Happiness kindled her eyes.
그녀의 눈은 행복으로 빛났다.

kindly ■ 1713
[káindli] 카인들리

형 상냥한, 인정있는 부 친절히

He Kindly invited me to his partents.
그는 친절하게도 부모님 댁에 저를 초대했어요.

king ■ 1714
[kíŋ] 킹

명 왕, 국왕

The lion is the king of the beasts.
사자는 백수의 왕이다.

kingdom ■ 1715
[kíŋdəm] 킹덤

명 왕국, 왕정, 왕토

The king has absolute authority over the kingdom.
왕은 왕국에 대해 절대적인 권력을 지닌다.

k

kiss
[kís] 키스 — 1716

명 키스, 입맞춤 타 자 입맞추다

My mother kisses me everyday.
우리 엄마는 매일 나에게 키스를 한다.

kitchen
[kítʃən] 키친 — 1717

명 부엌, 조리장, 취사장

Mother is in a kitchen.
어머니는 부엌에 계세요.

kite
[káit] 카이트 — 1718

명 솔개, 연, 욕심꾸러기, 공어음

The kite plunged into the ground.
연이 땅으로 곤두박질쳤다.

kitten
[kítn] 키튼 — 1719

명 새끼 고양이, 말괄량이

We just got a new kitten yesterday.
어제 새끼 고양이 한 마리를 새로 얻었어요.

knee
[níː] 니- — 1720

명 무릎 동 무릎으로 스치다

I have a pain in the knee.
무릎이 아프다.

kneel
[níːl] 니일 — 1721

자 무릎 꿇다, 굴복하다, 굽히다

He kneels down in prayer in the church.
그는 교회에서 무릎을 꿇고 기도한다.

knife
[náif] 나이프 — 1722

명 칼, 창칼 타 칼로 베다

Give me the knife.
그 칼을 줘.

K

knit ■ 1723
[nít] 니트

타 자 뜨다, 편물을 하다

I'm all thumbs when it comes to knitting.
난 뜨개질이 정말 서툴러.

knock ■ 1724
[nák] 낙

타 자 치다, 때리다, 노크하다

Knock, knock.
똑똑.

knot ■ 1725
[nát] 낱

명 매듭, 무리, 혹 **타 자** 맺다

They're going to tie the knot this fall.
이번 가을에 결혼을 할 것이다.

know ■ 1726
[nóu] 노우

동 알다, 인정하다, 알고 있다

I don't know how the matter stands.
무슨 속셈인지 모르겠다.

knowing ■ 1727
[nóuiŋ] 노우잉

형 알고 있는, 영악한 **명** 지식, 앎

There is no knowing what the future may bring forth.
미래에 무슨 일이 일어날지는 알 수 없다.

knowledge ■ 1728
[nálidʒ] 날리쥐

명 지식, 이해, 학문, 학식

Knowledge is power.
아는 것이 힘이다.

known ■ 1729
[nóun] 노운

동 know의 과거분사 **형** 알려진

The size of the Sun is not known.
태양의 크기는 정확히 알려져 있지 않다.

label
[léibəl] 레이벌 ■ 1730

명 라벨, 쪽지 타 라벨을 붙이다

She glued the label onto the box.
그녀는 상자에 라벨을 붙였다.

labo(u)r
[léibər] 레이버 ■ 1731

명 노동, 근로 타 자 일하다

The labor union negotiated a wage increase.
노조는 임금인상을 타결했다.

laboratory
[lǽbərətɔ̀:ri] 래버러토-리 ■ 1732

명 실험실, 연구실, 제약실

They dissected a frog in the laboratory.
그들은 실험실에서 개구리를 해부했다.

lack
[lǽk] 랙 ■ 1733

명 부족, 결핍, 없음 타 자 결핍하다

Plants wither from lack of water.
물이 부족하면 식물들이 고사한다.

lade
[léid] 레이드 ■ 1734

타 쌓다, 짐을 싣다, 적재하다

The trees were laden with apples.
나무들에는 사과가 주렁주렁 달려 있었다.

lady
[léidi] 레이디 ■ 1735

명 숙녀, 귀부인, 부인

Ladies and gentlemen.
신사 숙녀 여러분.

lake
[léik] 레이크 ■ 1736

명 호수, 연못

Lake Soyang is the largest in Korea.
소양호는 한국에서 가장 크다.

L

lamb ■ 1737
[læm] 램

명 새끼양 타 자 (새끼양을) 낳다

She is as innocent as a lamb.
그녀는 양처럼 순진하다.

lament ■ 1738
[ləmént] 러멘트

타 자 슬퍼하다, 비탄하다 명 비탄

He lamented for the death of his grandmother.
그는 할머니가 돌아가신 것을 애통해 했다.

lamp ■ 1739
[læmp] 램프

명 램프, 등불, 남포

A lamp swung from the ceiling.
램프가 천장에 매달려 있었다.

land ■ 1740
[lænd] 랜드

명 육지, 땅, 지면 타 자 상륙하다

The plane landed at London.
비행기는 런던에 착륙했다.

landing ■ 1741
[lǽndiŋ] 랜딩

명 상륙, 착륙, 하차, 하선

It was a perfect landing.
그것은 완벽한 착륙이었다.

landlord ■ 1742
[lǽndlɔ̀ːrd] 랜들로-드

명 지주, 집주인, (여관, 하숙) 주인

They are good friends with the landlord.
그들은 집주인과 좋은 친구이다.

landscape ■ 1743
[lǽndskèip] 랜드스케입

명 풍경, 경치

I must say your landscaping is stunning.
조경 정말 너무나 멋있게 해놓았네.

lane ■ 1744
[léin] 레인
[명] 작은 길, 좁은 길, 골목길
Only buses are allowed to use this lane.
이 차선은 버스 전용 차선이다.

language ■ 1745
[lǽŋgwidʒ] 랭귀쥐
[명] 언어, 국어, 말씨, 어법
It is fun to learn a foreign language.
외국어를 배우는 것은 재미있다.

languish ■ 1746
[lǽŋgwiʃ] 랭귀쉬
[자] 약해지다, 시들다, 번민하다
In North Korea, hundreds of thousands of people languish in gulags.
북한에서는 수십만 주민이 강제노동수용소에서 신음하고 있다.

lantern ■ 1747
[lǽntərn] 랜턴
[명] 초롱불, 각등(角燈), 랜턴
Buddhists marched with lanterns during the Lotus Lantern Festival.
불교 신도들은 연등축제 중에 제등 행진을 했다.

large ■ 1748
[láːrdʒ] 라-쥐
[형] 커다란, 넓은, 다수의
Seoul is the largest city in Korea.
서울은 한국 최대의 도시다.

last ■ 1749
[lǽst] 래스트
[형] 최후의 [부] 최후에 [명] 최후
He was the last to come.
그가 제일 마지막에 왔다.

late ■ 1750
[léit] 레이트
[형] 늦은, 지체된, 연체된
She was late for the bus.
그녀는 버스에 늦었다.

K L M N O P Q R S T

L

1751 lately
[léitli] 레이틀리
부 요즈음, 최근에

Has he been here lately?
그가 최근에 여기에 왔었나요?

1752 later
[léitər] 레이터
형 (late의 비교급) 더 늦은, 나중의

I'll see you later.
나중에 봅시다.

1753 latest
[léitist] 레이티스트
형 최신의, 최근의 **부** 가장 늦게

They will arrive tomorrow at the latest.
그들은 늦어도 내일은 도착할 것이다.

1754 Latin
[lǽtən] 래틴
형 라틴어의, 가톨릭교의 **명** 라틴어, 라틴사람

Many words derive from Latin.
많은 단어가 라틴어에서 유래되었다.

1755 latter
[lǽtər] 래터
형 뒤쪽의, 끝의, 후자의

Of the two the latter is better.
둘 중에 후자가 낫다.

1756 laugh
[lǽf] 래프
명 웃음 **타 자** 웃다, 비웃다

Try to laugh as much as possible.
가능한 한 많이 웃으려고 하십시오.

1757 laughter
[lǽftər] 랩터
명 웃음, 웃음소리

Laughter is the best medicine.
웃음이 가장 좋은 약이다.

launch
[lɔ́ːntʃ] 로온취
■ 1758

타 자 진수하다, 발진하다

The space launch took place this morning.
우주선이 오늘 아침에 발사되었습니다.

laundry
[lɔ́ːndri] 런-드리
■ 1759

명 세탁소, 세탁장, 세탁물

He's doing the laundry.
그는 세탁을 하고 있다.

law
[lɔ́ː] 로-
■ 1760

명 법률, 국법, 법, 법칙

Everybody is equal before the law.
법 앞에서는 만인이 평등하다.

lawyer
[lɔ́ːjər] 로이여
■ 1761

명 법률가, 변호사

I'm a lawyer.
저는 변호사입니다.

lay
[léi] 레이
■ 1762

동 눕히다, 누이다 **명** 위치

Lay your book on the desk.
책상 위에 책을 놓아두세요.

layer
[léiər] 레이어
■ 1763

명 놓는 사람, 쌓는 사람

There is a thick layer of dust on the desk.
책상 위에 먼지가 잔뜩 앉아 있다.

lazy
[léizi] 레이지
■ 1764

형 게으른, 나태한

It happened because I was lazy.
게을러서 그랬어요.

L

lead
[líːd] 리-드 ■ 1765

명 지휘, 선도   통 인솔하다

She led us to the seats.
그녀는 우리를 좌석까지 안내했다.

leader
[líːdər] 리-더 ■ 1766

명 지도자, 선도자, 대장

Are you a leader or not?
자네, 리더야 아니야?

leading
[líːdiŋ] 리-딩 ■ 1767

명 지도, 지휘, 통솔   형 지휘하는

He acted a leading role in a new drama.
그는 새 드라마에서 주인공 역할을 연기했다.

leaf
[líːf] 리-프 ■ 1768

명 잎(사귀), (책의) 한 장

There is a yellow leaf on the desk.
책상 위에 노란 잎이 하나 있다.

league
[líːg] 리-그 ■ 1769

명 동맹, 연맹   타 자 동맹하다

Minor league players play each other all the time.
마이너리그 선수들도 항상 서로 시합을 한다.

lean
[líːn] 리-인 ■ 1770

형 야윈   명 경사   타 자 기대다

He leaned against the wall.
그는 벽에 몸을 기대었다.

leap
[líːp] 리-잎 ■ 1771

타 뛰다, 뛰어 넘다   명 도약

He leaped for joy.
그는 좋아서 뛰어 올랐다.

learn
[lə́ːrn] 러-언 ■ 1772

동 배우다, 익히다, 공부하다

It is fun to learn a foreign language.
외국어를 배우는 것은 재미있다.

learning
[lə́ːrniŋ] 러-닝 ■ 1773

명 학문, 박식, 지식, 학식

He was constant in his devotion to learning.
그는 시종일관 학문에 전념했다.

lease
[líːs] 리-스 ■ 1774

타 토지를 임대하다 **명** 차용계약

We put our house to lease.
우리는 집을 임대했다.

least
[líːst] 리-스트 ■ 1775

명 (little 최상급) 최소 **형** 최소의

Well, at least you're safe.
적어도 당신은 무사하군요.

leather
[léðər] 레더 ■ 1776

명 (무두질한) 가죽 **타** 가죽을 씌우다

I want to buy a leather jacket.
가죽 재킷을 사고 싶어요.

leave
[líːv] 리-브 ■ 1777

타 자 떠나다, 남기다 **명** 허락

I left home at seven.
나는 7시에 집을 나섰다.

lecture
[léktʃər] 렉쳐 ■ 1778

명 강의, 강연 **타 자** 강의하다

I am listening to the lecture now.
나는 지금 강의 듣고 있어.

left ■ 1779
[léft] 레프트

[형] 좌측의 [부] 왼쪽에 [명] 왼쪽

Turn (to the) left.
왼쪽으로 돌아가시오.

leg ■ 1780
[lég] 레그

[명] (사람, 동물, 책상 등의) 다리

We walk with our legs.
우리는 다리로 걷는다.

legal ■ 1781
[lígəl] 리걸

[형] 법률의, 합법적인, 법정의

The document held by legal under his hand and seal.
그의 서명이 날인되어 그 서류는 법적인 효력이 있다.

legend ■ 1782
[lédʒənd] 레전드

[명] 전설, 신화, 전설문학

Our country is rich in history and legend.
우리나라는 역사가 깊고 전설이 많다.

legislation ■ 1783
[lèdʒisléiʃən] 레지슬레이션

[명] 입법, 법률, 법령

Congress has the power of legislation.
의회는 입법권을 가진다.

legitimate ■ 1784
[lidʒítəmət] 리지터미트

[형] 합법적인, 정당한

She was the property's legitimate owner.
그녀는 그 재산의 적법한 소유자였다.

leisure ■ 1785
[líːʒər] 리-저

[명] 여가, 틈 [형] 한가한, 볼일없는

I have no leisure time to read for reading.
책을 읽을 틈이 없다.

lemon
[lémən] 레먼 ■ 1786

명 레몬, 레몬나무

The first special is Moroccan Lemon Chicken.
첫 번째 특별 요리는 모로코 식 레몬 치킨입니다.

lend
[lénd] 렌드 ■ 1787

동 빌려주다, 대여하다

Can you lend me a 5-dollar?
5달러만 빌려 줄 수 없을까?

length
[léŋkθ] 렝쓰 ■ 1788

명 길이, 거리, 세로

The length of the Presidential tenure is five years.
대통령의 임기는 5년이다.

less
[lés] 레스 ■ 1789

형 보다적은 부 Little의 비교급

Please put less salt.
소금을 적게 넣어 주세요.

lessen
[lésn] 레슨 ■ 1790

타 자 작아지다, 감소하다, 완화되다

Her grief lessened with time.
시간과 함께 그녀의 슬픔도 감소되어 갔다.

lesser
[lésər] 레서 ■ 1791

형 더욱 작은 부 보다 적게

The greater includes the lesser.
큰 것은 적은 것을 포함한다.

lesson
[lésn] 레슨 ■ 1792

명 학과, 과업, 교습

I take music lessons everyday.
저는 음악 교습을 매일 받습니다.

L

lest ■ 1793
[lést] 레스트

접 ~하지 않도록

We made haste lest we should be late.
우리는 시간에 늦지 않도록 서둘렀다.

let ■ 1794
[lét] 레트

타 ~시키다, ~하게 하다

Let me help you.
제가 당신을 도와주게 해주세요.

letter ■ 1795
[létər] 레터

명 편지, 문자, 글자

She wrote a letter in English.
그녀는 영어로 편지를 썼다.

level ■ 1796
[lévəl] 레벨

명 수평, 수준 형 평평한, 수평의

He reads at a junior high school level.
그의 독해력은 중학 수준이다.

liability ■ 1797
[làiəbíləti] 라이어빌리티

명 책임 자 책임을 지다

They have the privilege of exemption from liability.
그들은 면책 특권을 가지고 있다.

liable ■ 1798
[láiəbl] 라이어벌

형 책임 있는, 빠지기 쉬운

I am liable for his debts.
그의 빚은 제가 책임지겠습니다.

liberal ■ 1799
[líbərəl] 리버럴

형 진보적인, 대범한, 자유사상의

She is liberal with money.
그녀는 돈을 아끼지 않아요.

liberty
[líbərti] 리버티 ■ 1800

명 자유, 해방, 방면, 멋대로 함

Give me liberty or death.
자유 아니면 죽음을 달라.

library
[láibrèri] 라이브러리 ■ 1801

명 도서관, 장서, 문고, 서재

I went to a library with my sister.
여동생과 함께 도서관에 갔어요.

license
[láisəns] 라이선스 ■ 1802

명 면허, 인가, 허가

You can not drive a car before you get the license.
면허증을 따기 전에는 차를 운전할 수 없다.

lid
[líd] 리드 ■ 1803

명 뚜껑, 눈꺼풀, 모자

Put the lid back on after you have used it.
사용한 후에는 뚜껑을 닫아 주십시오.

lie
[lái] 라이 ■ 1804

자 눕다, 자다 타 자 거짓말하다, 눕다

He was lying on the grass.
그는 풀밭에 누워 있었다.

life
[láif] 라이프 ■ 1805

명 목숨, 생명, 생존, 일생, 삶

My life is boring.
내 인생은 지루해.

lifetime
[láiftàim] 라이프타임 ■ 1806

명 평생 형 한평생의

A chance like this comes but once in a lifetime.
이런 기회는 평생에 다시 없을 것이다.

L

lift 1807
[líft] 리프트

타 자 들어올리다 명 들어올림

Don't lift heavy things.
무거운 것 들지 마세요.

light 1808
[láit] 라이트

명 빛 형 밝은 통 불을 붙이다

Please turn on the light.
전깃불을 켜 주세요.

like 1809
[láik] 라이크

타 자 좋아하다 형 비슷한 부 대략, 거의

I like all kinds of animals.
나는 모든 종류의 동물들을 좋아한다.

likely 1810
[láikli] 라이클리

형 있음직한, ~할 듯한 부 아마, 어쩌면

He is likely to come.
아마 그는 올 것 같다.

limit 1811
[límit] 리미트

명 한계, 한도, 경계 타 한정하다

Everything has a limit.
모든 것에는 한계가 있다.

limitation 1812
[lìmətéiʃən] 리머테이션

명 제한, 한도

Limitations on credit-card use depress consumption.
신용 카드 사용에 대한 제한은 소비를 억제한다.

limited 1813
[límitid] 리미티드

형 유한의, 제한된, 좁은

That book is a limited edition.
그 책은 한정판이다.

line
[láin] 라인 ■ 1814

명 선, 줄, 끈 타 자 나란히 서다

They waited in (a) line for a bus.
그들은 버스를 타려고 줄을 서 기다렸다.

link
[líŋk] 링크 ■ 1815

명 고리, 연쇄 타 자 연결하다, 잇다

Love is the link that holds two people together.
사랑이란 두 사람을 하나로 묶어주는 연결 고리이다.

lion
[láiən] 라이언 ■ 1816

명 사자, 용맹스러운 사람

The lion is king of the forest.
사자는 숲의 왕이다.

lip
[líp] 리프 ■ 1817

명 입술, 입 형 말뿐의, 건방진 말

Your lips are soft.
네 입술 부드럽다.

list
[líst] 리스트 ■ 1818

명 표, 목록 타 자 명부에 올리다

His name is not on the list.
그의 이름은 명부에 적혀 있지 않다.

listen
[lísn] 리슨 ■ 1819

자 경청하다, 듣다

I listen to English tapes every day.
나는 매일 영어 테이프를 듣는다.

liter
[líːtər] 리-터 ■ 1820

명 리터(약 5홉 5작)

A liter equals 1,000 cubic centimeters.
1리터는 1,000 c.c.에 해당한다.

L

literary ■1821
[lítərèri] 리터레리

형 문학의, 문예의, 학문의

When will the next issue of the literary magazine go on sale?
언제 다음호 문학잡지가 나올까요?

literature ■1822
[lítərətʃər] 리터러처

명 문학, 문예, 문헌, 보고서, 조사

He was interested in literature.
그는 문학에 관심이 있었다.

little ■1823
[lítl] 리틀

형 작은 부 조금은 명 조금

Can you give me a little help?
저 좀 도와주시겠어요?

live ■1824
[lív] 리브

타 자 살다, 생존하다 형 살아있는

They lived happily ever after.
그들은 그 후에 평생토록 행복하게 살았다.

lively ■1825
[láivli] 라이블리

형 활기 있는 부 활발하게, 기운찬

Everything moves lively in spring.
봄이면 만물이 약동한다.

livingroom ■1826
[lívíŋruːm] 리빙루-움

명 거실, 거처방

She's in a livingroom.
그녀는 거실에 있어요.

load ■1827
[lóud] 로우드

명 짐, 하물 타 자 짐을 싣다

I have a load on my mind.
마음에 걸리는 게 있다.

loan
[lóun] 로운 ■ 1828

명 대부(금), 공채 타 자 빌려주다

The unpaid loan is now in default.
미상환 대부금은 채무 불이행 상태이다.

local
[lóukəl] 로우컬 ■ 1829

형 지방의, 공간의

Using local stores helps local economy.
현지 가게들을 이용하는 것은 지역 경제를 돕는다.

locate
[lóukeit] 로우케이트 ■ 1830

타 거주하다, (관청 따위) 설치하다

Locate Seoul on a map.
지도에서 서울의 위치를 찾아라.

lock
[lák] 락 ■ 1831

명 자물쇠 타 자 자물쇠를 채우다

Are you sure you locked the door?
너 문을 확실히 닫았니?

lodge
[ládʒ] 라쥐 ■ 1832

명 오두막집 타 자 묵다, 숙박케하다

Let's go back to the lodge.
여관으로 돌아갑시다.

log
[lɔ́(:)g] 로그 ■ 1833

명 통나무, 항해, 일지

He clove the log with an ax.
그는 도끼로 통나무를 쪼갰다.

logic
[ládʒik] 라직 ■ 1834

명 논리학, 논리, 추리력

His logic is sound.
그는 논리가 정연하다.

logical ■ 1835
[ládʒikəl] 라쥐컬

[형] 논리적인, 필연의

I think men are more logical than women.
나는 남자는 여자보다 더 논리적이라고 생각한다.

lonely ■ 1836
[lóunli] 로운리

[형] 고립한, 쓸쓸한, 외로운

I'm lonely because I'm living alone.
나는 혼자서 살고 있기 때문에 외롭습니다.

long ■ 1837
[lɔ́ːŋ] 로옹

[형] 긴, 오랜 [부] 오래 [자] 동경하다

I want to make a long distance call.
장거리 통화를 하고 싶은데요.

look ■ 1838
[luk] 룩

[타] [자] 바라보다

What are you looking at?
무엇을 보고 있습니까?

loose ■ 1839
[lúːs] 루-스

[타] 놓아주다 [형] 풀린, 헐거운 [부] 느슨하게

A tooth comes (becomes) loose.
이가 흔들흔들 한다.

lose ■ 1840
[lúːz] 루-즈

[타] [자] 없애다, 잃다, 손해보다

She lost her son in the war.
그녀는 전쟁에서 아들을 잃었다.

loss ■ 1841
[lɔ́(ː)s] 로스

[명] 상실, 분실, 손해, 패배

The loss of his job depressed him.
직장을 잃고 그는 의기소침했다.

lot
[lát] 라트 ■1842

명 운명, 제비뽑기, 당첨, 추첨

I have lots of money now.
나는 지금 많은 돈을 가지고 있다.

loud
[láud] 라우드 ■1843

형 음성이 높은, 시끄러운

The radio is too loud.
라디오 소리가 너무 크다.

love
[lʌ́v] 러브 ■1844

명 사랑, 애정 타 자 사모하다

She loves her children.
그녀는 아이들을 사랑하고 있다.

lovely
[lʌ́vli] 러블리 ■1845

형 귀여운, 사랑스러운

She's a lovely girl.
그녀는 사랑스러운 소녀다.

low
[lóu] 로우 ■1846

형 낮은, 비천한 부 낮게, 낮은

The moon is low in the sky.
달이 하늘에 낮게 떠 있다.

lower
[lóuər] 로워 ■1847

타 자 낮추다, 내려가다 형 더 낮은

She lowered her voice to a whisper.
그녀는 목소리를 낮춰 속삭였다.

loyal
[lɔ́iəl] 로열 ■1848

형 충성스러운, 성실한, 충실한

She is loyal to her family.
그녀는 가족에게 충실하다.

L

luck ■ 1849
[lʌ́k] 럭

명 행운, 운수, 요행

All day long, you'll have good luck.
하루 종일 좋은 일만 있을 거예요.

luggage ■ 1850
[lʌ́gidʒ] 러기쥐

명 수화물, 여행가방

He loaded the car down with his luggage.
그는 차에 짐을 잔뜩 실었다.

lump ■ 1851
[lʌ́mp] 럼프

명 덩어리 타 자 덩어리로 만들다

There were lumps in the soup.
스프 속에 덩어리들이 있었다.

lunch ■ 1852
[lʌ́ntʃ] 런취

명 점심, 주식 타 자 점심을 먹다

Do you want to have lunch with me?
점심 같이 먹을래요?

lung ■ 1853
[lʌ́ŋ] 렁

명 폐, 허파, 인공폐

Smoking causes lung cancer.
흡연은 폐암을 유발한다.

lurk ■ 1854
[lə́ːrk] 러-크

자 숨다, 잠복하다, 잠행하다

Resentment lurked in his heart.
원한이 그의 가슴 속에 잠재해 있었다.

luxury ■ 1855
[lʌ́kʃəri] 럭셔리

명 사치, 호화, 맛있는 음식

She smuggled in luxury items.
그녀는 명품을 밀수입했다.

machine
[məʃíːn] 머쉬-인

® 기계류, 비행기, 자동차

This machine doesn't work.
이 기계는 작동하지 않아.

machinery
[məʃíːnəri] 머쉬-너리

® 기계, 기계장치

Metals are used for making machinery.
금속은 기계를 만드는데 사용된다.

mad
[mǽd] 매드

® 미친, 무모한, 실성한

He is a mad man.
그는 미친 남자다.

magazine
[mæ̀gəzíːn] 매거지인

® 잡지, (탄약, 식량 등의) 창고

A new magazine came out.
새 잡지가 간행되었다.

magic
[mǽdʒik] 매직

® 마법의, 기술의, 기술사 ® 마법

He did do some magic in those areas.
그 근처에서 몇 가지 마술을 했어.

magistrate
[mǽdʒəstrèit] 매저스트레이트

® 치안판사, 장관

He was summoned to appear before the magistrates.
그는 치안 판사 앞에 출두하도록 소환되었다.

magnificent
[mægnífəsnt] 매그니퍼선트

® 장엄한, 장려한, 당당한

The view from the summit was magnificent.
정상에서 본 경치는 장엄했다.

M

mail
[méil] 메일 ■ 1863

명 우편낭, 우편 타 우송하다

Has the mail come yet?
편지가 왔어요?

main
[méin] 메인 ■ 1864

명 힘, 체력, 중요 형 주요한

Actually, the main reason is you.
사실, 주된 원인은 당신입니다.

maintain
[meintéin] 메인테인 ■ 1865

타 유지하다, 계속하다, 보존하다

It's quite expensive and costs a lot to maintain.
그것은 가격이 비싸고 유지비용이 많이 들어요.

maintenance
[méintənəns] 메인터넌스 ■ 1866

명 유지, 보존, 지속, 부양

Should I call the building maintenance people?
건물관리원에게 전화해야 할까요?

majesty
[mǽdʒəsti] 매쥐스티 ■ 1867

명 위엄, 존엄, 장엄함

This work has majesty, power and passion.
이 작품에는 위엄과 힘, 열정이 있다.

major
[méidʒər] 메이져 ■ 1868

형 주요한 명 육군 소령

My major is English Literature.
제 전공은 영문학이에요.

majority
[mədʒɔ́ːrəti] 머죠러티 ■ 1869

명 대다수, 대부분, (득표의) 차

The majority of the people were against the bill.
국민의 대부분은 그 법안에 반대했다.

make
[méik] 메이크

동 만들다, 나아지다 명 제작

She made a suit for him.
그녀는 그에게 양복 한 벌을 해주었다.

maker
[méikər] 메이커

명 제조업자, 만드는 사람

Samsung is a maker of mobile phones.
삼성은 휴대전화기 제조회사다.

make-up
[méikʌp] 메이컵

명 구성, 배우의 얼굴분장, 마무리

We hurried on to make up for lost time.
허비된 시간을 메우기 위해 우리는 서둘렀다.

male
[méil] 메일

명 남성, 수컷 형 남성의, 수컷의

He has two male dogs.
그는 수캐 두 마리를 가지고 있다.

malice
[mǽlis] 맬리스

명 악의, 해칠 마음, 원한, 적의

Do not bear malice to others.
남에게 악의를 품지 마라.

mammal
[mǽməl] 매멀

명 포유 동물, 포유류

Whales are mammals.
고래는 포유동물이다.

man
[mǽn] 맨

명 사람, 남자, 사내

The man looks cute but he is dangerous.
그 남자는 귀여워 보이지만 위험하다.

M

manage ■ 1877
[mǽnidʒ] 매니쥐
🔴 🔵 관리하다, 움직이다, 다루다

I believe I'll manage.
잘할 수 있습니다.

management ■ 1878
[mǽnidʒmənt] 매니쥐먼트
🔴 취급, 관리, 경영

We are in conference with the management.
우리는 경영진과 협의 중이다.

manager ■ 1879
[mǽnidʒər] 매니져
🔴 지배인, 경영자, 관리인

The Manager asked us to leave.
지배인이 나가 달라고 했습니다.

manifest ■ 1880
[mǽnəfèst] 매너페스트
🔴 명백한 🔵 명시하다, 나타내다

The evidence manifests the guilt.
그 증거로 유죄가 명백해지다.

mankind ■ 1881
[mænkáind] 맨카인드
🔴 인류, 인간, 사람

There were dragons before mankind.
인류 이전에 공룡이 있었다.

manner ■ 1882
[mǽnər] 매너
🔴 방법, 모양, 태도, 예절, 풍습

She had good manners.
그녀는 예의 바르다.

manual ■ 1883
[mǽnjuəl] 매뉴얼
🔴 손의, 손으로 만든 🔵 편람

Can you drive a car with a manual transmission?
수동변속 차량 운전할 줄 아십니까?

manufacture
[mænjufǽktʃər] 매뉴팩쳐 ■1884

타 제조하다 명 제작, 제조

We manufacture memory products that retain their data.
우리는 데이터를 저장하는 메모리 제품을 생산한다.

manuscript
[mǽnjuskrìpt] 매니스크립트 ■1885

형 필사한, 수서 명 원고

She stuffed her manuscripts into the waste basket.
그녀는 원고를 휴지통에 쑤셔 넣었다.

many
[méni] 메니 ■1886

형 많은, 다수의 명 다수

Many people were present at the meeting.
많은 사람들이 그 모임에 나왔다.

map
[mǽp] 매프 ■1887

명 지도 타 지도를 만들다

The map was made in writ small.
그 지도는 축척 지도다.

mar
[má:r] 마- ■1888

타 손상시키다, 흠내다, 망쳐 놓다

My pride was much marred by her words.
그녀의 말로 내 자존심이 크게 상했다.

marble
[má:rbl] 마-벌 ■1889

명 대리석 타 대리석무늬를 넣다

This is a statue made of the finest marble.
이것은 최상의 대리석으로 만들어진 동상이다.

march
[má:rtʃ] 마-취 ■1890

명 행군, 행치 타 자 행진하다

They marched into the town.
그들은 마을로 행진하여 들어왔다.

M

margin
[mάːrdʒin] 마-쥔 ■ 1891

명 여백, 가장자리 타 ~에 가장자리를 붙이다

Do not write in the margin.
여백에 글씨를 쓰지 마시오.

marine
[mərίːn] 머리-인 ■ 1892

형 바다의, 해양의 명 선박, 함대

Shells and whales are marine animals.
조개와 고래는 해양 동물이다.

mark
[mάːrk] 마-크 ■ 1893

명 기호, 목표 타 표적을 하다

Make a mark.
표시를 해라.

market
[mάːrkit] 마-킷 ■ 1894

명 장, 시장 타 자 시장에 내놓다

People crowded into a market place.
장터에 사람들이 모였다.

marriage
[mǽridʒ] 매리쥐 ■ 1895

명 결혼, 결혼식, 부부생활

Marriage is not mandatory.
결혼은 의무적인 것이 아니다.

married
[mǽrid] 매리드 ■ 1896

형 기혼의, 결혼한, 부부의

She is to be married next month.
그녀는 다음 달에 결혼하게 되어 있다.

marry
[mǽri] 매리 ■ 1897

동 ~와 결혼하다, 결혼하다

I don't want to marry him.
그와 결혼하고 싶지 않아.

Mars
[máːrz] 마-즈 ■ 1898

명 화성

Terrestrial weather is different from that on Mars.
지구의 날씨는 화성의 날씨와 다르다.

marvel
[máːrvəl] 마-벌 ■ 1899

형 놀라운 동 경탄하다

She marveled at the beautiful sunset.
그녀는 아름다운 일몰을 보고 경탄했다.

mask
[mæsk] 매스크 ■ 1900

명 가면, 복면 타 자 가면을 쓰다

Put your masks on.
마스크 써.

mass
[mæs] 매스 ■ 1901

명 덩어리, 대중 타 자 집합하다

This is an era of mass communication.
현재는 매스컴의 시대다.

massive
[mǽsiv] 매시브 ■ 1902

형 부피가 큰, 육중한

I have this massive hangover.
숙취가 너무 심해요.

master
[mǽstər] 매스터 ■ 1903

명 주인, 장 타 지배하다, 숙달하다

It is not easy to master foreign languages.
외국어를 터득하는 것은 쉽지 않다.

masterpiece
[mǽstərpìːs] 매스터피-스 ■ 1904

명 걸작

This picture is an immortal masterpiece.
이 그림은 불멸의 명작이다.

M

match
[mætʃ] 매취 ■ 1905

명 성냥, 시합, 경기 타 결혼시키다

She proved to be no match for me.
그녀는 내 적수가 되지 않았다.

mate
[méit] 메이트 ■ 1906

명 동료, 한패 타 자 짝지우다

She is my best mate.
그녀는 나의 가장 좋은 동료이다.

material
[mətíəriəl] 머티어리얼 ■ 1907

형 물질적인, 유형의 명 재료

He is blessed with material possessions.
그는 물질적인 혜택을 받았다.

mathematics
[mæ̀θəmǽtiks] 매쎄매틱(스) ■ 1908

명 수학

I like mathematics very much.
나는 수학을 매우 좋아한다.

matter
[mǽtər] 매터 ■ 1909

명 물질, 재료, 물체 자 중요하다

What is the matter with you?
무슨 일입니까?

mature
[mətjúər] 머튜어 ■ 1910

형 다 익은, 성숙한 타 자 성숙하다

You look mature for your age.
나이보다 성숙해 보이네요.

maturity
[mətjúərəti] 머튜어러티 ■ 1911

명 성숙, 완성, 만기

She had reached maturity by the time she was twenty.
그녀는 나이 20에 완전히 성숙했다.

maxim
[mǽksim] 맥심 ■ 1912

명 격언, 금언, 처세훈

We can get a sense of our ancestors' wisdom in the maxims.
우리는 격언에서 선인들의 지혜를 엿볼 수 있다.

maximum
[mǽksəməm] 맥서멈 ■ 1913

명 최대한도, 최고, 극대 형 최대의

What is the maximum discount offered?
최고 할인율은 얼마인가?

May
[méi] 메이 ■ 1914

명 5월

May is the fifth month of the year.
5월은 일 년의 5번째 달이다.

maybe
[méibi:] 메이비- ■ 1915

부 아마, 어쩌면

Maybe it will rain.
아마도 비가 올지도 모른다.

mayor
[méiər] 메이어 ■ 1916

명 시장(市長), 읍장, 동장

He was elected mayor.
그가 시장으로 선출되었다.

meadow
[médou] 메도우 ■ 1917

명 목초지, 풀밭, 초원

Cows eat grass in meadows which are close to the farm.
젖소들이 농장 부근 목초지에서 풀을 뜯어 먹는다.

meager(gre)
[míːgər] 미-거 ■ 1918

형 야윈, 빈약한, 불충분한

This dictionary contains a meager vocabulary.
이 사전은 어휘가 빈약하다.

M

meal ■ 1919
[míːl] 미-일

명 식사, 거친 가루

We have three meals a day.
우리는 하루에 세 번 식사를 한다.

mean ■ 1920
[míːn] 미-인

형 평범한, 중간의 동 의미하다

I know what you mean.
무슨 말인지 알겠어요.

meaning ■ 1921
[míːniŋ] 미-닝

명 의미, 뜻, 취지

What's the meaning of this word?
이 단어는 어떤 의미입니까?

means ■ 1922
[míːnz] 미-인즈

형 방법, 매체, 자력

Is there any means of visiting North Korea?
북한을 방문할 무슨 방법이 있나요?

meantime ■ 1923
[míːntàim] 미-인타임

명 중간 시간 부 그동안에

In the meantime, have a good night.
그러면 그 동안 안녕히 계십시오.

measure ■ 1924
[méʒər] 메저

명 측정, 양, 척도 타 자 측정하다

The tailor measured me for new clothes.
재단사는 새 옷을 위해서 나의 치수를 재었다.

measurement ■ 1925
[méʒərmənt] 메저먼트

명 측정, 용량, 측정, 크기

Most of the country uses the metric system of measurement.
대부분의 나라는 측정 단위로 미터법을 사용한다.

m

meat
[míːt] 미-트
■ 1926
® (식용의) 짐승고기, 속, 알맹이

I don't eat meat.
나는 고기를 먹지 않는다.

mechanical
[məkǽnikəl] 머캐니컬
■ 1927
® 기계의, 기계에 의한, 무감정한

This car had some kind of mechanical problem.
자동차가 뭔가 기계 고장을 일으켰어요.

mechanism
[mékənìzm] 메커니점
■ 1928
® 기계장치, 기구, 조립, 기교

There's something wrong with the mechanism.
무언가 기계장치가 잘못되었다.

medical
[médikəl] 메디컬
■ 1929
® 의학의, 의료의

Korea has made remarkable progress in medical science.
한국은 의학이 놀랄 만큼 발전했다.

medicine
[médəsin] 메디-슨
■ 1930
® 의술, 의학, 약 ® ® 투약하다

What is the best medicine for a cold?
감기에 가장 좋은 약이 무엇인가요?

medieval
[mìːdíːvəl] 미-디-벌
■ 1931
® 중세의

Eastern art was similar to Western medieval art.
동양의 예술은 서양의 중세 예술과 비슷했다.

meditate
[médətèit] 메더테이트
■ 1932
® ® 숙고하다, 계획하다, 꾀하다

Do you meditate everyday?
매일 명상하세요?

M

medium ■1933
[míːdiəm] 미-디엄

명 매개(물), 중간 형 중간의

The air is a medium for sound.
공기는 소리의 매체이다.

meet ■1934
[míːt] 미-트

동 만나다, 마주치다, 조우하다

I hope we could meet again sometime soon.
조만간 다시 만나기를 바래.

meeting ■1935
[míːtiŋ] 미-팅

명 모임, 만남, 집회, 회전(會戰)

We attended the club meeting.
우리는 클럽 모임에 출석했다.

melancholy ■1936
[mélənkɑ̀li] 멜런칼리

명 우울, 우울증 형 울적한

They were overclouded with a deep melancholy.
그들은 깊은 우수에 잠겨 있었다.

melt ■1937
[mélt] 멜트

명 용해물, 융해 타 자 녹다, 용해하다

The chocolate melted in the mouth.
초콜릿은 입 안에서 녹았다.

member ■1938
[mémbər] 멤버

명 (단체의) 일원, 구성원, 단원

Do you want to be a member of this club?
클럽 회원이 되고 싶으신가요?

memory ■1939
[méməri] 메머리

명 기억, 추억, 기억력, 기념

She's got significant memory loss.
그녀는 심각한 기억 상실증이 생겼다.

m

menace ■ 1940
[ménis] 메너스
명 협박, 위협 타 으르다
I think you're a menace.
난 네가 위협적인 존재라고 생각해.

mental ■ 1941
[méntl] 맨틀
형 마음의, 정신의, 심적인
She suffers from a mental illness.
그녀는 정신질환으로 고통 받고 있어요.

mention ■ 1942
[ménʃən] 멘션
타 언급하다, 말하다 명 기대
At the very mention of his name I shuddered.
그의 이름만 언급을 해도 나는 벌벌 떨었다.

menu ■ 1943
[ménju:] 메뉴-
명 식단표, 메뉴, 식품요리
The waiter brought a menu.
웨이터가 차림표를 가져왔다.

merchandise ■ 1944
[mə́ːrtʃəndàiz] 머-천다이즈
명 상품
They delivered the merchandise to us.
그들은 우리에게 상품을 배달해 주었다.

merchant ■ 1945
[mə́ːrtʃənt] 머-천트
명 상인, 도매 상인 형 상인의
The merchants were in trade.
상인들이 장사를 했다.

mercy ■ 1946
[mə́ːrsi] 머-시
명 자비, 연민, 행운, 고마운 일
The man killed rabbits without mercy.
그 남자는 인정없이 토끼들을 죽였다.

283

M

mere
[míər] 미어 ■ 1947

형 단순한, 단지 ~에 불과한

That is a mere conjecture.
그것은 단순한 추측이에요.

merely
[míərli] 미얼리 ■ 1948

부 단지, 전혀, 오직, 그저

He merely wants to know the truth.
그는 다만 진실을 알고 싶어 한다.

merit
[mérit] 메리트 ■ 1949

명 장점, 공적, 공로

His chief merit is kindness.
그의 주된 장점은 친절이다.

mess
[més] 메스 ■ 1950

명 난잡 타 자 망치다, 더럽히다

My house is a mess now.
우리 집은 지금 난장판이야.

metal
[métl] 메틀 ■ 1951

명 금속, 금속원소 타 금속을 입히다

This metal melts with heat.
이 금속은 열에 녹는다.

meter
[míːtər] 미-터 ■ 1952

명 계량기, 미터(m) 량

That tree is two meters high.
저 나무의 키는 2미터이다.

method
[méθəd] 메써드 ■ 1953

명 방법, 방식, 순서, 계획

A method is a particular way of doing something.
방법이란 어떤 일을 하는 실질적인 방법이다.

m

metropolis 1954
[mitrápəlis] 미트라펄리스

명 수도, 중심지, 주요 도시

Songdo has been rebuilt as a metropolis of skyscrapers.
송도는 고층 건물을 갖춘 대도시로 다시 지어졌다.

midday 1955
[míddèi] 밋데이

명 정오 형 정오의

He flakes out in the midday heat.
그는 한낮의 더위로 녹초가 되어 간다.

midnight 1956
[mídnàit] 밋나이트

명 자정, 암흑, 한밤중 형 한밤중의

What are you doing at midnight?
한 밤중에 무엇을 하세요?

might 1957
[máit] 마이트

명 힘(세력, 권력 등) 조 may의 과거

I think I might be getting a flu.
독감에 걸린 것 같아.

mild 1958
[máild] 마일드

형 유순한, 온화한, 상냥

She is a very kind and mild girl.
그녀는 매우 온화하고 친절한 소녀다.

mile 1959
[máil] 마일

명 마일(1,760야드, 1,609km)

I walked six miles.
나는 6마일을 걸었다.

military 1960
[mílitèri] 밀리테리

형 군의, 군용의, 육군의

Korean men must serve more than two years military service.
한국인 남성은 2년 이상을 군에 복무해야 한다.

M

milk
[mílk] 밀크 ■ 1961

명 젖, 우유 타 젖을 짜다

Please give me a glass of milk.
우유 한 잔 주세요.

mill
[míl] 밀 ■ 1962

명 물방앗간, 제분소, 분쇄기

The paper mill is running full time.
그 제지 공장은 완전 조업을 하고 있다.

million
[míljən] 밀리언 ■ 1963

명 백만, 무수 형 백만의

He spent at least six million dollars to buy a new house.
새 집을 구입하는데 적어도 6백만 달러를 사용했다.

mind
[máind] 마인드 ■ 1964

명 마음, 정신 타 자 염려하다

Would you mind closing the window?
창을 닫아 주시지 않겠습니까?

mineral
[mínərəl] 미너럴 ■ 1965

명 광물, 광석 형 광물의, 무기의

The minerals improves sleep.
미네랄이 잠을 잘 잘 수 있도록 도움을 줍니다.

miniature
[míniətʃər] 미니어쳐 ■ 1966

명 축도, 미세화법 형 축도의

The family is society in miniature.
가정은 사회의 축소판이다.

minister
[mínəstər] 미니스터 ■ 1967

명 장관, 성직자 타 자 봉사하다

The President exalted him to the rank of minister.
대통령은 그를 장관으로 승격시켰다.

m

1968
minor
[máinər] 마이너

형 작은 쪽의, 소수의, 중요치 않은

Don't worry over minor details like that.
그런 사소한 일에 신경 쓰지 마라.

1969
minority
[mainɔ́ːrəti] 마이노-리티

명 소수, 소수민족

The party forms a small minority in the National Assembly.
그 정당은 국회에서 소수당이다.

1970
minute
[mínit] 미니트

명 (시간의) 분 형 순간적인

Wait a minute, please.
잠깐 기다려 주세요.

1971
mirror
[mírər] 미러

명 거울 타 비추다, 반사하다

Broken mirror gives indication of bad luck.
깨진 거울은 불운의 징조를 나타낸다.

1972
miser
[máizər] 마이저

명 구두쇠, 수전노, 노랑이

We call a man like him a miser.
그 같은 사람을 가리켜 구두쇠라고 한다.

1973
Miss
[mís] 미스

명 ~양(미혼여자에 대한 경칭)

Is Miss. Kim is here?
미스 김이 여기 있나요?

1974
miss
[mís] 미스

타 자 놓치다, 잃다 명 실책, 실패

I missed the subway.
나는 지하철을 놓쳤다.

M

missile
[mísəl] 미설
■ 1975
명 미사일, 비행무기, 로켓탄

The missile curved through the air.
미사일은 곡선을 그리며 허공을 날아갔다.

mission
[míʃən] 미션
■ 1976
명 사절단, 사명, 직무

Korea participates in a difficult mission in Iraq.
한국은 이라크에서 어려운 임무에 참가하고 있다.

mistake
[mistéik] 미스테익
■ 1977
동 틀리다, 오해하다 명 잘못

I made three mistakes in the exam.
나는 시험에서 3가지 실수를 했다.

mix
[míks] 믹스
■ 1978
동 섞다, 혼합하다, 첨가하다

Oil and water do not mix.
기름과 물은 섞이지 않는다.

mixture
[míkstʃər] 믹스쳐
■ 1979
명 혼합, 결합, 혼합물

Most glass is made of a mixture of silica with other ingredients.
대부분의 유리는 규토와 다른 재료들의 혼합물로 만든다.

mob
[máb] 맙
■ 1980
명 폭도, 군중 자 몰려들다

The mob stormed through the streets.
폭도들이 거리를 날뛰며 지나갔다.

mode
[móud] 모우드
■ 1981
명 양식, 식, 방법, 방식

System Restore is unavailable in Safe Mode.
안전 모드에서는 시스템 복원을 사용할 수 없습니다.

m

1982 model
[mádl] 마들

명 모형모델 형 모범적인 타 본받다

The latest model is on sale now.
최신 모델이 지금 판매되고 있다.

1983 moderate
[mádərət] 마더러트

형 알맞은, 절제있는

Be moderate in everything.
매사에 과도하지 않도록 하라.

1984 modern
[mádərn] 마던

형 현대의, 근대적인

He is a modern poet.
그는 현대 시인이다.

1985 modest
[mádist] 마디스트

형 조심하는, 겸손한, 수줍은

He is modest in his speech.
그는 말씨가 겸손하다.

1986 modify
[mádəfài] 마더파이

동 가감하다, 수정하다, 변경하다

It enables you to create, modify, or view pictures.
그림을 만들거나 고치거나 볼 수 있습니다.

1987 moisture
[mɔ́istʃər] 모이스쳐

명 습기, 수분, 물기

There's a lot of moisture in the air.
공기 중에 습기가 너무 많아요.

1988 moment
[móumənt] 모우먼트

명 순간, 때, 찰나, 기회

Wait a moment.
잠시만 기다려.

M

Monday ■1989
[mʌ́ndei] 먼데이

명 월요일(약어 Mon.)

I study in a library on Mondays.
나는 월요일에는 도서관에서 공부한다.

monk ■1990
[mʌ́ŋk] 멍크

명 중, 수도사

Monk don't get married.
수도사는 결혼하지 않는다.

monopoly ■1991
[mənápəli] 머나펄리

명 독점, 전매, 전매품

Cigarette production is still a state monopoly.
담배 생산은 아직도 국가가 독점한다.

month ■1992
[mʌ́nθ] 먼쓰

명 월, 달, 1개월

I'll visit you next month.
다음 달에 너를 방문할게.

monument ■1993
[mánjəmənt] 머녀먼트

명 기념비, 묘비, 기념물

I visited some ancient monument in Greek.
나는 그리스에 있는 몇몇의 고대 건축물들을 방문했다.

moon ■1994
[múːn] 무-운

명 (하늘의) 달, 위성, 달빛

Dogs sometimes bay at the moon.
개는 때때로 달을 보고 짖는다.

moral ■1995
[mɔ́ːrəl] 모럴

형 도덕의, 윤리적인 명 교훈

She is an extremely moral woman.
그녀는 아주 도덕적인 여인이다.

m

morning ■1996
[mɔ́ːrniŋ] 모-닝

명 아침, 오전, 초기, 여명

We started early in the morning.
우리는 아침 일찍 출발했다.

mortality ■1997
[mɔːrtǽləti] 모-탤러티

명 죽어야 할 운명, 사망률

It's a hundred per cent mortality rate.
사망률이 백퍼센트야.

most ■1998
[mòust] 모우스트

형 (many, much의 최상급) 가장 많은

Who hit the most home runs?
누가 가장 많이 홈런을 날렸니?

mostly ■1999
[móustli] 모우스틀리

부 대개, 보통, 대부분

The jury was mostly made up of women.
배심원은 주로 여자로 구성되었다.

motion ■2000
[móuʃən] 모우션

명 활동, 운동 타 자 몸짓을 하다

She made a motion to me to approach her.
그녀는 내게 그녀에게 다가오라는 몸짓을 했다.

motive ■2001
[móutiv] 모우티브

형 동기가 되는 명 동기, 목적

The police are inquiring into the motive for the crime.
경찰은 범행 동기를 조사하고 있다.

motor ■2002
[móutər] 모우터

명 원동력, 발동기, 모우터

This pump is powered by a small electric motor.
이 펌프는 작은 전기 모터로 움직인다.

291

M

mountain ■2003
[máuntən] 마운턴

명 산, 산맥, 산악

Do you like mountain climbing?
당신은 등산을 좋아하나요?

mourn ■2004
[mɔ́ːrn] 모-온

타 자 한탄하다, 슬퍼하다

She mourned over the death of her friend.
그녀는 친구의 죽음을 애도했다.

mouse ■2005
[máus] 마우스

명 생쥐, 겁쟁이, 귀여운 아이

Cats catch mouse.
고양이가 쥐를 잡는다.

mouth ■2006
[máuθ] 마우쓰

명 입, 출입구, 강어귀

We eat with our mouth.
우리는 입으로 먹는다.

move ■2007
[múːv] 무-브

타 자 움직이다 명 운동, 이동

He moved his car a little forward.
그는 차를 조금 앞으로 옮겼다.

movement ■2008
[múːvmənt] 무-브먼트

명 운동, 동작, 활동, 움직임

What was the Romantic Movement in Literature?
문학에서 낭만주의 운동이란 무엇이었나요?

Mr. ■2009
[místər] 미스터

명 (남자에 경칭) 귀하, 님, 씨

Can I talk to Mr. Big?
빅씨와 통화할 수 있을까요?

m

much
[mʌ́tʃ] 머취
- 2010
- 혱 다량의, 많은 혱 다량 甲 매우

I like you much more than him.
나는 그보다 너를 훨씬 많이 좋아해.

mud
[mʌ́d] 머드
- 2011
- 몡 진흙, 진창, 욕설

Mud is good for skin.
진흙은 피부에 좋다.

multiply
[mʌ́ltəplài] 멀터플라이
- 2012
- 동 늘리다, 증가하다, 번식하다 甲 다양하게

Five multiplied by six makes thirty.
5에 6을 곱하면 30이다.

multitude
[mʌ́ltətjùːd] 멀티튜-드
- 2013
- 몡 다수, 군중

Love covers over a multitude of sins.
사랑은 수많은 죄를 덮어준다.

murmur
[mə́ːrmər] 머-머
- 2014
- 타 자 웅성대다 몡 중얼거림

Can you please keep it to a murmur?
좀 작게 얘기할래?

muscle
[mʌ́sl] 머설
- 2015
- 몡 근육, 완력 자 완력을 휘두르다

Relax your stomach muscles.
배 근육에 긴장을 푸세요.

museum
[mjuzíːəm] 뮤-지엄
- 2016
- 몡 박물관, 미술관, 진열소

There is a good museum in this town.
이 마을에는 좋은 박물관이 있다.

M

music — 2017
[mjúːzik] 뮤-직

명 음악, 악곡

This sad music is giving me the hump.
슬픈 음악을 들으니 우울해진다.

musician — 2018
[mjuːzíʃən] 뮤-지션

명 음악가, 작곡가, 악사

He is some musician.
그는 대단한 음악가이다.

mutter — 2019
[mʌ́tər] 머터

타 자 중얼거리다 명 속삭임

She muttered away to herself.
그 여자는 항상 혼자서 중얼중얼했다.

mutual — 2020
[mjúːtʃuəl] 뮤-추얼

형 서로의, 공통의(=common)

They settled the dispute by mutual concession.
서로 양보하여 분쟁을 해결했다.

myriad — 2021
[míriəd] 미리어드

명 1만, 무수 형 만의, 무수한

The myriads of stars were twinkling in the night sky.
밤하늘에 무수한 별들이 반짝이고 있었다.

mystery — 2022
[místəri] 미스터리

명 신비, 불가사의, 비밀, 비법

Her disappearance poses a real mystery.
그녀의 실종은 정말로 불가사의하다.

myth — 2023
[míθ] 미쓰

명 신화, 꾸민 이야기

Most societies have their own creation myths.
대부분의 사회에는 그들 나름의 창조 신화가 있다.

n

nail ■2024
[néil] 네일

명 손톱, 발톱, 못 타 ~에 못을 박다

I'm doing my nail.
나는 손톱 손질을 하고 있어.

naked ■2025
[néikid] 네이키드

형 벌거벗은, 드러난, 노출된

Were you completely naked?
완전히 나체로 있었나요?

name ■2026
[néim] 네임

명 이름, 명칭, 명성 타 이름짓다

He named his son John.
그는 아들을 존이라고 이름 지었다.

namely ■2027
[néimli] 네임리

부 즉, 말하자면, 환언하면

He spent most time reading books, namely sci-fi novels.
그는 주로 공상과학 소설을 읽으면서 시간을 보냈다.

narrow ■2028
[nǽrou] 내로우

형 좁은, 옹색한 타 좁히다

Do not interpret in a narrow sense.
좁은 뜻으로 해석하지 마.

nasty ■2029
[nǽsti] 내스티

형 불쾌한, 불결한, 싫은

His attitude was nasty.
그의 태도는 참을 수 없을 정도로 불쾌했다.

nation ■2030
[néiʃən] 네이션

명 국민, 국가, 민족

The nation is under attack.
나라가 공격받고 있다.

national ■ 2031
[nǽʃənl] 내셔널

[형] 국민의, 국가의 [명] 동포, 교포

National Museum of Korea is in Kyungbok Palace.
국립 미술관은 경복궁에 있다.

native ■ 2032
[néitiv] 네이티브

[형] 타고난, 출생의 [명] 토착민

Native Americans were the first to live there.
아메리카 원주민들이 처음 그곳에 살았었다.

natural ■ 2033
[nǽtʃərəl] 내처럴

[형] 자연의, 자연계의, 미개의

No, it is my natural talent.
아니, 그건 타고난 재능이야.

naturally ■ 2034
[nǽtʃərəli] 내처럴리

[부] 자연히, 있는 그대로, 본래

Her hair was naturally curly.
그녀의 머리는 자연스럽게 곱슬거렸다.

nature ■ 2035
[néitʃər] 네이처

[명] 자연, 천성, 성질, 종류

That's not human nature.
그건 인간의 본성이 아니다.

navy ■ 2036
[néivi] 네이비

[명] 해군, 해군 장병

My brother is in the navy.
나의 형은 해군에 복무하고 있다.

near ■ 2037
[niər] 니어

[부] 가까이 [형] 가까운 [전] ~근처에

My house is near the station.
우리집은 역 가까이에 있다.

n

nearly ■2038
[níərli] 니얼리

🔹 부 거의, 겨우, 밀접하게, 친하게

It's nearly ten o'clock.
거의 10시예요.

neat ■2039
[niːt] 니-트

🔹 형 산뜻한, 단정한, 모양 좋은

She is always as neat as a pin.
그녀는 언제나 말쑥하게 차리고 있다.

necessary ■2040
[nésəsèri] 네서세리

🔹 형 필요한, 필연적인 명 필수품

You are necessary to our team.
당신은 우리 팀에서 필요합니다.

necessity ■2041
[nəsésəti] 너세서티

🔹 명 필요, 필연, 필요물

Do not buy things on impulse buy them from necessity.
물건을 충동적으로 구매하지 말고 꼭 필요할 때 사라.

neck ■2042
[nek] 넥

🔹 명 목, 목덜미 타 자 목을 껴안다

What's on your neck?
네 목에 그건 뭐야?

need ■2043
[niːd] 니-드

🔹 명 필요 타 필요로 하다 자 궁하다

Do you need the book?
너는 그 책이 필요하니?

needless ■2044
[níːdlis] 니-들리스

🔹 형 불필요한, 필요 없는

This long meeting is a needless waste of time.
이런 긴 회의는 불필요한 시간 낭비다.

N

needle
[níːdl] 니-들 ■ 2045

명 바늘, 뜨개바늘, 주사바늘

She is clever with her a needle.
그녀는 바느질을 잘한다.

negative
[négətiv] 네거티브 ■ 2046

형 부정의 명 부정 타 거부하다

He has a negative attitude toward life.
그는 세상에 대해 부정적인 사고방식을 갖고 있어.

neglect
[niglékt] 니글렉트 ■ 2047

타 소홀히 하다 명 태반, 소홀

He was accused of neglecting his responsibilities.
그는 책임을 소홀히 한다는 비난을 받았다.

negotiate
[nigóuʃièit] 니고우쉬에이트 ■ 2048

타 협상하다, 협정하다

We don't negotiate with terrorists.
우리는 테러범과는 협상하지 않을 겁니다.

neighbor
[néibər] 네이버 ■ 2049

명 이웃사람 형 이웃의, 옆의

I have good neighbors.
나는 좋은 이웃을 가지고 있다.

neighborhood
[néibərhùd] 네이버후드 ■ 2050

명 근처, 지방, 이웃, 부근

A fire broke out in the neighborhood.
인근에서 화재가 발생했다.

neither
[níːðər] 니-더 ■ 2051

부 ~도 아니고 ~도 아니다

Neither statement is true.
어느 쪽 주장도 사실이 아니다.

n

nephew ■2052
[néfjuː] 네퓨-
- 명 조카, 생질

I have one nephew.
조카가 한 명 있어요.

nerve ■2053
[nə́ːrv] 너-브
- 명 신경, 냉정, 용기, 담력

Show your nerve!
기운을 내라!

nervous ■2054
[nə́ːrvəs] 너-버스
- 형 신경의, 신경질적인, 소심한

I always get nervous before big exams.
나는 큰 시험을 앞두고 언제나 불안해져.

nest ■2055
[nést] 네스트
- 명 보금자리 자 둥지를 만들다

The bird built a nest.
새가 집을 지었다.

net ■2056
[nét] 네트
- 명 그물, 네트 타 그물로 잡다

The spider is making a small net.
그 거미는 작은 그물을 만들고 있다.

network ■2057
[nétwə̀ːrk] 네트워-크
- 명 그물 세공, 망상 조직, 방송망

Setup had a problem with the network.
네트워크에 문제가 발생했습니다.

neutral ■2058
[njúːtrəl] 뉴-트럴
- 형 중립의, 중용의 명 중립자

Put the car in neutral.
차를 중립 기어에 놓아라.

N

never ■ 2059
[névər] 네버

🔹 결코 ~하지 않다

He never comes late for school.
그는 결코 학교에 지각하지 않는다.

nevertheless ■ 2060
[nèvərðəlés] 네버덜레스

🔹 그럼에도 불구하고, 그렇지만

He is not a religious person, but virtuous nevertheless.
그는 종교인은 아니지만 그럼에도 불구하고 덕이 높다.

new ■ 2061
[njuː] 뉴-

🔹 새로운, 신발명의 🔹 새로이

I want to buy a new laptop.
새 노트북을 사고 싶어요.

news ■ 2062
[njuːz] 뉴-즈

🔹 뉴스, 보도, 기사

I heard it on the 7 o'clock news.
7시 뉴스에서 그것을 들었어요.

newspaper ■ 2063
[njúːzpèipər] 뉴-즈페이퍼

🔹 신문(지)

The newsboy delivers newspapers every morning.
배달원은 매일 신문을 배달한다.

next ■ 2064
[nékst] 넥스트

🔹 다음의 🔹 다음에 🔹 ~의 다음에

I sat next to Tom.
나는 톰 옆에 앉았다.

nice ■ 2065
[náis] 나이스

🔹 좋은, 쾌적한, 훌륭한, 멋진

It's a nice day, isn't it?
좋은 날씨군요.

nickname
[níknèim] 닉네임
⟪명⟫ 별명, 애칭 ⟪타⟫ 별명을 붙이다

What's your nickname?
당신의 별명은 무엇입니까?

niece
[níːs] 니-스
⟪명⟫ 조카딸, 질녀

The girl in a white dress is my niece.
하얀 드레스를 입은 저 소녀가 내 조카딸이야.

night
[náit] 나이트
⟪명⟫ 야간, 밤, 어둠, 저녁, 야음

I met him last night.
나는 어제 저녁에 그를 만났다.

nightmare
[náitmɛ̀ər] 나이트메어
⟪명⟫ 악몽, 몽마, 가위눌림

Ever more he was oppressed by a nightmare.
그는 늘 악몽에 시달렸다.

no
[nóu] 노우
⟪형⟫ 없는, 전혀 ⟪명⟫ 부정, 거절

I have no brothers.
나에게는 형제가 없다.

nobility
[noubíləti] 노우빌러티
⟪명⟫ 숭고함, 고귀한 태생, 고결함

The queen conferred the title of nobility on him.
여왕은 그에게 귀족의 작위를 수여했다.

nobody
[nóubàdi] 노우바디
⟪대⟫ 아무도 ~않다 ⟪명⟫ 보잘것 없는 사람, 무명인

Nobody knows the news.
아무도 그 뉴스를 알지 못한다.

N

nod ■ 2073
[nád] 나드

타 자 끄덕이다, 명령하다 명 끄덕임

A nod is a sign of agreement.
끄덕거리는 것은 동의의 표시다.

noise ■ 2074
[nɔ́iz] 노이즈

명 소음, 소리, 시끄러운 소리

Don't make such a noise.
그런 소리 내지 마라.

noisy ■ 2075
[nɔ́izi] 노이지

형 시끄러운, 와글거리는

The students got noisy all at once.
학생들이 일시에 떠들기 시작했다.

none ■ 2076
[nʌ́n] 넌

대 아무도 ~아니다 부 조금도 ~않다

None of the boys were present.
소년들은 아무도 출석하지 않았다.

nonsense ■ 2077
[nánsens] 난센스

명 넌센스, 허튼말, 무의미

Stop talking that nonsense!
그런 말도 안 되는 소리 하지 마.

normal ■ 2078
[nɔ́ːrməl] 노-멀

형 보통의, 정상의, 통상의

Your blood pressure is far higher than normal.
당신의 혈압은 정상보다 훨씬 높다.

north ■ 2079
[nɔ́ːrθ] 노-쓰

명 북, 북방 형 북쪽의 부 북부에

The wind sits in the north.
바람이 북쪽에서 불어온다.

northern
■ 2080
[nɔ́ːrðərn] 노-던

형 북동에 사는, 북에 있는

I was born and I grew up in the northern part of China.
나는 중국의 북쪽 지방에서 태어나고 자랐다.

nose
■ 2081
[nóuz] 노우즈

명 코, 후각 타 자 냄새를 맡다

She has a high nose.
그녀는 코가 높다.

not
■ 2082
[nát] 나트

부 ~이 아니다, ~않다

The king reigns, but he does not rule.
왕은 군림하나 통치하지 않는다.

notable
■ 2083
[nóutəbl] 노우터벌

형 주목할 만한, 두드러진 명 명사

The town is notable for its ancient harbor.
그 소도시는 고대 항구로 주목할 만 하다.

notably
■ 2084
[nóutəbli] 노우터블리

부 현저히, 특히, 명백히

Notably, the pond has a peculiar structure.
특히 주목할 만한 점은 이 연못의 구조가 특이하다는 점이다.

note
■ 2085
[nóut] 노우트

명 각서, 기호, 메모 타 적어두다

Taking a note is helpful.
메모를 하는 것은 도움이 된다.

nothing
■ 2086
[nΛ́θiŋ] 나씽

대 아무 일도 ~않다 명 무, 영

I have nothing to do today.
오늘은 할 일이 아무 것도 없다.

N

notice
[nóutis] 노우티스 — 2087

명 통고, 주목, 통지 타 금을 내다

I didn't notice that you came in.
나는 네가 들어온 걸 알아차리지 못했다.

noticeable
[nóutisəbl] 노우티서벌 — 2088

형 눈에 띄는, 주목할 만한

Especially noticeable was a pick-up in consumer spending.
특히 주목할 것은 소비지출의 회복이다.

notion
[nóuʃən] 노우션 — 2089

명 생각, 개념, 신념, 의견

This popular notion isn't true.
이 유명한 개념은 사실이 아니다.

novel
[nάvəl] 나벌 — 2090

명 소설 형 신기한, 기발한, 새로운

He writes good novels.
그는 좋은 소설을 쓴다.

November
[nouvémbər] 노우벰버 — 2091

명 11월(약어 Nov.)

I was born in November 1995.
나는 1995년 11월에 태어났다.

now
[náu] 나우 — 2092

부 지금, 곧 접 ~이고 보면 명 현재

What are you doing now?
지금 뭐하세요?

nowadays
[náuədèiz] 나워데이즈 — 2093

부 현재에는, 지금은 명 현대, 오늘날

Money rules the world nowadays.
오늘날은 황금만능주의 시대이다.

n

2094
nowhere [nóuhwɛ̀ər] 노우웨어
- 부 아무데에도 ~없다(않다)

I have nowhere else to go.
난 달리 갈 데가 없어요.

2095
nuclear [njúːkliər] 뉴-클리어
- 형 핵의, 세포의, 원자력의

North Korea has nuclear weapons.
북한은 핵무기들을 가지고 있다.

2096
number [nʌ́mbər] 넘버
- 명 수, 총수, 번호 타 세다

What's your favorite number?
당신이 가장 좋아하는 숫자는 무엇입니까?

2097
numerous [njúːmərəs] 뉴-머러스
- 형 많은 수의, 다수의

He continues to get numerous degrees in various fields.
그는 여러 분야에서 수많은 학위를 취득했다.

2098
nurse [nə́ːrs] 너-스
- 명 유모, 간호사 타 자 젖을 먹이다

You're a nurse, right?
간호사 맞죠?

2099
nursery [nə́ːrsəri] 너-서리
- 명 육아실, 탁아소, 양성소

I work at a nursery school.
난 유아원에서 일해요.

2100
nut [nʌ́t] 너트
- 명 견과(호두, 밤 따위), 너트

Almond is an edible, flatfish, oval-shaped nut.
아몬드는 납작하고 타원형인 식용 견과이다.

O

oak
[óuk] 오-크
■ 2101
명 떡갈나무, 오크제품

Tie a yellow ribbon around the old oak tree.
그 오래된 떡갈나무 주위에 노란 리본을 걸어놓아라.

oath
[óuθ] 오-쓰
■ 2102
명 맹세, 선서, 서약, 분노

She took an oath to do her duty.
그녀는 의무를 다할 것을 맹세했다.

obey
[oubéi] 오베이
■ 2103
타 자 복종하다, 순종하다, 따르다

Drivers must obey the new traffic laws.
운전자들은 새로운 교통법규를 따라야 한다.

object
[ábdʒikt] 압젝트
■ 2104
명 물체, 사물, 물건

The infants see only one object at a time.
신생아는 한 번에 오직 하나의 물체만을 본다.

objection
[əbdʒékʃən] 업젝션
■ 2105
명 반대, 이의, 혐오, 난점

His objection was overruled by the judge.
그의 이의신청은 기각되었다.

objective
[əbdʒéktiv] 업젝티브
■ 2106
형 물질적인, 객관적인 명 목표

That is a useful and worthwhile objective.
그것은 유용하고 가치가 있는 목표이다.

oblige
[əbláidʒ] 어블라이쥐
■ 2107
타 강제하다

Will you oblige me by opening the window?
창문을 열어 주시겠습니까?

O

oblivion ■2108
[əblíviən] 어블리비언

명 망각, 잊기 쉬움, 잊혀짐

I could use a few moments of oblivion.
난 잠깐 망각에 빠져 있게 될 뿐이야.

obscure ■2109
[əbskjúər] 업스큐어

형 애매한, 모호한, 불명료한

The meaning was obscure to me.
그 의미가 내겐 애매했다.

observation ■2110
[àbzərvéiʃən] 압저베이션

명 관찰, 주목, 감시, 관측

She has good powers of observation.
그녀는 좋은 관찰력을 지녔다.

observe ■2111
[əbzə́ːrv] 업저-브

타 자 주시하다, 지키다

You must observe the school code.
교칙을 준수해야 한다.

obstacle ■2112
[ábstəkl] 압스터컬

명 장애(물), 고장, 방해물

Poverty was the obstacle in his way.
가난이 그의 앞을 막는 장애물이었다.

obstinate ■2113
[ábstənət] 압스터니트

형 완고한, 억지센, 끈질긴

Stop being such an obstinate person.
고집 부리지 마라.

obtain ■2114
[əbtéin] 업테인

타 자 획득하다, 손에 넣다, 얻다

It was hard to obtain the treasure.
그 보물을 획득하기는 어려웠다.

O

obvious [ábviəs] 압비어스 — 2115
형 명백한, 빤한, 명확한
It is obvious that he will fail.
그가 실패한다는 것은 명백한 일이다.

occasion [əkéiʒən] 어케이젼 — 2116
명 경우, 기회 타 일으키다
I luckily profited by the occasion.
나는 다행히도 좋은 기회를 잡았다.

occasional [əkéiʒənl] 어케이져널 — 2117
형 이따금, 때때로의
We'll have occasional rain showers tomorrow.
내일은 가끔 소나기가 오겠습니다.

occupation [àkjupéiʃən] 아켜페이션 — 2118
명 점유, 점령, 거주, 업무, 직업
Would you let me know your occupation?
직업을 알려 주시겠습니까?

occupy [ákjupài] 아켜파이 — 2119
타 점령하다, 차지하다, 점유하다
They are occupied with their own concerns.
그들은 자신들의 일에 열중해 있다.

occur [əkə́ːr] 어커- — 2120
자 일어나다, 마음에 떠오르다
It just occurred to me.
그런 일이 그냥 내게 일어났어.

ocean [óuʃən] 오우션 — 2121
명 대양, ~양, 끝없이 넓음, 많음
The river discharges into the Pacific Ocean.
그 강은 태평양으로 흘러 들어간다.

o'clock
[əklɑk] 어클락
명 시(時)

It's one o'clock.
한 시에요.

October
[ɑktóubər] 악토**오**우버
명 10월(약어 Oct.)

Leaves begin to fall in October.
나뭇잎은 10월에 떨어지기 시작한다.

odd
[ád] 아드
형 나머지의, 홀수의, 여분의

Her behavior seemed a little odd.
그녀의 행동은 약간 이상하게 보였다.

oddly
[ádli] 아들리
부 기묘하게, 짝이 맞지 않게

She looked at him very oddly.
그녀는 그를 아주 묘하게 쳐다보았다.

offend
[əfénd] 어펜드
타 자 감정을 해치다, 성나게 하다

I'm sorry if I offend you.
기분을 상하게 한다면, 사과 드리겠습니다.

offender
[əféndər] 어펜더
명 범죄자

Offenders are regularly flogged in public.
범죄자들은 정기적으로 공개 태형을 받았다.

offense
[əféns] 어펜스
명 (offence) 죄, 불법, 위반

He is swift to take offense.
그는 쉽게 화를 내는 편이다.

O

offer ■ 2129
[ɔ́:fər] 오퍼
타 자 제공하다 명 신청

Well, that's such a nice offer, but…
정말 감사한 제의이기는 하지만 …

office ■ 2130
[ɔ́:fis] 오피스
명 직무, 사무소, 직책, 관청

I have to go to the office now.
지금 사무실에 가야 합니다.

officer ■ 2131
[ɔ́:fisər] 오피서
명 장교, 사관, 공무원, 역원

There was a police officer up there.
밖에 경찰이 있었어.

official ■ 2132
[əfíʃəl] 오피셜
형 직무상의, 공적인 명 공무원

Mandarin is the official language of Mainland China.
북경어는 중국 대륙의 공식적인 언어이다.

offspring ■ 2133
[ɔ́:fspriŋ] 옵스프링
명 자식, 자손, 결과, 소산

He had no offspring to succeed him.
그에게는 뒤를 이을 자식이 없었다.

often ■ 2134
[ɔ́:ftən] 오펀
부 종종, 자주, 가끔

He is often late for school.
그는 자주 학교를 지각한다.

oil ■ 2135
[ɔ́il] 오일
명 기름, 광유, 석유, 글리브유

Vegetable oil is good for health.
식물성 기름이 건강에 좋다.

O

old [óuld] 오울드 — 2136
형 나이 많은, 오랜 명 늙은 노인
How old is he?
그는 몇 살이냐?

omen [óumən] 오우먼 — 2137
명 전조, 예언 타 자 전조가 되다
There's no such thing as an omen.
징조 같은 건 없다.

once [wʌns] 원스 — 2138
부 한 번, 일회, 한 차례, 일단
I used to go to a gym once a week.
일주일에 한 번 체육관에 가곤 했다.

one [wʌn] 원 — 2139
형 하나의, 한 개의 명 하나
One of the children was absent.
아이들 중 한 사람이 결석했다.

oneself [wʌnsélf] 원셀프 — 2140
대 스스로, 자신이, 자기 자신을
It's not easy to acquit oneself of one's duty.
자신의 의무를 다하는 것은 쉽지 않다.

onion [ʌ́njən] 어니언 — 2141
명 양파 타 양파로 맛을 내다
An onion has a strong taste and smell.
양파는 맛과 냄새가 강하다.

only [óunli] 오운리 — 2142
형 유일한 부 오직 접 다만
He is only a child.
그는 다만 아이일 뿐이다.

311

open
[óupən] 오우픈 — 2143

(형) 열린 (타)(자) 열다 (명) 빈터

Open the window, Linda.
린다, 창문 좀 열어라.

opening
[óupəniŋ] 오우프닝 — 2144

(명) 개방, 개시, 구멍 (형) 개시의

The opening ceremony of the Olympic Games was held at the main stadium.
올림픽 경기의 개막식은 주 경기장에서 열렸다.

operate
[ápərèit] 아퍼레이트 — 2145

(타)(자) (기계 등이) 움직이다

The machine did not operate properly this morning.
오늘 아침 기계가 제대로 작동하지 않았다.

operation
[àpəréiʃən] 아퍼레이션 — 2146

(명) 일, 작용, 행동, 가동, 작동

Do you think I need an operation?
제가 수술을 받아야 할까요?

operator
[ápərèitər] 아퍼레이터 — 2147

(명) (기계의) 운전자, 교환수

Operator. May I help you?
교환입니다. 뭘 도와드릴까요?

opinion
[əpínjən] 오피니언 — 2148

(명) 의견, 소신, 지론, 견해

I need your honest opinion.
정직한 의견이 필요하다.

opponent
[əpóunənt] 어포우넌트 — 2149

(명) 적, 상대 (형) 대립하는, 반대하는

Don't show your hand to the opponent.
상대에게 너의 패를 보이지 마라.

O

opportunity — 2150
[ɑ̀pərtjúːnəti] 아퍼튜-너티

명 기회, 호기

It was an opportunity not to be missed.
그것은 놓쳐서는 안 될 기회였다.

opposite — 2151
[ápəzit] 아퍼지트

형 마주보는, 반대편의 **명** 반대자

He left in the opposite direction.
그는 반대 방향으로 떠났다.

opposition — 2152
[ɑ̀pəzíʃən] 아퍼지션

명 반대, 저항, 방해, 야당

My opinion was in complete opposition to his.
내 의견은 그의 의견과 정반대였다.

oracle — 2153
[ɔ́ːrəkl] 오러클

명 신탁, 명언, 현인

I've come to consult the oracle.
신의 계시를 구하러 왔어요.

orange — 2154
[ɔ́ːrindʒ] 오린쥐

명 오렌지, 귤 **형** 오렌지의

This orange juice is organic.
이 오렌지 주스는 유기농이다.

orbit — 2155
[ɔ́ːrbit] 오-비트

명 궤도, 안와(眼窩), 활동 범위

The satellite went into orbit just as planned.
인공 위성이 계획대로 궤도에 올랐다.

ordain — 2156
[ɔːrdéin] 오-데인

타 정하다, 규정하다, 운명지우다

He was ordained a priest.
그는 사제 서품을 받았다.

order
[ɔ́ːrdər] 오-더 ■ 2157

명 정돈, 명령, 지령 타 정돈하다

Has the waiter taken your order?
주문을 하셨습니까?

ordinary
[ɔ́ːrdənèri] 오-더너리 ■ 2158

형 보통의, 평범한 명 정식(定食)

We are just ordinary people.
우린 단지 평범한 사람들이야.

organ
[ɔ́ːrgən] 오-건 ■ 2159

명 기관(器官), 기관지, 오르간

Do you know that the skin is the largest organ in a human body?
피부가 인체에서 가장 큰 기관이라는 거 아세요?

organic
[ɔːrgǽnik] 오-개닉 ■ 2160

형 기관의, 유기체의, 조직적인, 유기농의

I feed my kid organic foods.
나는 아이들에게도 유기농 음식을 먹인다.

origin
[ɔ́ːrədʒin] 오-러진 ■ 2161

명 기원, 발달, 원천, 태생, 혈통

The origin of the fire is unknown.
화재의 원인이 분명치 않다.

original
[ərídʒənl] 어리저널 ■ 2162

형 원시인, 최초의 명 원물, 원작

The book is abridged from the original work.
이 책은 원본을 요약한 것이다.

ostrich
[ɔ́ːstritʃ] 오스트리치 ■ 2163

명 타조, 도피자

The largest bird in the world is the ostrich.
세상에서 가장 큰 새는 타조이다.

O

other ■2164
[ʌ́ðər] 어더

® 다른 ⑪ 다른 것 ⑨ 그렇지 않고

Some people like tennis and others don't.
테니스를 좋아하는 사람도 있고, 싫어하는 사람도 있다.

otherwise ■2165
[ʌ́ðərwàiz] 어더와이즈

⑨ 다른 방법으로, 만약 그렇지 않으면

Follow her otherwise you will get lost.
그녀를 따라가라, 그렇지 않으면 너는 길 잃을 거야.

outcome ■2166
[áutkʌ̀m] 아우트컴

® 결과, 성과, 과정

Our fortune lies upon the outcome.
우리의 운명은 그 결과에 달려 있다.

outdoor ■2167
[áutdɔ̀ːr] 아웃도어

® 문 밖의, 야외의, 옥외의

He is swimming in an outdoor pool.
그는 옥외 수영장에서 수영하고 있다.

outer ■2168
[áutər] 아우터

® 바깥의, 외면의, 바깥 쪽의

I walked along the outer edge of the track.
나는 그 오솔길의 바깥쪽 가를 따라 걸어갔다.

outline ■2169
[áutlàin] 아웃라인

® 윤곽, 외형 ⑪ 윤곽을 그리다

She drew the figures in outline.
그녀는 그 모습들을 대충 윤곽만 그렸다.

outlook ■2170
[áutlùk] 아웃룩

® 전망, 예측, 관망, 감시

The room has a pleasant outlook.
그 방은 전망이 매우 좋다.

output
[áutpùt] 아웃푸트
- 2171
- 명 생산고, 산출, 생산

GDP indicates the total output of goods and services produced.
GDP는 물품과 서비스의 총 생산량을 나타낸다.

outside
[àutsáid] 아웃사이드
- 2172
- 명 바깥쪽, 외부, 외관 형 외부의 부 밖에

Let's go outside.
밖으로 나가자.

outstanding
[àutstǽndiŋ] 아웃스탠딩
- 2173
- 형 눈에 띄는, 돌출한, 중요한

She is the most outstanding student in my class.
그녀는 우리 반에서 가장 뛰어난 학생이다.

oven
[ʌ́vən] 어번
- 2174
- 명 화덕, 솥, 가마, 오븐

Put the bread pan in the oven.
오븐에 빵을 놓은 팬을 넣어주세요.

overall
[óuvərɔ̀:l] 오우버롤
- 2175
- 명 (의사, 여자아이의) 일옷, 작업복 형 전부의

The overall situation is no longer in doubt.
전체적인 상황은 이미 결정되었다.

overcome
[òuvərkʌ́m] 오우버컴
- 2176
- 동 이기다, 극복하다, 압도하다

I am trying to overcome my weakness.
나는 약점을 극복하려고 노력중이다.

overhear
[òuvərhíər] 오우버히어
- 2177
- 타 도청하다, 엿듣다, 귓결에 듣다

We overheard a conversation.
우리는 우연히 대화를 엿들었다.

overlook
[òuvərlúk] 오우버**룩** ■ 2178

타 내려다보다, 못 보고 지나치다

I'll overlook your mistake this time.
이번에는 실수를 눈감아 주겠다.

overnight
[óuvərnàit] 오우버나이트 ■ 2179

형 밤을 새는, 밤새의 부 밤새

Strong winds and heavy rain are expected overnight.
오늘밤 내내 강풍과 폭우가 예상됩니다.

overtake
[òuvərtéik] 오우버**테**이크 ■ 2180

동 뒤쫓아 닿다, 따라 잡다

He tried to overtake on the inside.
그는 안쪽 차선으로 추월을 시도했다.

owe
[óu] 오우 ■ 2181

타 자 은혜를 입고 있다, 빚이 있다

You owe me a lunch.
너는 나에게 점심을 빚졌어.

own
[óun] 오운 ■ 2182

형 자기 자신의 타 자 소유하다

He owns several buildings in downtown.
그는 시내의 몇몇 빌딩을 소유하고 있다.

owner
[óunər] 오우너 ■ 2183

명 임자, 소유자, 집주인

Are you the owner of this store?
이 가게 주인이신가요?

oxygen
[áksidʒən] 악시전 ■ 2184

명 산소, 금속원소

The higher the elevation, the less oxygen there is.
고도가 높아질수록 산소가 희박해진다.

P

pack
[pǽk] 팩 ■ 2185

명 꾸러미, 다발, 보따리 타 싸다

I have to pack for my business trip.
출장 갈 짐을 꾸려야 해.

package
[pǽkidʒ] 패키쥐 ■ 2186

명 짐 꾸러미 타 포장하다

The package has delivered on Monday.
소포가 월요일에 배달되었다.

packet
[pǽkit] 패키트 ■ 2187

명 소포, 꾸러미, 한다발

I bought a packet of cookies.
과자를 한 상자 샀다.

page
[péidʒ] 페이쥐 ■ 2188

명 페이지, 기록, 문서, 책

Will you read page twenty?
20페이지를 읽어 주시겠어요?

pain
[péin] 페인 ■ 2189

명 아픔, 고통 타 자 고통을 주다

Do you feel any pain here?
여기 통증이 있나요?

paint
[péint] 페인트 ■ 2190

명 페인트, 도료, 그림물감 타 그리다

He painted a picture of flower.
그는 꽃 그림을 그렸다.

painter
[péintər] 페인터 ■ 2191

명 화가, 칠장이

He is both a poet and a painter.
그는 시인일뿐더러 화가이기도 하다.

painting
[péintiŋ] 페인팅

명 그림, 화법, 그림그리기, 페인트칠

He likes painting.
그는 그림 그리기를 좋아한다.

pair
[pɛ́ər] 페어

명 한 쌍, 한 짝 타 자 한 쌍이 되다

He packed only one pair of shoes.
그는 오직 단 한 쌍의 신발만을 썼다.

pal
[pǽl] 팰

명 동무, 친구, 짝패

I like to go shopping with my pals.
나는 친구들과 함께 쇼핑하는 것을 좋아한다.

palace
[pǽlis] 팰리스

명 궁전, 큰 저택, 궁궐

They gave us directions to the palace.
그들이 궁전으로 가는 길을 안내해 주었다.

pale
[péil] 페일

형 창백한, 엷은 타 자 창백해지다

His face turned pale like blue murder.
그의 얼굴은 매우 당황하여 창백해졌다.

palm
[pά:m] 파-암

명 손바닥, 집게 뼘 타 속이다

Would you like me to read your palms?
내가 손금 봐 줄까?

pan
[pǽn] 팬

명 납작한 냄비, 접시, 후라이팬

Put some olive oil in a cold pan, first.
첫 번째로 올리브 오일을 차가운 팬에 두르세요.

P

panel
[pǽnl] 패늘
■ 2199

명 판벽 널, 화판, 머름

The panel will meet to check their progress.
위원들은 모여 진행 상황을 점검하게 된다.

pang
[pǽŋ] 팽
■ 2200

명 심한 고통, 번민, 격통

She felt pangs of conscience.
그녀는 양심의 가책을 느꼈다.

panic
[pǽnik] 패닉
■ 2201

명 겁먹음, 당황, 공황 형 공황적인

They were in a panic over the news.
그들은 그 소식을 듣고 공황상태에 빠졌다.

pant
[pǽnt] 팬트
■ 2202

명 헐떡임 타 자 헐떡이다

I pant for breath even when climbing up a gentle slope.
완만한 비탈길을 올라가는 데도 숨이 차요.

pants
[pǽnts] 팬츠
■ 2203

명 바지, 속바지, 팬티

She's not wearing any pants.
그녀는 바지도 안 입었잖아.

paper
[péipər] 페이퍼
■ 2204

명 종이, 벽지, 신문지 형 종이의

Will you give me three sheets of paper?
종이를 석 장 주시겠어요?

parade
[pəréid] 퍼레이드
■ 2205

명 행렬, 시위행진 타 자 열병하다

The streets are closed for a parade.
퍼레이드 때문에 도로가 봉쇄되었다.

p

paragraph ■2206
[pǽrəgræ̀f] 패러그래프

명 (문장의) 마디, 절

The first line of each paragraph should be indented.
각 단락의 첫 행은 들여 써야 한다.

parallel ■2207
[pǽrəlèl] 패럴렐

형 평행의 명 평행선 타 ~와 유사하다

The roads are parallel to each other.
길들이 서로 평행하게 나 있다.

paralyz(s)e ■2208
[pǽrəlàiz] 페럴라이즈

타 마비시키다, 무능력하게 하다

The general strike paralyzed the whole country.
총파업으로 전국의 기능이 마비되었다.

pardon ■2209
[pá:rdn] 파-든

명 용서, 면죄 타 용서하다

I beg your pardon.
실례합니다, 죄송합니다.

parent ■2210
[pέərənt] 페어런트

명 어버이, 수호신, 양친, 보호자

My parents love me.
부모님은 나를 사랑한다.

parish ■2211
[pǽriʃ] 패리쉬

명 본당, 교구의 주민

The minister made the rounds of his parish.
그 목사는 자기 교구를 순회했다.

park ■2212
[pá:rk] 파-크

명 공원, 유원지, 주차장

Can I park my car here?
여기에 차를 세워도 괜찮습니까?

P

parliament
[páːrləmənt] 파알러먼트 · 2213

명 의회, 국회, 영국의회

A bill becomes a law when it passes the Parliament.
법안은 국회를 통과하면 법률이 된다.

parliamentary
[pàːrləméntəri] 파알러멘터리 · 2214

형 의회의, 의회의 법규

The country adopts the parliamentary system.
그 나라는 내각제를 채택하고 있다.

part
[páːrt] 파-트 · 2215

명 부분 타 자 나누다 형 일부의

Part of the story was interesting.
그 이야기의 일부는 재미있었다.

partake
[paːrtéik] 파-테이크 · 2216

타 자 참가하다, 참여하다

They will partake of in the race.
그들은 함께 경주에 참가할 것이다.

partial
[páːrʃəl] 파-셜 · 2217

형 부분적인, 불공평한, 편파적인

His views are partial.
그의 견해는 편파적이다.

participate
[paːrtísəpèit] 파-티서페이트 · 2218

타 자 관여하다, 참가하다

It is a great honor to participate in the Olympics.
올림픽에 참여한다는 것은 아주 명예로운 일이다.

participation
[paːrtìsəpéiʃən] 파-티서페이션 · 2219

명 관계, 참가, 협동

This ad is to call for citizens' participation in the election.
국민들에게 투표하도록 촉구하는 광고이다.

p

partner [2220]
[pɑ́ːrtnər] 파-트너

명 짝패, 조합원, 사원 동무

Who is your dance partner?
당신 댄스 파트너가 누구세요?

partnership [2221]
[pɑ́ːrtnərʃip] 파-트너쉽

명 공동, 협력, 조합, 상사

Marriage should be a partnership.
결혼은 서로 협력하는 관계가 되어야 한다.

party [2222]
[pɑ́ːrti] 파-티

명 당(파), 일행, 회, 모임, 파티

Can you come to my birthday party?
내 생일파티에 올 수 있겠니?

pass [2223]
[pǽs] 패스

타 자 지나가다, 합격하다 명 합격

She passed the entrance examination.
그녀는 입학시험에 합격했다.

passage [2224]
[pǽsidʒ] 패시쥐

명 통행, 통과, 통로, 이주, 이사

No passage this way.
통행금지.

passenger [2225]
[pǽsəndʒər] 패선져

명 여객, 승객, (특히) 선객

Passengers have to fasten their seat belts.
승객들은 그들의 안전벨트를 매야 한다.

passion [2226]
[pǽʃən] 패션

명 정열, 격정, 열정, 정욕, 열심

His eyes were blazed with passion.
그의 두 눈은 격정으로 이글거렸다.

P

passport — 2227
[pǽspɔ̀ːrt] 패스포-트

명 여권, 패스포트, 허가증

Can I see your passport?
여권을 좀 볼 수 있겠습니까?

past — 2228
[pǽst] 패스트

형 지나간 명 과거 부 지나쳐서

It is ten minutes past four.
4시 10분이 지났다.

pastime — 2229
[pǽstàim] 패스타임

명 오락, 위안, 기분전환

In America the national pastime is baseball.
미국에서 국민적인 오락은 야구이다.

pasture — 2230
[pǽstʃər] 패스쳐

명 목장, 목초 타 자 방목하다

Sheep cropped the grass in the pasture.
양들이 목장에서 풀을 뜯어먹었다.

patch — 2231
[pǽtʃ] 패취

명 헝겊, 천조각 타 헝겊을 덧대다

Stars are hanging over patches of cloud.
조각구름 위에 별이 떠있다.

patent — 2232
[pǽtnt] 패턴트

명 특허 형 전매의 타 특허를 얻다

The application for a patent is pending.
특허 신청 중이다.

path — 2233
[pǽθ] 패쓰

명 작은 길, 보도, 통로, 방침

You are on my path.
나랑 똑같은 길을 밟고 있어.

p

pathetic — 2234
[pəθétik] 퍼쎄틱

혱 가련한, 애처로운, 감동시키는

You couldn't be more pathetic.
더 이상 불쌍할 수도 없군요.

patience — 2235
[péiʃəns] 페이션스

혱 인내, 참을성, 견딤

I'm losing my patience with you.
참는데도 한계가 있다.

patient — 2236
[péiʃənt] 페이션트

혱 인내력이 강한 혱 환자

The patient must be kept absolutely at rest.
환자는 절대 안정을 요한다.

patriotism — 2237
[péitriətìzm] 패트리어티점

혱 애국심

Using domestic products is an act of patriotism.
국산품을 사용하는 것이 애국하는 길이다.

pattern — 2238
[pǽtərn] 페턴

혱 모범, 본보기 타 자 모방하다

It seems to fit the pattern.
동일한 패턴처럼 보인다.

pause — 2239
[pɔ́ːz] 포-즈

혱 중지, 중단, 멈춤 자 중단되다

He paused to look at the view.
경치를 보기 위해 잠시 멈추었다.

pay — 2240
[péi] 페이

동 갚다, 지불하다 혱 지불

How much did you pay for the car?
그 차 사는 데 얼마 들었니?

P

payment
[péimənt] 페이먼트 ■2241

명 지불, 납부, 불입, 보수

How would you like to arrange payment?
어떤 방법으로 지불을 하시겠어요?

peace
[píːs] 피-스 ■2242

명 평화, 치안, 태평 감 조용히!

Peace is better than war.
평화가 전쟁보다 낫다.

peaceful
[píːsfəl] 피-스펄 ■2243

형 평화적인, 태평한

He had a very peaceful life.
그는 매우 평온한 인생을 보냈다.

peak
[píːk] 피-크 ■2244

명 봉우리, 뾰족한 끝, 첨단

His popularity has reached its peak.
그의 인기는 정점에 달했다.

peasant
[péznt] 페전트 ■2245

명 소농부, 시골뜨기

He is by pedigree a peasant.
그는 농민 출신이다.

peculiarity
[pikjùːliǽrəti] 피큐울리애러티 ■2246

명 특수, 특질, 괴상함, 특색

Each city has its own peculiarities.
각 도시는 나름대로의 특성을 가지고 있다.

peer
[píər] 피어 ■2247

자 응시하다, 보이기 시작하다 명 귀족, 동배, 동료

The sun peered from behind a cloud.
해가 구름 뒤에서 나타나기 시작했다.

p

pen [pén] 펜
- 명 펜, 필적, 만년필, 축사
- I don't have a pen.
  펜이 없습니다.

penalty [pénəlti] 페널티
- 명 형벌, 벌금
- If we cancel our reservation, will we have to pay a penalty?
  예약을 취소하면 위약금을 물어야 되나요?

pencil [pénsəl] 펜설
- 명 연필 타 연필로 쓰다
- Can I borrow you a pencil?
  내가 연필 하나를 빌려도 될까?

penetrate [pénətrèit] 페너트레이트
- 타 자 뚫고 들어가다, 관통하다
- A bullet penetrated his heart.
  탄환이 그의 심장을 관통했다.

penny [péni] 페니
- 명 페니(영국의 청동화폐)
- I haven't a penny to my name.
  나는 한 푼도 가진 게 없다.

pension [pénʃən] 펜션
- 명 연금, 부조금 타 연금을 주다
- He retired with a pension.
  그는 연금을 받고 은퇴하였다.

pensive [pénsiv] 펜시브
- 형 생각에 잠긴, 시름에 잠긴, 구슬픈
- She became withdrawn and pensive.
  그녀는 내성적이며 시름에 잠기게 되었다.

P

people [píːpl] 피-플 · 2255
명 국민 타 ~에 사람을 살게 하다

Many people think so.
많은 사람들이 그렇게 생각한다.

pepper [pépər] 페퍼 · 2256
명 후추 타 후추가루를 치다

Please pass me the salt and the pepper.
소금하고 후추 좀 건네 주세요.

perceive [pərsíːv] 퍼시-브 · 2257
타 알아채다, 지각하다, 감지하다

She did not perceive herself as disabled.
그녀는 자신을 장애인으로 여기지 않았다.

percent [pərsént] 퍼센트 · 2258
명 퍼센트, 100에 대하여 얼마

I'm sure for 100 percent.
나는 100% 확신해.

percentage [pərséntidʒ] 퍼센티쥐 · 2259
명 100분율, 비율, 부분, 수수료

The party's share of the vote fell by ten percentage points.
그 정당의 득표율이 10퍼센트 떨어졌다.

perfect [pə́ːrfikt] 퍼-픽트 · 2260
형 완전한, 이상적인 타 완성하다

She was a perfect woman to me.
그녀는 나에게 완벽한 여자였어.

perform [pərfɔ́ːrm] 퍼포옴 · 2261
타 자 다하다, 수행하다, 실행하다

What kind of music is he going to perform?
그가 어떤 장르의 음악을 연주하는데?

p

performance ■2262
[pərfɔ́ːrməns] 퍼포-먼스

명 수행, 실행, 작업, 공적, 연기

The actor is doing a performance on the stage.
배우가 무대 위에서 연기를 하고 있다.

perfume ■2263
[pə́ːrfjuːm] 퍼어퓨움

명 향료, 향수 타 향수를 뿌리다

What kind of perfume do you wear?
어떤 향수를 쓰세요?

perhaps ■2264
[pərhǽps] 퍼햅스

부 아마, 혹시, 어쩌면

Perhaps I'll be late tonight.
어쩌면 오늘 밤 늦을지도 모르겠다.

peril ■2265
[pérəl] 페럴

명 위험, 모험 타 위태롭게 하다

She started the business at her peril.
그녀는 위험을 각오하고 사업을 시작했다.

period ■2266
[píəriəd] 피어리어드

명 기간, 시대, 잠시동안

It's my final period.
기말 고사 기간이야.

periodical ■2267
[pìəriádikəl] 피어리아디컬

형 정기 간행의 명 정기 간행물

Do you know where the periodicals are kept?
정기간행물 있는 곳이 어딘지 아세요?

perish ■2268
[périʃ] 페리쉬

타 자 죽다, 멸망하다, 없어지다

Good men thrive and the evil ones perish.
선인은 흥하고 악인은 망한다.

permanent
[pə́ːrmənənt] 퍼-머넌트

형 영구한, 불변의, 영속하는

He is looking for a permanent job.
그는 정규직을 찾고 있다.

permission
[pərmíʃən] 퍼-미션

명 허가, 면허, 인가

Would you please give me your permission to marry?
결혼을 허락해 주시겠습니까?

permit
[pərmít] 퍼-미트

타 자 허락하다, 허가하다

We do not permit smoking in this establishment.
이 건물에서는 흡연을 허용하지 않습니다.

perpendicular
[pə̀ːrpəndíkjulər] 퍼-펀디컬러

형 수직의, 직각을 이루는

The staircase was almost perpendicular.
그 계단은 거의 수직으로 나 있었다.

perpetual
[pərpétʃuəl] 퍼페츄얼

형 영구적인, 끊임없는, 부단한

They heard the perpetual noises of the machines.
그들은 기계의 끊임없는 소음을 들었다.

perplex
[pərpléks] 퍼플렉스

타 곤란케 하다, 난처하게 하다

I am rather perplexed by this proposal.
나는 이 제안에 적잖이 당황했다.

persecute
[pə́ːrsikjùːt] 퍼-시큐-트

타 박해하다, 괴롭히다, 학대하다

They were persecuted for their religious beliefs.
그들은 신앙 때문에 박해를 받았다.

2276 perseverance
[pə̀ːrsəvíərəns] 퍼-시비-런스

명 인내, 고집

Perseverance is the first essential to success.
성공에는 인내가 필수적이다.

2277 persist
[pərsíst] 퍼-시스트

자 고집하다, 주장하다, 집착하다

The government **persisted** in doing nothing wrong.
정부는 아무 잘못도 하지 않았다고 주장했다.

2278 person
[pə́ːrsn] 퍼-선

명 사람, 신체, 인간

She is a very nice **person**.
그녀는 매우 좋은 사람이다.

2279 personal
[pə́ːrsənl] 퍼-서널

형 개인의, 사적인, 일신상의

I don't care about your **personal** life.
너의 사생활엔 관심 없어.

2280 personality
[pə̀ːrsənǽləti] 퍼-서낼러티

명 개성, 인격, 인품

He has an outgoing and gregarious **personality**.
그는 외향적이고 사교적인 성격이다.

2281 personnel
[pə̀ːrsənél] 퍼-서넬

명 인원, 직원

Please follow the instructions of the safety **personnel**.
안전 요원의 지시를 꼭 따라 주십시오.

2282 perspective
[pərspéktiv] 퍼-스펙티브

명 원근화법, 원경, 전망

From the Western **perspective**, China is a closed society.
서방의 관점에서 볼 때, 중국은 폐쇄 사회다.

P

persuade
[pərswéid] 퍼-스웨이드
■ 2283

🔹 설득하다, 납득시키다

He persuaded me to forgive her.
그는 그녀를 용서하라고 설득했다.

pessimist
[pésəmist] 페서미스트
■ 2284

🔹 비관론자, 염세가

He is a pessimist.
그는 염세주의자다.

pet
[pét] 페트
■ 2285

🔹 애완동물 🔹 귀여워하는

I don't have a pet.
나는 애완동물을 갖고 있지 않아.

petal
[pétl] 페틀
■ 2286

🔹 꽃잎, 음순

Flower petals were swirling (floating) about in the wind.
꽃잎이 바람에 흩날리고 있었다.

petty
[péti] 페티
■ 2287

🔹 사소한, 하찮은, 옹졸한

The fight started as a petty argument.
싸움의 시초는 사소한 말다툼이었다.

phase
[féiz] 페이즈
■ 2288

🔹 단계, 형세, 국면, 양상

It's the last phase of your testing.
그것은 테스트의 마지막 단계이다.

phenomenon
[finámənàn] 피나머넌
■ 2289

🔹 현상, 진기한 사물, 사건

Blogs are a phenomenon that you cannot ignore.
블로그는 무시할 수 없는 현상이야.

philosophy
[filásəfi] 필라서피 ■ 2290

명 철학, 철리, 원리, 비결

Descartes was the founder of modern philosophy.
데카르트는 현대 철학의 창시자였다.

phone
[fóun] 포운 ■ 2291

명 전화(기) 타 자 전화를 걸다

I phoned him last night.
나는 어젯밤 그에게 전화했다.

photo
[fóutou] 포우토우 ■ 2292

명 사진 타 자 사진을 찍다

Do you have the photo we sent you?
우리가 보내준 사진 있지?

photograph
[fóutəgræf] 포우터그래프 ■ 2293

명 사진 타 자 촬영하다

You took a great photograph.
정말 멋진 사진을 찍었구나.

phrase
[fréiz] 프레이즈 ■ 2294

명 말(씨), 표현 타 말로 표현하다

She lined through the wrongly written phrase.
그녀는 선을 그어 잘못 쓴 구절을 지웠다.

physical
[fízikəl] 피지컬 ■ 2295

형 물질의, 물질적인, 육체의, 신체의

Physics and chemistry are physical sciences.
물리와 화학은 물리과학이다.

physically
[fízikəli] 피지컬리 ■ 2296

부 물질적으로, 경제적으로

I am physically and mentally distressed.
나는 육체적으로도 정신적으로도 괴롭다

P

physics
[fíziks] 피직스 · 2297

명 물리학, 물리적 현상

He is an authoritative scholar in physics.
그는 물리학 분야에서 권위 있는 학자다.

piano
[piǽnou] 피애노우 · 2298

명 피아노

Do you play the piano?
당신은 피아노를 칩니까?

pick
[pík] 픽 · 2299

타 자 뜯다, 따다 명 선택

He picked up a bag.
그는 가방을 집었다.

picture
[píktʃər] 픽쳐 · 2300

명 그림, 회화, 사진 타 그리다

I like that picture.
나는 저 사진을 좋아한다.

piece
[píːs] 피-스 · 2301

명 한 조각, 단편 타 잇다, 깁다

He ate his dinner, and had a piece of cake.
그는 저녁을 먹고 나서 케이크 한 조각을 먹었다.

pierce
[píərs] 피어스 · 2302

타 자 꿰뚫다, 관통하다, 간파하다

I want to be a tattoo and piercing artist.
전 문신과 피어싱 아티스트가 되고 싶어요.

piety
[páiəti] 파이어티 · 2303

명 경건, 신앙심, 공손

She is renowned for her piety.
그녀는 돈독한 신앙심으로 유명하다.

pig
[píg] 피그 ■ 2304

몡 돼지, 새끼돼지, 돼지고기

Pigs are clean animals.
돼지는 깨끗한 동물이다.

pigeon
[pídʒən] 피전 ■ 2305

몡 비둘기, 풋나기

I hate pigeons on the street.
나는 길거리의 비둘기가 싫어 한다.

pile
[páil] 파일 ■ 2306

몡 퇴적 타 자 쌓아올리다, 더미

Everything was piled up in a heap.
모든 것들이 무더기로 쌓여 있었다.

pilgrim
[pílgrim] 필그럼 ■ 2307

몡 순례자, 길손

Pilgrims pray every night at desert.
순례자들은 사막에서 매일 저녁 기도한다.

pill
[píl] 필 ■ 2308

몡 알약, 환약, 싫은 것

I'm quitting the pills.
나 약 먹는 것을 끊을거야.

pilot
[páilət] 파일러트 ■ 2309

몡 도선사, 키잡이, 조종사 타 안내하다

What's the pilot's name?
조종사 이름이 뭐예요?

pin
[pín] 핀 ■ 2310

몡 핀, 못바늘 타 핀을 꽂다

Her arms were pinned to her sides.
그녀는 양팔을 옆구리에 딱 붙이고 있었다.

P

pink
[píŋk] 핑크 ■ 2311

명 핑크색, 분홍빛 형 분홍색의

Pink is a combination of red and white.
핑크색은 빨간색과 흰색이 결합된 것이다.

pint
[páint] 파인트 ■ 2312

명 파인트(액체량의 단위)

Would you like the regular pint-size or the smaller one?
파인트 사이즈로 드릴까요, 더 작은 걸로 드릴까요?

pioneer
[pàiəníər] 파이어니어 ■ 2313

명 개척자, 선구자 타 자 개척하다

Picasso was a pioneer of cubism.
피카소는 입체파의 선구자였다.

pipe
[páip] 파이프 ■ 2314

명 관, 파이프 타 자 피리를 불다

Smoke is coming out of the pipe.
파이프에서 연기가 나오고 있다.

pit
[pít] 피트 ■ 2315

명 구덩이, 함정 동 구멍을 내다

The man is digging a pit.
남자가 구덩이를 파고 있다.

pitch
[pítʃ] 피취 ■ 2316

명 피치, 투구 타 자 던지다

The pitcher threw an inside pitch.
투수는 인코너로 던졌다.

pity
[píti] 피티 ■ 2317

명 연민, 동정 동 가엾게 여기다

It is a pity that he broke up with her.
그가 그녀와 헤어지다니 유감스러운 일이다.

place
[pléis] 플레이스 ■ 2318

🔵 장소, 곳, 위치 🔴 두다, 놓다

Where should I place the sofa?
소파를 어디에 놔야 할까요?

plague
[pléig] 플레이그 ■ 2319

🔵 역병, 전염병, 흑사병

The plague is rife in the slums.
전염병은 빈민굴에 많다.

plain
[pléin] 플레인 ■ 2320

🔵 평평한, 쉬운, 명백한, 소박한

The truth is plain to everybody.
그 사실은 누구에게나 분명하다.

plan
[plǽn] 플랜 ■ 2321

🔵 계획, 설계 🔴🟢 계획하다

She is planning a party.
그녀는 파티를 계획하고 있다.

plane
[pléin] 플레인 ■ 2322

🔵 평면, 수평면, 비행기 🔵 평평한

Which plane is yours?
어떤 비행기가 네 거야?

planet
[plǽnit] 플래니트 ■ 2323

🔵 유성, 혹성, 운성

We're from the same planet.
같은 행성에서 왔어요.

plant
[plǽnt] 플랜트 ■ 2324

🔵 식물, 풀, 공장 🔴 (초목을) 심다

He planted a rose in the backyard.
그는 뒤뜰에 장미를 심었다.

P

plastic ²³²⁵
[pléstik] 플래스틱

형 유연한, 조형의 명 플라스틱

I want to be a plastic surgeon.
성형외과 의사가 되고 싶어요.

plate ²³²⁶
[pléit] 플레이트

명 판금, 판유리 타 도금하다

We need two more plates.
우리는 접시 두 개가 더 필요해.

platform ²³²⁷
[plétfɔ:rm] 플래트포옴

명 단, 교단, 연단, 플랫폼

I'll wait for you at platform 5.
플랫폼 5에서 기다릴게.

play ²³²⁸
[pléi] 플레이

타 자 놀다, 장난치다 명 놀이

We played basketball yesterday.
우리는 어제 농구를 했다.

player ²³²⁹
[pléiər] 플레이어

명 경기자, 선수, 배우, 연주자

He is a good baseball player.
그는 훌륭한 야구선수입니다.

plea ²³³⁰
[plí:] 플리-

명 탄원, 청원, 변명, 답변

Please listen to my plea.
저의 간청을 들어주세요.

plead ²³³¹
[plí:d] 플리-드

동 변호하다, 탄원하다

I only pleaded the fifth at the court.
나는 법정에서 묵비권을 행사했다.

pleasant ■ 2332
[plézənt] 플레전트

[형] 기분 좋은, 유쾌한, 즐거운

I had a pleasant conversation with her.
나는 그녀와 유쾌한 대화를 가졌다.

please ■ 2333
[plíːz] 플리 -즈

[타] [자] 기쁘게 하다, 좋아하다

Open the door, please.
제발 문 좀 열어 주십시오.

pleased ■ 2334
[plíːzd] 플리 -즈드

[형] 만족한, 기뻐하는, 즐거운

I am pleased that you have come.
와주셔서 반갑습니다.

pleasure ■ 2335
[pléʒər] 플레져

[명] 즐거움, 쾌락, 유쾌, 오락

It is very pleasure to meet you.
당신을 만나게 돼서 너무 기뻐요.

plenty ■ 2336
[plénti] 플렌티

[명] 가득, 많음 [형] 충분한 [부] 충분히

I already have plenty of milk.
난 벌써 많은 양의 우유를 가지고 있어.

plot ■ 2337
[plát] 플랏

[명] 음모 [타] [자] 음모를 꾸미다

This novel has an intricate plot.
이 소설은 구성이 복잡하다.

plug ■ 2338
[plʌ́g] 플러그

[명] 마개, 소화전 [타] 마개를 하다

Just plug this cord into the back of the computer.
이 코드를 컴퓨터 뒤에 꽂기만 하면 돼.

P

plus
[plʌ́s] 플러스 — 2339

전 ~을 더한 형 더하기의

Two plus three is five.
2 더하기 3은 5이다.

p.m.
[píːem] 피-엠 — 2340

약 (라틴말) 오후(a.m.은 오전)

The appointment is at 3 p.m.
오후 3시에 약속이 있습니다.

pocket
[pákit] 포케트 — 2341

명 호주머니, 지갑 타 포켓에 넣다

There is a hole in my pocket.
내 주머니에 구멍이 났어.

poem
[póum] 포-움 — 2342

명 시, 운문, 시적인 문장, 훌륭한 것

I just wrote a poem.
나 방금 시를 한편 지었어.

poet
[póuit] 포이트 — 2343

명 시인

Poet has to be creative and innocent.
시인은 창의적이고 순수해야해.

poetry
[póuitri] 포우이트리 — 2344

명 작가, 시가, 시정, 운문

She has no talent for poetry.
그녀는 시에는 재능이 없다.

pointed
[pɔ́intid] 포인티드 — 2345

형 뾰족한, 날카로운, 예리한

Be careful when you use a pointed instrument.
날카로운 도구를 사용할 때 조심하세요.

poison
[pɔ́izn] 포이즌 ■2346

명 독(약), 해독 타 독살하다

This beautiful mushroom has a poison.
이 아름다운 버섯은 독을 가지고 있다.

poisonous
[pɔ́izənəs] 포이저너스 ■2347

형 유해한, 독 있는, 해로운

Cobra is a kind of poisonous snake.
코브라는 독사의 일종이다.

pole
[póul] 포울 ■2348

명 막대기, 장대, 극, 자극

The car crashed into a pole.
자동차가 기둥을 들이박았다.

police
[pəlíːs] 펄리-스 ■2349

명 경찰, 경찰관 타 경찰을 두다

The police have caught him.
경찰은 그를 붙잡았다.

policeman
[pəlíːsmən] 펄리-스먼 ■2350

명 경찰, 순경

I want to be a policeman.
나는 경찰관이 되고 싶어.

policy
[pɑ́ləsi] 팔러시 ■2351

명 정책, 방침, 수단

What is the economic policy of the Government?
정부의 경제정책은 무엇입니까?

polish
[pɑ́liʃ] 폴리쉬 ■2352

타 자 닦다, 광나게 하다 명 닦기

It is hard to polish wood furniture.
목재 가구를 닦는 것은 어렵다.

P

polite
[pəláit] 펄라이트 ■ 2353

형 공손한, 예절바른, 은근한

It was not polite to say that.
그런 말을 하다니 무례한 짓이었다.

politics
[pálətiks] 펄리틱스 ■ 2354

명 정치(학), 정략, 정책, 정견

He has no interest in politics.
그는 정치에는 전혀 무관심하다.

politician
[pàlətíʃən] 펄리티션 ■ 2355

명 정치가, 정객, 행정관

You'd be a very influential politician.
당신은 영향력 있는 정치인이 될 거예요.

poll
[póul] 포울 ■ 2356

명 투표, 투표수 **타** 투표하다

This poll is a good barometer of public opinion.
이 여론조사는 여론의 좋은 척도이다.

pollution
[pəlúːʃən] 펄루-션 ■ 2357

명 오염, 더럽힘

Air pollution in Seoul is serious.
서울의 대기 오염이 심각하다.

pomp
[pámp] 팜프 ■ 2358

명 장관, 화려, 허식, 허세

He was buried with great pomp and solemnity.
그는 대단히 화려하고 엄숙하게 땅에 묻혔다.

ponder
[pándər] 판더 ■ 2359

타 자 숙고하다, 곰곰이 생각하다

He pondered on whether to change jobs.
그는 직업을 바꿔야 할지를 심사숙고했다.

p

poor ■2360
[púər] 푸어

형 가난한, 부족한, 초라한

I want to help the poor homeless guy.
저 가난하고 집 없는 남자를 도와주고 싶어.

pop ■2361
[páp] 팝

자 뻥 울리다, 탕 쏘다

The balloon popped.
풍선이 팡 터졌다.

Pope ■2362
[póup] 포우프

명 로마 교황, 교구 성직자

The Pope was given the red carpet treatment.
교황은 성대한 환영을 받았다.

popular ■2363
[pápjulər] 파펄러

형 인기있는, 평판이 좋은

Baseball is popular in Korea.
야구는 한국에서 인기가 있다.

popularity ■2364
[pàpjuláerəti] 파펄래러티

명 인기, 인망, 통속, 대중

She is now at the peak of her popularity.

population ■2365
[pàpjuléiʃən] 파펄레이션

명 인구, 주민

The world's population is almost 6 billion.
세계의 인구는 약 60억 정도이다.

port ■2366
[pɔ́ːrt] 포-트

형 항구, 무역항, 피난소

The ship just arrived in South Korea port.
그 배는 남한의 항구에 방금 도착했습니다.

343

portrait ■ 2367
[pɔ́:rtrit] 포-트리트

[명] 초상화, 사진, 유사물

Where is the portrait of Mona Lisa?
모나리자의 초상화는 어디 있나요?

position ■ 2368
[pəzíʃən] 퍼지션

[명] 위치, 장소, 신분, 태도, 견해

He took my position.
그는 내 자리를 가져갔어.

positive ■ 2369
[pázətiv] 파저티브

[형] 확실한, 명확한, 적극적인

Seek the positive rather than the negative.
부정적인 것보다 긍정적인 것을 찾아라.

possess ■ 2370
[pəzés] 퍼제스

[타] 소유하다, 지배하다, 가지고 있다

She possesses her own properties.
그녀는 자신의 부동산을 보유하고 있다.

possession ■ 2371
[pəzéʃən] 퍼제션

[명] 소유, 점유, 입수, 사로잡힘

Health is a precious possession.
건강은 귀중한 재산이다.

possible ■ 2372
[pásəbl] 파서블

[형] 가능한, 있을 수 있는, 웬만한

It is possible for him to do the job.
그는 그 일을 할 수 있다.

post ■ 2373
[póust] 포우스트

[명] 파발꾼, 지위, 우편 [타] 우송하다

I had a heavy post.
우편물이 많이 왔다.

p

posterity ■2374
[pɑstérəti] 파스테러티

명 자손, 후세

His fame will go down to posterity.
그의 명성은 후손 대대로 전해질 것이다.

postpone ■2375
[poustpóun] 포우스트포운

타 연기하다, 늦추다

Can you postpone it for another day?
다른 날로 연기해줄래요?

potato ■2376
[pətéitou] 퍼테이토우

명 감자, 추한 얼굴

To make a potato soup, you need potatoes.
감자 수프를 만들기 위해선 감자가 필요하다.

potent ■2377
[póutnt] 포우턴트

형 힘센, 강력한, 세력있는

Environment is a potent influence.
환경이 주는 영향은 크다.

potential ■2378
[pəténʃəl] 포텐셜

형 가능한, 잠재적인 명 가능성

He's definitely got the potential.
그는 분명히 잠재력을 갖고 있어.

pour ■2379
[pɔ́ːr] 포-

타 자 쏟다, 붓다, 따르다, 유출하다

Pour hot water into a cup.
뜨거운 물을 컵에다 부으세요.

poverty ■2380
[pávərti] 파버티

명 가난, 빈곤, 결핍, 궁핍

Painless poverty is better than embittered wealth.
고통 없는 빈곤이 괴로운 부보다 낫다.

P

powder
[páudər] 파우더
2381

명 가루, 분말 타 자 가루로 하다

I need curry powder to make a curry.
카레를 만들기 위해 카레 가루가 필요해.

practical
[præktikəl] 프랙티컬
2382

형 실지의, 실제적인, 실제상의

Computer is a very practical machine.
컴퓨터는 매우 실용적인 기계야.

practice
[præktis] 프랙티스
2383

명 실시, 실행 타 자 연습하다

I have to practice the speech.
연설 연습을 해야 해요.

prairie
[préəri] 프레어리
2384

명 (북아메리카의) 대초원

Prairies stretch as far as the eyes can see.
대초원이 끝없이 펼쳐져 있다.

praise
[préiz] 프레이즈
2385

명 칭찬, 찬미, 찬양 타 칭찬하다

His conduct deserves to be praised.
그의 행위는 칭찬받을 만하다.

pray
[préi] 프레이
2386

타 자 빌다, 기원하다, 간원하다

I'll pray for you.
너를 위해서 기도할게.

preach
[príːtʃ] 프리-취
2387

타 자 설교하다, 전도하다

It is easier to preach than to practice.
말은 쉽고 행하기는 어렵다.

precede
[priːsíːd] 프리-시-드 ■ 2388

타 자 앞서다, 선행하다, 선도하다

This precedes all others.
이것은 다른 모든 것보다 우선한다.

precious
[préʃəs] 프레셔스 ■ 2389

형 귀중한, 비싼, 소중한

Thank you for sparing your precious time for me.
귀중한 시간을 저를 위해 내주셔서 감사합니다.

precise
[prisáis] 프리사이스 ■ 2390

형 정확한, 세심한, 엄밀한

Could you please give us more precise details?
좀 더 정확하게 말씀해 주시겠어요?

predict
[pridíkt] 프리딕트 ■ 2391

타 자 예언(예보)하다

I wouldn't care to predict what the result will be.
결과를 예측할 수 없다.

preface
[préfis] 프레피스 ■ 2392

명 머리말, 서문 타 머리말을 쓰다

His main idea has been referred to in the preface.
그의 주요 사상은 서문에 언급되어 있다.

prefer
[prifə́ːr] 프리퍼- ■ 2393

타 (~쪽을) 더 좋아하다, 택하다

I prefer black tea to coffee.
나는 커피보다 홍차를 좋아한다.

prejudice
[prédʒudis] 프레져디스 ■ 2394

명 편견 타 편견을 갖게 하다

A judge must be free from prejudice.
재판관은 편견이 없어야 한다.

P

preliminary [2395]
[prilímənèri] 프릴리머네리

형 예비적인, 준비의 명 예비행위

They prepared preliminary budgets for the next year.
그들은 내년도 예비 예산안을 편성했다.

premise [2396]
[prémis] 프레미스

명 (대지가 딸린) 집, 구내, 토지

We might conclude it from the premises.
이 전제에서 그러한 결론을 내릴 수 있을 것이다.

preparation [2397]
[prèpəréiʃən] 프레퍼레이션

명 준비, 예습, 조제, 각오

Success is where preparation and opportunity meet.
성공은 준비와 기회가 만나는 곳에 있어요..

prepare [2398]
[pripέər] 프리페어

타 자 준비하다, 채비하다

You have to prepare for the final.
너는 기말고사를 준비해야 한다.

prescribe [2399]
[priskráib] 프리스크라이브

타 자 명하다, 처방하다, 명령하다

Follow a doctor-prescribed regimen of drug therapy.
의사가 처방한 약물요법을 따르시오.

presence [2400]
[prézns] 프레전스

명 있음, 존재, 출석, 면전, 현재

Your presence is a great compliment.
참석하여 주셔서 무한한 영광입니다.

present [2401]
[préznt] 프레전트

형 있는, 출석한 명 현재, 지금

She was present at the party.
그녀는 그 모임에 참석했다.

presentation
[prizentéiʃən] 프레젠**테**이션

명 증정, 선물, 소개, 제출, 표현

How did you like the presentation?
발표회는 어땠어요?

preserve
[prizə́ːrv] 프리**저**-브

타 보존하다, 유지하다

The nature of North Korea has been well preserved.
북한의 자연은 잘 보존되어 있다.

president
[prézədənt] 프레지던트

명 대통령, 총재, 장관, 회장

We need to contact the President.
대통령께 연락해 봅시다.

presidential
[prèzədénʃəl] 프레지**덴**셜

형 대통령(총재, 장관)의

The two presidential candidates agreed to hold a debate on TV.
두 대통령 후보는 TV토론을 하기로 합의했다.

press
[prés] 프레스

타 자 누르다, 밀어붙이다 명 압박

To delete, press one.
지우시려면, 1을 눌러주세요.

pressure
[préʃər] 프레셔

명 압력, 전압, 압박, 강제

Could you check my tire pressure?
타이어 공기압 좀 점검해 주시겠어요?

presume
[prizúːm] 프리**쥬**-움

타 상상하다, 추정하다

They presumed her to be dead.
그들은 그녀가 죽었다고 추정했다.

349

P

pretend [pritént] 프리텐드 — 2409
타 자 ~인 체하다, 꾸미다

He pretended to know the President.
그는 대통령을 아는 것처럼 가장했다.

pretty [príti] 프리티 — 2410
형 예쁜 부 꽤 명 귀여운 것

She wears a pretty dress.
그녀는 예쁜 옷을 입고 있다.

prevail [privéil] 프리베일 — 2411
자 이기다, 우세하다, 극복하다

Right will prevail in the end.
정의는 결국 승리한다.

prevent [privént] 프리벤트 — 2412
타 방해하다, 막다

Regular exercises prevent you from getting a cold.
규칙적인 운동은 감기를 예방해 준다.

previous [príːviəs] 프리-비어스 — 2413
형 앞서의, 이전의, 조급한

The atmosphere is quite different from previous years.
분위기가 과거와는 여실히 달라졌다.

price [práis] 프라이스 — 2414
명 대가, 가격 타 값을 매기다

What is the price of this?
이것은 값이 얼마입니까?

pride [práid] 프라이드 — 2415
명 자만, 자랑, 자존심 타 자랑하다

She has too much pride.
그녀는 자존심이 강해요.

primary
[práiməri] 프라이메리

형 첫째의, 본래의, 초보의

Fishing is my primary source of income.
낚시가 주 수입원이에요.

prime
[práim] 프라임

형 첫째의, 근본적인, 가장 중요한

What is the prime objective of the class?
수업의 주된 목표는 무엇인가요?

primitive
[prímətiv] 프리머티브

형 태고의, 원시의, 미개한

A spear is a primitive weapon.
창은 원시적인 무기이다.

prince
[príns] 프린스

명 왕자, 공작, 황자, 제후

I want to marry a prince.
나는 왕자와 결혼하고 싶어.

princess
[prínsis] 프린시스

명 공주, 왕녀, 왕자비, 공작 부인

She always acts like a princess.
그녀는 항상 공주처럼 행동한다.

principal
[prínsəpəl] 프린서펄

형 주된, 가장 중요한 명 장(長)

What makes a good principal?
무엇이 좋은 교장을 만드나요?

principle
[prínsəpl] 프린서플

명 원리, 원칙, 주의, 법칙

It exists to protect and uphold the law and principle.
그것은 법과 원칙을 보호하고 유지하기 위해 존재하는 것이다.

P

print
[prínt] 프린트 ■2423

타 출판하다, 인쇄하다 명 인쇄(물)

The print is clear.
인쇄가 선명하다.

prior
[práiər] 프라이어 ■2424

형 보다 전의, 앞서의, 보다 중요한

The constitution is prior to all other laws.
헌법은 다른 모든 법률에 우선한다.

prison
[prízn] 프리즌 ■2425

명 형무소, 감옥, 감금소, 옥

He went to prison for perjury.
그는 위증죄로 감옥에 갔다.

prisoner
[príznər] 프리즈너 ■2426

명 죄수, 형사피고, 포로

The prisoner was freed on bail.
그 죄수는 보석으로 석방되었다.

private
[práivət] 프라이비트 ■2427

형 사사로운, 개인의, 사유의

What's this private matter?
사적인 문제라는 게 뭐야?

privilege
[prívəlidʒ] 프리벌리쥐 ■2428

명 특권 타 특권을 주다

A diplomat has the privilege of exemption from liability.
외교관은 면책 특권이 있다.

prize
[praiz] 프라이즈 ■2429

명 상품, 노획물 형 상품으로 받은

Who took the first prize?
누가 1등상을 받았니?

probability 2430
[prɑ̀bəbíləti] 프라버빌러티

명 가망, 있음직함, 사실같음

War becomes a probability.
전쟁이 일어날지도 모른다.

probably 2431
[prɑ́bəbli] 프라버블리

부 아마, 십중팔구는, 대개는

He will probably come.
그는 아마 올 것이다.

problem 2432
[prɑ́bləm] 프라블럼

명 문제, 난문, 의문 형 문제의

You have to solve the problem sets.
너는 그 문제들을 풀어야만 한다.

procedure 2433
[prəsíːdʒər] 프러시-저

명 절차, 조치, 수속, 행동

Can you give me an in-depth account of the procedure?
그 절차에 대해서 자세히 설명해 주시겠어요?

proceed 2434
[prəsíːd] 프러시-드

자 나아가다, 계속하다, 착수하다

There was insufficient memory to proceed.
메모리가 부족하여 계속할 수 없다.

proceeding 2435
[prəsíːdiŋ] 프러시-딩

명 진행, 행동, 소송절차

He brought the legal proceedings against tobacco companies.
그는 담배 회사들을 상대로 법적 소송에 들어갔다.

process 2436
[prɑ́ses] 프라세스

명 진행, 경과 타 가공하다

Please render an account of the process.
과정을 설명해 주십시오.

P

prodigal — 2437
[prɑ́digəl] 프라디걸

형 낭비하는, 방탕한 명 낭비자

After a thrifty father, a prodigal son.
절약하는 아버지 밑에 낭비하는 아들.

produce — 2438
[prədjúːs] 프러듀-스

타 생산하다, 산출하다, 낳다

Big tree produces big fruit.
큰 나무는 큰 열매를 생산한다.

product — 2439
[prɑ́dʌkt] 프라덕트

명 생산품, 제작물, 산물

What is the price of the product?
제품의 가격은 얼마입니까?

profess — 2440
[prəfés] 프러페스

타 자 공헌하다, 명언하다

What religion do you profess?
무슨 종교를 믿습니까?

professional — 2441
[prəféʃənl] 프러페셔널

형 전문의, 직업적인 명 전문가

I do not need professional help.
전문적인 도움은 필요 없어.

professor — 2442
[prəfésər] 프러페서

명 (대학의) 교수

All the professors there loved me.
거기 모든 교수님들이 날 사랑하셨지.

proficient — 2443
[prəfíʃənt] 프러피션트

형 숙련된, 숙달된 명 능수, 명인

We should be proficient in one or two foreign languages.
우리는 한 두 개의 외국어에 능통해야 한다.

2444
profit
[prɑ́fit] 프라피트

[명] (장사의) 이윤 [타] [자] 이익을 얻다

The biggest concern for corporations is maximizing profit.
기업의 최대 관심은 이윤의 극대화다.

2445
profound
[prəfáund] 프로파운드

[형] 깊은, 심원한, 밑바닥의

She fell into a profound sleep.
그녀는 깊은 잠에 빠졌다.

2446
program(me)
[próugræm] 프로우그램

[명] 프로그램, 예정, 계획(표)

I made the program.
제가 그 프로그램을 만들었어요.

2447
progress
[prɑ́gres] 프라그레스

[명] 전진, 진행, 진보, 개량

The country is slow in progress.
그 나라는 진보가 느리다.

2448
prohibit
[prouhíbit] 프로히비트

[타] 금지하다, 방해하다, 막다

Smoking is strictly prohibited in the school.
학교에서는 흡연을 엄격히 금지하고 있다.

2449
project
[prədʒékt] 프러젝트

[타] [자] 계획하다, 설계하다 [명] 계획

About two trillion won has been poured into the project.
이 사업에 약 2조원의 자금이 투입되었다.

2450
prominent
[prɑ́mənənt] 프라머넌트

[형] 돌출한, 현저한, 눈에 띄는

There were many prominent artists in France.
프랑스에는 뛰어난 예술가가 많았다.

P

promise
[prámis] 프라미스
- 명 약속, 계약 타 자 약속하다

He promised to come.
그는 온다고 약속했다.

promote
[prəmóut] 프러모우트
- 타 진급시키다, 장려하다

The Government tried to promote the welfare of the people.
정부는 국민의 복지 증진에 노력했다.

promotion
[prəmóuʃən] 프러모우션
- 명 승진, 진급, 촉진, 발기, 주장

I would like to congratulate you on your promotion.
승진하신 것을 축하드립니다.

prompt
[prámpt] 프람프트
- 형 신속한, 즉시의 타 촉진하다

We look forward to your prompt response.
신속한 답신을 기대합니다.

pronounce
[prənáuns] 프러나운스
- 타 자 발음하다, 선언하다

The two words are spelled differently but pronounced the same.
두 단어는 철자는 다르지만 발음은 같다.

proof
[prú:f] 프루-프
- 명 증명, 증거 형 ~에 견디는

There is no proof that he is guilty.
그가 유죄라는 증거는 없어요.

propaganda
[pràpəgǽndə] 프라퍼갠더
- 명 선전, 선전활동

The elections are wrought with malicious propaganda.
선거에 흑색 선전들이 난무하였다.

proper ■2458
[prápər] 프라퍼
🔲 적당한, 옳은, 타당한

He is always perfectly proper in his behavior.
그는 언제나 행동이 완벽하게 예의 바르다.

properly ■2459
[prápərli] 프라펄리
🔲 적당하게, 예의바르게

Robe yourself properly before you go to that party.
그 파티에 가기 전에 적절한 예복을 입어라.

property ■2460
[prápərti] 프라퍼티
🔲 재산, 소유물, 소유권, 성질

He got a tremendous amount of property.
그는 대단한 양의 재산을 갖고 있다.

prophecy ■2461
[práfəsi] 프라퍼시
🔲 예언, 예언서

Her prophecy came true.
그녀의 예언이 적중했다.

proportion ■2462
[prəpɔ́ːrʃən] 프러포-션
🔲 비율, 조화 🔲 균형 잡히게 하다

Temperature is in inverse proportion to the altitude.
기온은 고도에 반비례한다.

proposal ■2463
[prəpóuzəl] 프러포우절
🔲 신청, 제안, 청혼, 제의

Her proposal was willingly accepted by the supporters.
그녀의 제안은 지지자들에 의해 기꺼이 수용되었다.

proposition ■2464
[pràpəzíʃən] 프라퍼지션
🔲 제의, 제안, 서술, 주장

He argued against the proposition.
그는 그 제안에 반대 의견을 말했다.

propriety
[prəpráiəti] 프러프라이어티

명 적당, 타당, 예의, 교양

Nothing was questionable in the propriety of her behavior.
그녀의 행동의 적절성에 대해서는 아무런 의심의 여지가 없다.

prosecution
[pràsikjúʃən] 프라서큐-션

명 수행, 속행, 기소, 경영

The prosecution stopped the clock of executing.
검찰은 집행 기한을 연장하였다.

prospect
[práspekt] 프라스펙트

명 조망, 경치, 전망, 기대, 예상

There's not much prospect of my being able to attend.
내가 참석할 가능성이 별로 없습니다.

prosperity
[praspérəti] 프라스페러티

명 번영, 성공, 행운

We wish you happiness and prosperity.
귀하의 행복과 번영을 기원합니다.

protect
[prətékt] 프러텍트

자 지키다, 수호하다, 보호하다

My daddy protected me from the guy.
우리 아빠는 날 그 남자로부터 보호해 줬다.

protection
[prətékʃən] 프러텍션

명 보호, 방어

She was placed under our protection.
그녀는 우리의 보호를 받고 있었다.

protest
[prətést] 프러테스트

타 자 단언하다, 항의하다

They all walked off the job in protest.
그들은 항의의 표시로 모두 일자리를 박차고 나왔다.

p

proud [práud] 프라우드 — 2472
형 자랑스러운, 거만한, 교만한
She is proud of her son.
그녀는 아들을 자랑스러워한다.

prove [prú:v] 프루-브 — 2473
동 입증하다, ~이라 판명되다
The police proved that he was right.
그 경찰은 그가 옳았다는 것을 입증하였다.

proverb [právə:rb] 프라버-브 — 2474
명 속담, 경언, 금언
There is an old proverb that haste makes waste.
서두르면 일을 그르친다는 옛 속담이 있다.

provide [prəváid] 프러바이드 — 2475
타 자 준비하다, 대비하다
I'll provide the tent if you provide the food.
네가 음식을 가져오면 나는 텐트를 가져올게.

province [právins] 프라빈스 — 2476
명 주(州), 성(省), 지역, 지방, 시
Yeongdong in Gangwon Province got about 400 mm of rain.
강원도 영동 지방에는 약 400밀리의 비가 내렸다.

provision [prəvíʒən] 프러비젼 — 2477
명 준비, 설비 타 식량을 공급하다
These provisions sound nice on paper.
이런 조항들은 서류상으로 훌륭해 보입니다.

provoke [prəvóuk] 프러보우크 — 2478
타 성나게 하다, 유발시키다
She was provoked by his behavior.
그녀는 그의 행동에 화가 났다.

359

P

prudent
[prúːdnt] 프루-던트

형 조심성있게, 신중한, 세심한

You must be more prudent in future about what you do.
너는 앞으로는 좀더 행동을 신중히 해야 되겠다.

psychological
[sàikəládʒikəl] 사이컬라쥐컬

형 심리학의, 심리적인

The meeting has more of a psychological meaning.
이번 회의는 심리적 의미가 강하다.

public
[pʌ́blik] 퍼블릭

형 공공의, 공무의 명 국민, 공중

I don't want to be with him in public.
나는 공공장소에서 그와 함께 있고 싶지 않아.

publication
[pʌ̀bləkéiʃən] 퍼블러케이션

명 발표, 공표, 출판(물), 간행

When are we due for publication?
그건 언제 출간되나요?

publish
[pʌ́bliʃ] 퍼블리쉬

타 발표하다, 출판하다, 공포하다

The book was published in 1952.
그 책은 1952년에 출판되었다.

publisher
[pʌ́bliʃər] 퍼블리셔

명 출판업자, 발행자, 신문경영자

This book was published by a small publisher.
이 책은 작은 출판사가 발행했다.

pull
[púl] 풀

타 자 당기다, 끌다, 잡아끌다 명 당김

Don't pull the door.
문을 잡아 당기지 마세요.

p

2486. pump
[pʌ́mp] 펌프

- 펌프 / 펌프로 퍼내다

He **pumped** up the tires.
그는 타이어에 바람을 가득 넣었다.

2487. punch
[pʌ́ntʃ] 펀취

- 주먹으로 때리다, 구멍을 뚫다

I **punched** him on the jaw.
그의 턱을 주먹으로 쳤다.

2488. punctual
[pʌ́ŋktʃuəl] 펑크츄얼

- 시간을 엄수하는, 어김없는

Try to be **punctual**.
시간을 지키도록 노력해라.

2489. punish
[pʌ́niʃ] 퍼니쉬

- 벌하다, 응징하다, 해치우다

Heaven will **punish** you for it.
그런 짓을 하면 천벌을 받는다.

2490. punishment
[pʌ́niʃmənt] 퍼니쉬먼트

- 처벌, 징계, 응징, 형벌, 벌

The **punishment** was out of proportion to the crime.
범행에 비해 처벌이 과중했다.

2491. purchase
[pə́ːrtʃəs] 퍼-처스

- 사다, 노력하여 얻다 / 구입

We are going to **purchase** this TV set.
우리는 이 TV를 살 계획이다.

2492. pure
[pjúər] 퓨어

- 순수한, 순결한, 맑은

The ring was made of **pure** gold.
반지는 순금으로 만들어졌다.

P

purely ■ 2493
[pjúərli] 퓨얼리

튀 순수하게, 깨끗하게, 결백하게

We met in a park purely by chance.
우리는 순전히 우연하게 공원에서 만났다.

purple ■ 2494
[pə́ːrpl] 퍼-펄

명 자주빛 형 자주빛의

Why do you like purple most?
왜 자주색을 제일 좋아하지?

purpose ■ 2495
[pə́ːrpəs] 퍼-퍼스

명 목적, 의도 타 자 ~하려고 생각하다

What's the purpose of your journey?
당신 여행의 목적이 무엇입니까?

pursue ■ 2496
[pərsúː] 퍼수-

타 자 추적하다, 쫓다

He went to China to pursue his life goal.
그는 평생의 목표를 추구하기 위해 중국으로 갔다.

push ■ 2497
[púʃ] 푸쉬

타 자 밀다, 밀고 나아가다 명 밀기

Push the button, please.
버튼을 눌러 주세요.

put ■ 2498
[pút] 푸트

타 놓다, 두다, 설치하다, 넣다

Put the glass on the table.
컵을 테이블 위에 올려 놓으세요.

puzzle ■ 2499
[pʌ́zl] 퍼즐

명 난문제, 퀴즈 타 자 당황시키다

A puzzle was solved.
수수께끼가 풀렸다.

q

quaint ■2500
[kwéint] 퀘인트

형 기묘한, 기이한, 색다른

The quaint use and wont still exist in this part of the country.
그 기묘한 풍습들은 이 지방에 아직도 남아 있다.

qualification ■2501
[kwàləfikéiʃən] 퀄러퍼케이션

명 자격, 권한, 조건, 완화

He doesn't have the qualifications to be a teacher.
그는 교사로서의 자격이 없다.

qualify ■2502
[kwáləfài] 퀄러파이

동 자격을 주다, 자격을 얻다

He is well qualified as a teacher.
그는 선생으로서의 자격이 충분하다.

quality ■2503
[kwáləti] 퀄러티

명 질, 성질, 특성, 품질

People choose quality over quantity.
사람들은 양보다는 질을 선택한다.

quantity ■2504
[kwántəti] 콴터티

명 양(量), 수량, 분량, 액

What we gain in quantity we lose in quality.
양이 많아지면 질이 떨어진다.

quarrel ■2505
[kwɔ́ːrəl] 쿼-럴

명 싸움, 말다툼   자 말다툼하다

They had a quarrel.
그들은 말다툼을 했다.

quarter ■2506
[kwɔ́ːrtər] 쿼-터

명 4분의 1, 15분   타 4(등)분하다

It was a quarter to five.
5시 15분 전이었다.

Q

queer ■2507
[kwíər] 퀴어

형 기묘한, 수상한, 이상한

I think he is queer in the head.
내 생각엔 그의 머리가 좀 이상한 것 같다.

question ■2508
[kwéstʃən] 퀘스천

명 질문, 질의 **타** 묻다, 질문하다

She asked me a question.
그녀는 나에게 질문했다.

quick ■2509
[kwík] 퀵

형 빠른, 신속한 **부** 빨리, 급히

Be as quick as ever you can!
될 수 있는 대로 서둘러라!

quiet ■2510
[kwáiət] 콰이어트

형 조용한, 고요한 **명** 조용, 침착

We must keep quiet in a library.
도서관에서는 조용히 해야 한다.

quit ■2511
[kwít] 퀴트

동 떠나다, 그만두다 **형** 용서받은

He counseled me to quit smoking.
그는 나에게 담배를 끊으라고 충고했다.

quite ■2512
[kwáit] 콰이트

부 아주, 전연, 완전히, 확실히

You're quite right.
완전히 네 말 그대로다.

quote ■2513
[kwóut] 쿼우트

타 **자** 인용하다, 부르다, 어림치다

The quote was from a popular novel.
그 인용구는 유명한 소설에서 나온 것이다.

rabbit
[rǽbit] 래빗 ■ 2514

명 (집)토끼

My friend's rabbit eats meat.
내 친구의 토끼는 고기를 먹는다.

race
[réis] 레이스 ■ 2515

명 경주, 경마, 경쟁 타 자 경주하다

He won the race.
그는 경주에서 이겼다.

radical
[rǽdikəl] 래디컬 ■ 2516

형 근본적인, 급진적인, 과격한

He's a radical nationalist.
그는 급진적인 국수주의자야.

radio
[réidiòu] 레이디오우 ■ 2517

명 라디오, 무전기 타 자 무선통신하다

He heard the news on the radio.
그는 그 뉴스를 라디오에서 들었다.

rage
[réidʒ] 레이쥐 ■ 2518

명 격노, 분격 자 격노하다

Her face was contorted with rage.
그녀의 얼굴은 분노로 일그러져 있었다.

raid
[réid] 레이드 ■ 2519

명 습격, 급습 타 자 습격하다

Police conducted a raid on a gambling house.
경찰은 도박장을 급습했다.

rail
[réil] 레일 ■ 2520

명 가로장(대), 난간, 레일, 철도

Please have your tickets and rail passes ready.
여러분의 승차권과 열차 패스를 준비해 주십시오.

R

railroad
[réilròud] 레일로우드 ■ 2521

명 철도 타 철도를 놓다

I prefer to ride the railroad to work.
나는 기차 타고 출근하는 게 더 좋다.

rain
[réin] 레인 ■ 2522

명 비, 강우 타 자 비가 오다

It rains a lot in June.
6월에는 비가 많이 내린다.

raise
[réiz] 레이즈 ■ 2523

타 일으키다, 세우다, 올리다

Could you raise the temperature in here, please?
실내 온도 좀 올릴 수 있을까요?

rally
[rǽli] 랠리 ■ 2524

동 다시 모으다 명 재집합

People rally around the candidate.
사람들은 그 후보를 위해 모였다.

random
[rǽndəm] 랜덤 ■ 2525

형 닥치는대로의 부 각기 다르게

She reads books at random.
그녀는 닥치는 대로 책을 읽는다.

range
[réindʒ] 레인쥐 ■ 2526

명 줄 타 자 배열하다, 늘어서다

He enjoys a wide range of water sports activities in summer.
그는 여름에 다양한 수상 스포츠를 즐긴다.

rank
[rǽŋk] 랭크 ■ 2527

명 행렬, 대열, 계급 타 자 나란히 서다

She was invited to a party for people of high social rank.
그녀는 사회 인사들을 위한 파티에 초대되었다.

rapid ■ 2528
[rǽpid] 래피드

[형] 신속한, 빠른, 고감도의

The economy of Korea is making rapid progress.
한국의 경제가 급격히 성장하고 있다.

rapidly ■ 2529
[rǽpidli] 래피들리

[부] 신속하게, 빠르게, 곧

Property values went up rapidly.
부동산 가격이 급격히 올랐다.

rapture ■ 2530
[rǽptʃər] 랩쳐

[명] 큰 기쁨, 황홀, 열중

They gazed at her in rapture.
그들은 황홀경에 빠져 그녀를 주시하였다.

rare ■ 2531
[rέər] 레어

[형] 드문, 희박한, 진귀한, 설익은

This is a very rare diamond.
이것은 매우 진귀한 다이아몬드다.

rarely ■ 2532
[rέərli] 레얼리

[부] 드물게, 좀처럼, ~않다

He rarely smoked inside the house.
그는 집안에서 담배를 피우는 일이 거의 없다.

rat ■ 2533
[rǽt] 랫

[명] 쥐 [동] 쥐를 잡다

There are many rats in NewYork.
뉴욕에는 많은 쥐가 있다.

rate ■ 2534
[réit] 레이트

[명] 비율, 율 [타] [자] 견적하다

What is the discount rate?
할인율이 얼마나 되나요?

R

rather ■ 2535
[rǽðər] 래더

튀 오히려, 얼마간, 다소, 약간

It's rather hot.
상당히 덥다.

rational ■ 2536
[rǽʃənl] 래셔늘

형 이성적인, 합리적인

Don't be too upset to be rational.
너무 당황해서 이성을 잃지 마라.

ravage ■ 2537
[rǽvidʒ] 래비쥐

명 파괴, 황폐 **타자** 파괴하다

The country has been ravaged by the earthquake.
그 나라는 지진으로 파괴되었다.

raw ■ 2538
[rɔ́ː] 로-

형 설익은 **명** 생것

Don't you like Japanese raw fish?
생선회 싫어하세요?

ray ■ 2539
[réi] 레이

명 광선, 빛 **타자** 방사하다

He had an X-ray taken.
그는 엑스레이를 찍었다.

reach ■ 2540
[ríːtʃ] 리-취

타자 (손을) 뻗치다, 닿다 **명** 뻗침

We reached the top of the mountain.
우리는 산꼭대기에 도착했다.

react ■ 2541
[riǽkt] 리-액트

자 반작용하다, 재연하다

Cause and effect react upon each other.
원인과 결과는 상호 작용한다.

reaction
[riækʃən] 리-액션 · 2542

명 반응, 반동, 반작용, 역회전

The audience reaction scared the singer.
그 가수는 청중의 반응에 놀랐다.

read
[ríːd] 리-드 · 2543

동 읽다, 독서하다, 낭독하다

I read books everyday.
나는 매일 책을 읽는다.

reader
[ríːdər] 리-더 · 2544

명 독자, 독서가

That woman is a mind reader.
정말 대단한 독심술사라니까.

reading
[ríːdiŋ] 리-딩 · 2545

명 읽기, 낭독, 독서

I amuse myself with various reading in my leisure time.
나는 여가시간을 다양한 독서로 즐긴다.

ready
[rédi] 레디 · 2546

형 준비된, 즉석에서의 타 준비하다

Dinner is ready.
저녁식사가 준비되었다.

real
[ríːəl] 리-얼 · 2547

형 실재하는, 현실의, 진짜의

He is a real man.
그는 진정한 남자다.

really
[ríːəli] 리-얼리 · 2548

부 실제로, 정말로, 참으로

What are you really interested in?
정말 관심사가 뭐예요?

R

reality ■2549
[riǽləti] 리앨러티

명 현실, 실재, 현실성, 진실

You have to see the reality.
현실을 직시해야해.

realize ■2550
[ríːəlàiz] 리-얼라이즈

타 실현하다, 깨닫다, 실감하다

You do realize that, don't you?
너도 알고 있지?

realm ■2551
[rélm] 렐름

명 영토, 왕국, 범위, 영역

Obey the laws of the realm.
국법을 어기지 마라.

reap ■2552
[ríːp] 리-잎

타 베다, 베어들이다, 획득하다

As a man sows, so he shall reap.
자기가 뿌린 씨는 자기가 거둔다.

rear ■2553
[ríər] 리어

타 기르다 명 배후 형 배후의

Please step to the rear of the car.
자동차 뒤쪽으로 물러서 주십시오.

reason ■2554
[ríːzn] 리-전

명 이유, 변명 동 추론하다

You have a right reason.
당신은 정당한 이유를 갖고 있습니다.

reasonable ■2555
[ríːzənəbl] 리-저너벌

형 합리적인, 분별 있는, 정당한

She seems to be a reasonable person.
그녀는 이성적인 사람으로 보인다.

rebel
[rébəl] 레벌 ■ 2556

명 반역자, 모반자, 반란군

They rebelled against the Government.
그들은 정부에 대한 반란을 일으켰다.

rebuild
[ri:bíld] 리-빌드 ■ 2557

타 재건하다, 다시 세우다

The building has been entirely rebuilt.
그 건물은 완전히 재건축 되었다.

rebuke
[ribjú:k] 리뷰-크 ■ 2558

명 비난, 징계 타 비난하다, 꾸짖다

He was rebuked for being indolent at work.
그는 근무 태만으로 문책 당했다.

recall
[rikɔ́:l] 리코-올 ■ 2559

타 상기하다, 생각나게 하다, 소환하다

She could not recall his name.
그녀는 그의 이름이 기억나지 않았다.

recede
[ri:sí:d] 리시-드 ■ 2560

자 물러나다, 퇴각하다

The event receded into the dim past.
그 사건은 희미한 과거 속으로 잊혀져 갔다.

receipt
[risí:t] 리시-트 ■ 2561

명 수령, 영수증 타 영수증을 떼다

Can I have a receipt, please?
영수증 주세요.

receive
[risí:v] 리시-브 ■ 2562

타 받다, 수령하다, 환영하다

I received a letter from her.
나는 그녀로부터 편지를 받았다.

R

receiver ■2563
[risíːvər] 리시-버

명 수취인, 수령인, 회계원

She put down the receiver.
그녀는 수화기를 내려 놓았다.

recent ■2564
[ríːsnt] 리-선트

형 최근의, 새로운, 근래의

He is not interested in the recent news.
그는 최신 뉴스에 관심이 없다.

recently ■2565
[ríːsntli] 리-선틀리

부 요사이, 최근에, 근자에

He has recently arrived from Paris.
그는 최근에 파리에서부터 왔다.

reception ■2566
[risép∫n] 리셉션

명 수령, 응접, 수용

A cast reception was held after the performance.
공연이 끝난 뒤 배우들의 리셉션이 열렸다.

reckless ■2567
[réklis] 레클리스

형 무모한, 무작정한

He's recklessly daring.
그는 무모한 도전을 한다.

reckon ■2568
[rékən] 레컨

타 자 세다, 계산하다, 생각하다

It turned out it was out in my reckoning.
내 계산이 틀렸다.

recognition ■2569
[rèkəgní∫ən] 레커그니션

명 인식, 승인, 허가, 인정

He has changed beyond recognition.
그는 못 알아보게 변했다.

recognize [rékəgnàiz] 레커그나이즈
타 인정하다, 승인하다

You still recognize me.
그래도 절 알아보시는군요.

recollect [rèkəlékt] 레컬렉트
타 자 회상하다, 생각해내다

I recollect that I have met her before.
전에 그녀를 만난 기억이 난다.

recommend [rèkəménd] 레커멘드
타 추천하다, 권고하다, 천거하다

I strongly recommend this on a menu.
나는 강하게 이 음식을 추천 드립니다.

reconcile [rékənsàil] 레컨사일
타 화해시키다, 조화시키다

We have been reconciled with each other.
우리는 서로 화해했다.

record [rikɔ́ːrd] 리코-드
타 기록하다, 녹음하다

Please play this record.
이 레코드를 들어 주세요.

recover [rikʌ́vər] 리커버
타 자 회복하다, 되찾다

He may possibly recover.
그는 회복할지도 모른다.

recovery [rikʌ́vəri] 리커버리
명 회복, 완쾌, 되찾음, 복구

I pray for your earliest possible recovery.
가능하면 빨리 회복되시기를 빕니다.

recreation ■2577
[rèkriéiʃən] 레크리에이션

명 오락, 기분전환, 레크리에이션

Our school needs more facilities for recreation.
우리 학교에는 오락 시설이 더 필요하다.

recruit ■2578
[rikrú:t] 리크루-트

타 신병을 모집하다, 고용하다 명 신병, 신입회원

All raw recruits must go to training camp first.
모든 신병들은 우선 훈련 캠프에 가야 한다.

reduce ■2579
[ridjú:s] 리듀-스

타 축소하다, 줄이다, 요약하다

Reduce speed.
속도를 줄이시오.

reduction ■2580
[ridʌ́kʃən] 리덕션

명 변형, 감소, 축소, 저하

It involves small, gradual price reductions.
가격은 점진적으로 소폭 인하되었을 뿐이다.

refer ■2581
[rifə́ːr] 리퍼-

동 위탁하다, 알아보도록 하다, 지시하다

Don't refer to the matter again.
그 일을 다시는 입 밖에 내지 마라.

reference ■2582
[réfərəns] 레퍼런스

명 참조, 참고, 참고자료, 언급

This library contains many reference books.
이 도서관에는 참고 서적이 많다.

reflect ■2583
[riflékt] 리플렉트

타 자 반사하다, 되튀기다, 비치다

Your class participation will be reflected in your final grade.
수업 참여도가 최종 점수에 반영될 거예요.

reflection
[riflékʃən] 리플렉션 ■ 2584

명 반사(열, 광), 반영, 반성

Narcissus saw a reflection of himself in the water.
나르시스는 물 위에 비친 자신의 그림자를 바라보았다.

reform
[riːfɔ́ːrm] 리-포-옴 ■ 2585

타 자 개혁하다, 수정하다 명 개량

They are afraid of changes and reform.
그들은 변화와 개혁을 두려워한다.

refrain
[rifréin] 리프레인 ■ 2586

자 그만두다 명 (노래의) 후렴

You should refrain from faultfinding.
남을 헐뜯는 짓은 삼가야 한다.

refresh
[rifréʃ] 리프레쉬 ■ 2587

타 자 맑게 하다, 새롭게 하다

The shower refreshed the plants.
소나기가 내려 식물들이 생기가 넘쳤다.

refrigerator
[rifrídʒərèitər] 리프리져레이터 ■ 2588

명 냉장고, 냉동기, 증기 응결기

My refrigerator is full.
내 냉장고는 꽉찼어.

refuge
[réfjuːdʒ] 레퓨-쥐 ■ 2589

명 피난(처), 은신처, 보호물

Hundreds of people left the country to seek refuge.
수백의 사람들이 피난처를 찾아서 나라를 떠났다.

refugee
[rèfjudʒíː] 레퓨쥐- ■ 2590

명 피난자, 망명자

A lot of refugees are dying of hunger.
많은 피난민들이 굶어 죽어가고 있다.

R

2591 refusal
[rifjúːzəl] 리퓨-절
명 거절, 사퇴, 거부

She understood his silence as refusal.
그녀는 그의 침묵을 거절로 이해했다.

2592 refuse
[rifjúːz] 리퓨-즈
타 자 거절하다, 거부하다 명 폐물

He refused to accept it.
그는 그것을 받아들이길 거부했다.

2593 regard
[rigáːrd] 리가-드
타 자 ~으로 여기다, 보다 명 관계, 고려

You must have regard for our safety.
당신은 우리의 안전을 배려해야 한다.

2594 regime
[reiʒíːm] 레이지-임
명 제도, 정체, 정부, 섭생

We all suffered under the repressive regime.
우리 모두 압제 정권 하에서 고통받았다.

2595 region
[ríːdʒən] 리-전
명 지방, 지역, 범위, 층

Grass-eating animals flourish in this region.
이 지역에서는 초식동물이 잘 자란다.

2596 register
[rédʒistər] 레저스터
명 기록, 등록기 자 등록하다

He was not registered as a voter.
그는 유권자로 등록되어 있지 않았다.

2597 registration
[rèdʒistréiʃən] 레저스트레이션
명 등기, 등록, 표시

Would you fill out this registration form?
이 등록증을 작성해 주시겠어요?

regret
[rigrét] 리그렛 ■2598

명 유감, 후회, 애도 타 후회하다

We regret that we cannot accept your invitation.
당신의 초대에 응할 수 없어 유감입니다.

regular
[régjulər] 레귤러 ■2599

형 규칙적인, 조직적인 명 정규병

Get regular exercise.
정기적으로 운동하세요.

regulate
[régjulèit] 레귤레이트 ■2600

타 조절하다, 규제하다, 통제하다

Traffic lights regulate traffic.
신호등은 교통을 통제한다.

regulation
[règjuléiʃən] 레귤레이션 ■2601

명 규칙, 규정 형 규칙의, 규정된

You must obey traffic regulations.
교통 법규는 꼭 지켜야 한다.

reign
[réin] 레인 ■2602

명 통치, 지배 자 지배하다

The king reigns, but he does not rule.
왕은 군림하나 통치하지 않는다.

rein
[réin] 레인 ■2603

명 고삐, 구속

He reined up his horse.
그는 고삐를 당겨 말을 세웠다.

reinforce
[rì:infɔ́ːrs] 리-인포-스 ■2604

타 보강하다, 강화하다

Our team has to do something to reinforce its defense.
우리 팀은 수비를 보강해야 한다.

R

reject
[ridʒékt] 리젝트 ■ 2605

🇹 물리치다, 거절하다

He flatly rejected calls for his resignation.
그는 사임 요구를 단호히 거부했다.

rejoice
[ridʒɔ́is] 리죠이스 ■ 2606

🇹 🇿 기뻐하다, 좋아하다

We are rejoiced at his comeback.
우리는 그가 돌아와 기뻤다.

relate
[riléit] 릴레이트 ■ 2607

🇹 🇿 관련시키다, 관계가 있다, 설명하다

How do they relate to each other?
그들은 서로 어떤 관계가 있습니까?

relation
[riléiʃən] 릴레이션 ■ 2608

🇲 관계, 관련, 친척

She has relation to that issue.
그녀는 그 문제와 관계가 있다.

relationship
[riléiʃənʃip] 릴레이션쉽 ■ 2609

🇲 관계, 친척 관계

Do you have a good relationship with your parents?
부모님과 관계가 좋습니까?

relative
[rélətiv] 렐러티브 ■ 2610

🇭 비교상의, 상대적인 🇲 친척

I don't have any relatives here.
나는 여기에 친척이 아무도 없다.

relay
[ríːlei] 릴-레이 ■ 2611

🇲 교체자 🇹 고쳐 놓다, 중계하다

She relayed the information to us.
그녀가 우리에게 그 정보를 전해 주었다.

release
[rilíːs] 릴리-스

명 해방, 석방 타 풀어놓다, 석방하다

You can release the tension as you are on vacation now.
이제 방학이니까 긴장을 풀어도 된다.

reliable
[riláiəbl] 릴라이어벌

형 신뢰할 수 있는, 확실한

The news was obtained from reliable sources.
이 소식은 믿을 만한 소식통에서 나왔다.

reliance
[riláiəns] 릴라이언스

명 신뢰, 신용, 신임

I have reliance in my parents.
나는 내 부모님께 의지한다.

relic
[rélik] 렐릭

명 유물, 유품, 유적

Feudalistic thought is now the relic of a bygone age.
봉건사상은 구시대의 유물이다.

relief
[rilíːf] 릴리-프

명 경감, 구출, 구제

Every one breathed a sigh of relief.
모두들 안도의 한숨을 쉬었다.

religion
[rilídʒən] 릴리전

명 종교, 신앙, 종파

She got religion for stability of mind.
그녀는 마음의 안정을 위하여 신앙을 가졌다.

religious
[rilídʒəs] 릴리져스

형 종교적인, 경건한

She's a very religious woman.
그녀는 매우 신앙심이 깊은 여자이다.

R

relish
[réliʃ] 레리쉬 — 2619

명 풍미, 향기 **타 자** 맛보다

Hunger gives relish to any food.
배가 고프면 어느 음식이나 맛이 있다.

reluctant
[rilʌ́ktənt] 릴럭턴트 — 2620

형 마지못해 하는, 싫은

They reluctantly accepted defeat.
그들은 마지못해 패배를 받아들였다.

rely
[rilái] 릴라이 — 2621

자 의지하다, 신뢰하다, 믿다

I could totally rely on advertising.
광고에 전적으로 의존할 수밖에 없어.

remain
[riméin] 리메인 — 2622

자 남다, 살아남다, 머무르다

He remains unmarried.
그는 미혼으로 남아있다.

remains
[riméinz] 리메인즈 — 2623

명 잔고, 유골, 유적

This area is full of prehistoric remains.
이 지역은 선사시대 유적들로 가득하다.

remark
[rimɑ́ːrk] 리마크 — 2624

명 주의, 관찰 **타 자** 주목하다

Your remark was beside the point.
네 발언은 요점을 벗어났다.

remarkable
[rimɑ́ːrkəbəl] 리마커벌 — 2625

형 현저한, 비범한

You have a remarkable talent.
너는 놀랄만한 재능을 갖고 있어.

remedy ■2626
[rémədi] 레머디

명 의약, 치료 타 치료하다

This is a good remedy for stomach trouble.
이것은 위장병에 좋은 효험이 있다.

remember ■2627
[rimémbər] 리멤버

타 자 생각해내다, 기억하다

I can't remember his address.
그의 주소가 생각나지 않는다.

remind ■2628
[rimáind] 리마인드

타 생각나게 하다, 깨닫게 하다

It reminded me of him everytime I see it.
내가 그것을 볼 때 마다 그것은 그를 생각나게 한다.

remote ■2629
[rimóut] 리모우트

형 먼, 아득한, 먼곳의

Where's your TV remote controller?
TV 리모콘 어딨냐?

removal ■2630
[rimúːvəl] 리무벌

명 이동, 제거, 살해, 해임

She had an operation for the removal of a tumour.
그녀는 종양제거 수술을 받았다.

remove ■2631
[rimúːv] 리무브

타 자 옮기다, 이동하다, 이사하다, 제거하다

Remove his name from the guest list.
그의 이름을 손님 명단에서 지우세요.

render ■2632
[réndər] 렌더

타 ~을 ~하게 하다, 표현하다 자 보수를 주다

Please render an account of the process.
과정을 설명해 주십시오.

R

renounce ■2633
[rináuns] 리나운스

타 자 포기하다, 양도하다, 버리다

He renounced smoking and drinking.
그는 술과 담배를 끊었다.

renown ■2634
[rináun] 리나운

명 명성, 유명

His father was a lawyer and a renown portrait painter.
그의 아버지는 변호사이면서 명성이 있는 초상화가였다.

rent ■2635
[rént] 렌트

명 소작료, 집세 **동** 임대하다

He is in arrears with his rent.
그는 집세가 밀려 있다.

repair ■2636
[ripɛ́ər] 리페어

명 수선, 회복 **타** 수리하다

The man began to repair the house.
그 남자는 집을 수리하기 시작했다.

repeat ■2637
[ripíːt] 리피-트

명 반복, 되풀이 **타** 되풀이하다

Could you repeat your question?
질문을 다시 말씀해 주시겠어요?

repel ■2638
[ripél] 리펠

타 격퇴하다, 물리치다, 반박하다

This cream repels insects.
이 크림은 곤충을 쫓아낸다.

repent ■2639
[ripént] 리펜트

타 자 후회하다, 분해하다

She repented her careless talk.
그녀는 자신의 경솔한 말을 후회했다.

replace
[ripléis] 리플레이스

타 제자리에 놓다, 바꾸다, 교대하다

How do you know when it's time to replace the ink cartridge?
잉크 카트리지 교체 시기를 어떻게 알아요?

reply
[riplái] 리플라이

명 대답, 응답 타 대답하다

Reply me as soon as possible.
가능한 한 빨리 응답해 주세요.

report
[ripɔ́ːrt] 리포-트

명 보고, 소문 타 자 보고하다

Can I see the report?
보고서를 봐도 되겠습니까?

repose
[ripóuz] 리포우즈

타 자 휴식하다 명 휴식, 휴양

He reposes at Arlington Cemetery.
그는 알링턴 묘지에 안장돼 있다.

represent
[rèprizént] 레프리젠트

타 나타나다, 대리하다, 표현하다

The dove represents peace.
비둘기는 평화를 상징한다.

representation
[rèprizentéiʃən] 레프리젠테이션

명 표현, 묘사, 대표, 연출

This statue is a representation of Hercules.
이 조각상은 헤라클레스를 표현한 것이다.

reproach
[ripróutʃ] 리프로우취

명 비난, 불명예 타 비난하다

They reproached him for cowardice.
그들은 그가 비겁하다고 비난했다.

R

reproduce ■2647
[riːprədjúːs] 리-프러듀우스

타 재생하다, 복사하다, 번식하다

The illustration was reproduced from the photograph.
그 삽화는 사진을 복사한 것이다.

reprove ■2648
[riprúːv] 리프루-브

자 타 비난하다, 꾸짖다

He reproved her for telling lies.
그는 그녀를 거짓말한다고 꾸짖었다.

republic ■2649
[ripʌ́blik] 리퍼블릭

명 공화국, 공화정체, 공화당

The initials ROK stand for the Republic of Korea.
ROK는 대한민국을 나타낸다.

reputation ■2650
[rèpjutéiʃən] 레피테이션

명 평판, 명성, 신용, 신망

His reputation is known far and wide.
그의 명성은 널리 알려져 있다.

request ■2651
[rikwést] 리퀘스트

타 바라다, 요구하다 명 소원, 요구

I have a request to make of you.
한 가지 요청이 있습니다.

require ■2652
[rikwáiər] 리콰이어

타 요구하다, 규정하다

The course doesn't require prerequisite.
그 과목은 선수과목을 요구하지 않는다.

rescue ■2653
[réskjuː] 레스큐-

명 구조, 구출 타 구해내다

I respect 119 rescue teams.
저는 119 구조대를 존경합니다.

research
[rísɚrtʃ] 리서-취

명 연구, 조사 자 연구하다

He resumed cloning research last month.
그는 지난 달 배아복제 연구를 재개했다.

resemble
[rizémbl] 리젬벌

타 ~을 닮다, ~과 공통점이 있다

The brothers resemble each other in taste.
그 형제는 취향 면에서 서로 닮았다.

resent
[rizént] 리젠트

타 ~에 분개하다, 원망하다

She resents having to wait.
그녀는 기다리는 것을 매우 싫어한다.

reservation
[rèzərvéiʃən] 레저베이션

명 보류, 예약, 제한, 삼감

Do I have to make a reservation to take a train?
기차를 타려면 예약을 해야 하나요?

reserve
[rizə́ːrv] 리저-브

타 남겨두다, 예약하다, 보존하다

Could you reserve a hotel room for me?
호텔 방을 예약해 주시겠어요?

reside
[ríáid] 리-자이드

자 살다, 존재하다, 주재하다

Sovereign power resides with the people.
주권은 국민에게 있다.

residence
[rézədəns] 레지던스

명 거주, 주재, 주택, 주소

She has her residence in Los Angeles.
그녀는 로스앤젤레스에 산다.

R

resign ₂₆₆₁
[rizáin] 리자인

타 자 단념하다, 그만두다

Are you still planning to resign?
아직도 사직할 생각을 가지고 계세요?

resignation ₂₆₆₂
[rèzignéiʃən] 레지그네이션

명 사직, 체념, 사임, 사표

He tendered his resignation to the President.
그는 대통령에게 사표를 제출했다.

resistance ₂₆₆₃
[rizístəns] 리지스턴스

명 저항, 반항, 반대, 저학력

They saw that further resistance was hopeless.
그들은 더 이상의 저항이 소용없다는 것을 알았다.

resolute ₂₆₆₄
[rézəlù:t] 레절루-트

형 결심이 굳은, 단호한

She made a resolute decision on the matter.
그녀는 그 문제에 관해 확고한 결정을 내렸다.

resolve ₂₆₆₅
[rizálv] 리잘브

타 자 용해하다, 결심하다 **명** 결심

He made a resolve to stop smoking.
그는 담배를 끊을 결심을 하였다.

resort ₂₆₆₆
[rizɔ́:rt] 리조-트

자 의지하다, 잘가다 **명** 번화가, 유흥지

How are we going to travel to the resort?
휴양지로 여행하려면 어떻게 하죠?

resource ₂₆₆₇
[rí:sɔ:rs] 리소-스

명 자원, 물자, 수단, 자력, 방침

This country is poor in natural resources.
이 나라는 천연자원이 부족하다.

r

respect 2668
[rispékt] 리스펙트

명 존경, 존중 타 존경하다

You have to respect that, Please.
당신은 그걸 존중해줘야 해요, 제발.

respectively 2669
[rispéktivli] 리스펙티블리

부 각각, 각자, 각기

Yukiko and Nacy went to a hometown in Japan and the US, respectively.
유키코와 낸시는 각각 일본, 미국의 고향마을로 돌아갔다.

respond 2670
[rispánd] 리스판드

자 대답하다, 응하다, 응답하다

Does anyone want to respond to that?
누가 거기에 대해 대답하겠어요?

response 2671
[rispáns] 리스판스

명 응답, 반응, 대답

We apologize for our tardy response to your letter.
답장이 늦어 죄송합니다.

responsibility 2672
[rispànsəbíləti] 리스판서빌러티

명 책임, 책무, 부담, 무거운 짐

Freedom carries responsibility with it.
자유에는 책임이 따른다.

responsible 2673
[rispánsəbl] 리스판서벌

형 책임있는, 책임을 져야 할

I'm not responsible for this.
나는 이것에 관한 책임을 지지 않습니다.

rest 2674
[rést] 레스트

명 휴식, 휴양, 안정 타 자 쉬다

Let's take a rest.
잠시만 쉽시다.

R

restaurant [2675]
[réstərənt] 레스터런트

명 식당, 음식점, 레스토랑

Where is the French restaurant?
그 프랑스 식당은 어디에 있어?

restore [2676]
[ristɔ́ːr] 리스토-

타 본래대로 하다, 회복하다

Peace would be restored.
평화가 회복될 것이다.

restrain [2677]
[ristréin] 리스트레인

타 억제하다, 방지하다, 금지하다

He was so angry he could hardly restrain himself.
그는 너무 화가 나서 거의 자제할 수가 없었다.

restrict [2678]
[ristríkt] 리스트릭트

타 제한하다, 한정하다, 금지하다

The speed is restricted to 30 kilometers an hour here.
여기서 속도는 시속 30킬로로 제한되어 있다.

result [2679]
[rizʌ́lt] 리절트

명 결과, 성과 **자** ~의 결과로 생기다

What was the result of the game?
경기의 결과는 어땠나요?

resume [2680]
[rizúːm] 리쥬-움

타 되찾다, 다시 시작하다

The Assembly will resume its session tomorrow.
국회는 내일 속개한다.

retain [2681]
[ritéin] 리테인

타 유지하다, 보류하다, 고용하다

Please retain this receipt for your records.
이 영수증을 증거물로 보관하십시오.

r

retire ■2682
[ritáiər] 리타이어

타 자 물러나다, 퇴직하다

Are you ready to retire?
은퇴할 준비가 되어 있으십니까?

retirement ■2683
[ritáiərmənt] 리타이어먼트

명 퇴직, 은퇴, 은둔, 외진 곳

I have mixed feelings about retirement.
퇴직을 하니 시원섭섭하군요.

retort ■2684
[ritɔ́ːrt] 리토-트

명 반박 타 자 말대꾸하다, 반박하다

He retorted upon me for what I said.
그는 내가 한 말에 대해 반박했다.

retreat ■2685
[ritríːt] 리트리-트

명 퇴각, 은퇴 타 자 물러나다

They could neither advance nor retreat.
그들은 전진도 후퇴도 할 수 없었다.

return ■2686
[ritə́ːrn] 리터-언

타 자 돌아가다, 돌려주다 명 복귀, 귀환

When will you return?
언제 돌아올 건가요?

reveal ■2687
[rivíːl] 리비-일

타 누설하다, 밝히다, 알리다

She was reluctant to reveal her secret.
그녀는 자신의 비밀을 밝히려 하지 않았다.

revenge ■2688
[rivéndʒ] 리벤쥐

명 복수, 원한 타 자 보복하다

He was lost in revenge.
그는 복수에 몰두했다.

R

revenue · 2689
[révənjùː] 레브뉴-

명 (국가의) 세입, 수입

Taxes provide most of the government's revenue.
세금이 정부 세입의 대부분을 차지한다.

reverse · 2690
[rivə́ːrs] 리버-스

타 자 거꾸로 하다 명 반대, 역

It is the very reverse to what he intended.
그것은 그가 생각한 것과는 정반대이다.

review · 2691
[rivjúː] 리뷰-

명 평론, 복습 타 자 재검토하다

Have you had a chance to review my proposal?
내 제안서 검토해 보셨어요?

revise · 2692
[riváiz] 리바이즈

타 교정하다, 개정하다 명 개정

You should revise your proposal if necessary before submission.
제안서를 제출하기 전에 필요한 경우 수정하는 게 좋습니다.

revision · 2693
[riví ʒən] 리비전

명 개정, 교정, 교열, 수정

The manuscript is under revision now.
원고는 지금 교열 중이다.

revolt · 2694
[rivóult] 리보울트

명 반란 타 자 반란을 일으키다

People revolted against their rulers.
민중은 지배자들에 대하여 반란을 일으켰다.

revolution · 2695
[rèvəlúːʃən] 레벌루-션

명 혁명, 변혁, 회전, 순환

French Revolution began in 1789 in France.
프랑스혁명은 1789년에 프랑스에서 시작했다.

reward
[riwɔ́ːrd] 리워-드 ■2696

명 보수, 사례금 타 보답하다

Virtue is its own reward.
선행은 그 자체가 보답이다.

rhyme
[ráim] 라임 ■2697

명 (시의) 운시 타 자 시를 짓다

This word rhymes with that word.
이 단어는 저 단어와 운이 맞는다.

rice
[ráis] 라이스 ■2698

명 쌀, 벼, 밥

Do you know how to cook rice?
밥 할 줄 아나요?

rid
[ríd] 리드 ■2699

타 제거하다, 치우다, 해방하다

Get rid of the devil and all.
나쁜 것들은 다 제거하자.

riddle
[rídl] 리들 ■2700

명 수수께끼 타 자 수수께끼를 내다

Here is a riddle for you.
수수께끼를 하나 낼게.

ride
[ráid] 라이드 ■2701

타 자 타다, 타고 가다

Can you ride a horse?
말을 탈 줄 아십니까?

ridiculous
[ridíkjuləs] 리디컬러스 ■2702

형 우스꽝스러운, 바보 같은

Do not make yourself ridiculous.
우스꽝스러운 짓 하지 마라.

R

right
[ráit] 라이트 — 2703

🟦 옳은 🟦 권리, 인권 🟦 정면으로

You are all right.
네가 다 맞아.

righteous
[ráitʃəs] 라이처스 — 2704

🟦 바른, 공정한, 당연한, 고결한

He is a very righteous person.
그는 매우 정의로운 사람이다.

ring
[ríŋ] 링 — 2705

🟦 🟦 울리다 🟦 바퀴, 고리, 반지

The phone is ringing.
전화가 울리고 있다.

riot
[ráiət] 라이어트 — 2706

🟦 폭동, 소동 🟦 🟦 폭동을 일으키다

The riot police was sent to suppress the riot.
폭동 진압을 위해 경찰 기동대가 출동했다.

ripe
[ráip] 라이프 — 2707

🟦 익은, 원숙한, 여문

The barley is ripe and golden.
보리가 누렇게 익었다.

rise
[ráiz] 라이즈 — 2708

🟦 일어서다, 오르다 🟦 상승, 기상

The sun rises in the east.
태양은 동쪽에서 떠오른다.

risk
[rísk] 리스크 — 2709

🟦 위험, 모험 🟦 위태롭게 하다

It was a risk to enter that area.
그 지역에 들어가는 것은 위험했다.

r

river ■ 2710
[rívər] 리버

명 강, 내

There is a river around my house.
우리 집 근처에는 강이 하나 있다.

road ■ 2711
[róud] 로우드

명 길, 도로, 가도, 공도

The road is uphill.
그 길은 오르막길이다.

roar ■ 2712
[rɔ́ːr] 로-

타 자 포효하다, 외치다 명 포효

The old man roared for mercy.
그 노인은 살려달라고 울부짖었다.

robber ■ 2713
[rábər] 라버

명 도둑, 강도

The robber broke in through the window.
도둑이 창을 부수고 들어갔다.

role ■ 2714
[róul] 로울

명 구실, 역할, 임무

He played a vital role.
그는 중요한 역할을 했다.

roll ■ 2715
[róul] 로울

타 자 굴리다, 회전하다 명 회전

Please give me a roll of film.
필름 한 통 주세요.

Roman ■ 2716
[róumən] 로우먼

형 로마의 명 로마 사람

In Rome do as the Romans do.
로마에서는 로마인들이 하는 것처럼 하라.

R

roof
[rúːf] 루-프 ■ 2717

명 지붕 타 지붕을 해 덮다

We have to fix the roof.
우리는 지붕을 수선해야 해.

root
[rúːt] 루우트 ■ 2718

명 뿌리, 밑둥 타 자 뿌리 박다

The tree has taken root.
나무가 뿌리를 내렸다.

rope
[róup] 로프 ■ 2719

명 밧줄, 새끼 타 자 줄로 묶다

Throw me a rope.
로프를 던져 줘.

rough
[rʌ́f] 러프 ■ 2720

형 거칠은 부 거칠게 명 험함, 거침

She has rough skin.
그 여자는 피부가 거칠다.

round
[ráund] 라운드 ■ 2721

형 둥근 부 돌아서 전 ~의 주위에

She traveled round the world.
그녀는 세계 일주를 했다.

route
[rúːt] 루-트 ■ 2722

명 길, 도로, 항로 타 발송하다

The route was perfectly guarded.
그 길은 완벽하게 경비되었다.

routine
[ruːtíːn] 루-티인 ■ 2723

명 상례적인 일 형 일상의

Keeping a diary is an everyday routine of mine.
일기 쓰기는 나의 일상적인 일과이다.

r

row ■ 2724
[róu] 로우

- 형 열, 줄 타 자 (배를) 젓다

Can I get a front row seat?
앞줄의 좌석을 주시겠어요?

royal ■ 2725
[rɔ́iəl] 로열

- 형 왕국의, 여왕의, 당당한

There is no royal road to learning.
학문에는 왕도가 없다.

rub ■ 2726
[rʌ́b] 러브

- 타 자 문지르다, 비비다 명 마찰

He rubbed himself dry with a towel.
그는 수건으로 몸을 닦아 말렸다.

rubber ■ 2727
[rʌ́bər] 러버

- 명 고무 타 고무를 입히다

Your foods taste like a rubber.
네 음식은 고무 같은 맛이 난다.

rude ■ 2728
[rúːd] 루-드

- 형 무례한, 거칠은, 버릇없는

Don't be rude to your mom.
너의 엄마에게 버릇없이 굴지마.

rudely ■ 2729
[rúːdli] 루-들리

- 부 거칠게, 버릇없이

He behaved so rudely to his parents.
그는 부모님에게 매우 무례하게 행동하였다.

ruin ■ 2730
[rúːin] 루-인

- 명 파멸, 파산 타 자 몰락시키다

He ruined the whole plan.
그는 모든 계획을 망쳤다.

R

rule
[rúːl] 루-울 ■ 2731

명 규정, 규칙 타 자 규정(지배)하다

You should obey new rules.
새로운 규칙을 지켜야 해요.

rumor
[rúːmər] 루-머 ■ 2732

명 소문, 세평, 풍문 타 소문내다

There are a lot of bad rumors about him.
그에 관한 안 좋은 많은 소문들이 있다.

run
[rʌ́n] 런 ■ 2733

타 자 달리다, 뛰다 명 달림, 뛰기

She runs fast.
그녀는 빨리 달린다.

running
[rʌ́niŋ] 러닝 ■ 2734

명 달리기, 경주 형 달리는

How long is the actual running time of the movie?
그 영화의 실제 상영 시간은 얼마나 되나요?

rural
[rúərəl] 루어럴 ■ 2735

형 시골의, 전원의, 지방의

The workforce is shrinking in rural areas.
농촌의 노동 인구가 감소하고 있다.

rush
[rʌ́ʃ] 러쉬 ■ 2736

타 자 돌진하다 자 맥진 형 지급의

I had to rush home.
집에 급히 가야 했다.

Russian
[rʌ́ʃən] 러션 ■ 2737

형 러시아의 명 러시아 사람(말)

The first woman astronaut was also Russian.
첫 여성 우주 비행사도 러시아인이었다.

S

sack ■ 2738
[sǽk] 색
명 큰 자루, 부대 타 자루에 넣다
These sacks have a lot of heft.
이 자루들의 무게가 엄청나다.

sacred ■ 2739
[séikrid] 세이크리드
형 신성한, 신을 모신
The sun was held sacred in ancient times.
고대에는 태양이 신성시됐다.

sacrifice ■ 2740
[sǽkrəfàis] 새크러파이스
명 제물, 희생 타 자 희생하다
Human used to sacrifice sheep to God.
인간은 신에게 양을 제물로 바치곤 했었다.

sad ■ 2741
[sǽd] 새드
형 슬픈, 슬퍼하는, 어이없는
She was sad and made a face.
그녀는 슬퍼했고 침울한 표정을 지었다.

sadly ■ 2742
[sǽdli] 새들리
부 슬프게, 애처롭게, 구슬프게
Sadly, it is true.
슬프지만, 사실이야.

safe ■ 2743
[séif] 세이프
형 안전한, 무사한 명 금고
They arrived safe and sound.
그들은 무사히 도착했다.

safely ■ 2744
[séifli] 세이플리
부 안전하게, 무사히
Anyway, did you get home safely?
어쨌든 집에는 무사히 갔어?

397

S

safety ■ 2745
[séifti] 세이프티

명 안전, 무사, 무난, 무해

All and sundry should think of safety.
누구나 안전을 생각해야 한다.

sage ■ 2746
[séiʒ] 세이지

형 현명한, 슬기로운 명 성인, 현인

A sage has wisdom and calm judgment.
현명한 사람은 지혜와 냉정한 판단력을 가지고 있다.

sail ■ 2747
[séil] 세일

명 돛, 돛배 타 자 범주(항해)하다

The ship sailed from Busan.
배는 부산에서 출항했다.

sailor ■ 2748
[séilər] 세일러

명 선원, 수부, 해원

He was a sailor.
그는 선원이었다.

sake ■ 2749
[séik] 세이크

명 위함, 목적, 원인, 이익

For God's sake, speak the truth.
부디 진실을 말해 주시오.

salad ■ 2750
[sæləd] 샐러드

명 샐러드, 생채소 요리

Can I have a turkey salad?
칠면조 샐러드 하나주세요.

sale ■ 2751
[séil] 세일

명 판매, 팔기, 매상고, 특매

The house is on sale.
집을 팔려고 내 놓았어요.

salt
[sɔ́:lt] 소-올트 ■ 2752

명 소금, 식염   형 소금에 절인

Please pass me the salt.
소금 좀 집어 주십시오.

salute
[səlú:t] 설루-트 ■ 2753

명 인사, 경례, 갈채   타 자 인사하다, 경례하다

The officer came to the salute.
그 장교는 거수경례를 하였다.

same
[séim] 세임 ■ 2754

형 같은, 동일한   부 마찬가지로

We go to the same school.
우리는 같은 학교에 다니고 있다.

sample
[sǽmpl] 샘펄 ■ 2755

명 견본, 표본   타 샘플을 뽑다

Can you give me free samples?
무료 샘플을 주시겠습니까?

sanction
[sǽŋkʃən] 색-션 ■ 2756

명 인가, 재가   타 인가하다

He worked on the issue of sanctions against Iraq.
그는 이라크에 대한 제재노력에 관여했다.

sand
[sǽnd] 샌드 ■ 2757

명 모래, 모래알   타 모래를 뿌리다

I like walking in the sand.
나는 모래를 걷는 것을 좋아한다.

sandwich
[sǽndwitʃ] 샌드위치 ■ 2758

명 샌드위치   타 사이에 끼다

Hurry up and finish that sandwich.
샌드위치 빨리 먹어.

S

sane [séin] 세인 — 2759
형 본 정신의, 분별있는

No sane person would do that.
정신이 온전한 사람이라면 누구도 그런 짓을 하지 않을 것이다.

sanitary [sǽnətèri] 새너테리 — 2760
형 위생상의, 청결한, 보건상의

Cholera thrives in poor sanitary conditions.
콜레라는 좋지 못한 위생 조건에서 창궐한다.

satellite [sǽtəlàit] 새털라이트 — 2761
명 위성, 위성국, 인공위성

It is a communications satellite.
그것은 통신 위성입니다.

satire [sǽtaiər] 새타이어 — 2762
명 풍자(문학), 풍자서(문), 비꼼

His novel is full of satire and humor.
그의 소설은 풍자와 해학이 넘친다.

satisfaction [sæ̀tisfǽkʃən] 새티스팩션 — 2763
명 만족, 이행, 변제, 배상

Our goal is customer satisfaction.
우리의 목표는 고객 만족입니다.

satisfactory [sæ̀tisfǽktəri] 새티스팩터리 — 2764
형 더할 나위 없는, 만족스러운

His answer is in no respect satisfactory.
그의 대답은 결코 만족스럽지 않다.

satisfy [sǽtisfài] 새티스파이 — 2765
동 만족시키다, 채우다, 갚다

It does not satisfy me.
그것은 나를 만족시키지 않아.

Saturday
[sǽtərdei] 새러데이

명 토요일(약어 Sat.)

Do you have any plan for Saturday?
토요일에 계획 있니?

sauce
[sɔ́ːs] 소-스

명 소스, 양념 타 소스를 치다

Which sauce do you prefer?
어떤 소스를 좋아하세요?

savage
[sǽvidʒ] 새비쥐

형 야만적인, 미개한 명 야만인

They made a savage attack upon the enemy.
그들은 적을 맹렬히 공격했다.

save
[séiv] 세이브

타 자 건지다, 저축하다, 구하다

The doctor saved her life.
그 의사가 그녀의 생명을 구했다.

saving
[séiviŋ] 세이빙

형 절약하는 명 구조, 절약, 저금 전 ~외에는

You can make a huge saving on fuel bills.
연료비를 굉장히 절약할 수 있다.

saw
[sɔ́ː] 소-

명 톱, 격언 타 자 톱으로 자르다

I cut down a tree using a saw.
나무를 톱으로 베서 넘어뜨렸다.

say
[séi] 세이

동 말하다, 외다 명 말함

He said to me, " Thank you."
"고맙다"고 그는 말했다.

S

saying
[séiiŋ] 세이잉
- 2773
- 명 격언, 속담, 말, 진술

There is a saying that make hay while the sun shines.
'해가 비출 동안 건초를 말려라'라는 속담이 있다

scale
[skéil] 스케일
- 2774
- 명 눈금, 저울눈, 비율 타 자 재다

Step on a scale, please.
체중계에 올라서 주세요.

scanty
[skǽnti] 스캔티
- 2775
- 형 부족한, 모자라는, 불충분한

They lived on her scanty earnings.
그들은 그녀의 근소한 수입으로 살아가고 있다.

scar
[skáːr] 스카-
- 2776
- 명 상처, 흉터 타 자 상처를 남기다

You might have a scar.
흉터가 남을지도 몰라요.

scarce
[skέərz] 스케어즈
- 2777
- 형 모자라는, 부족한, 희귀한

Water is scarce around here.
물이 이 주위에서는 부족합니다.

scatter
[skǽtər] 스캐터
- 2778
- 타 흩뿌리다, 쫓아버리다

They scattered through the woods.
그들은 숲 속으로 흩어졌다.

scene
[síːn] 시-인
- 2779
- 명 (사건 따위의) 장면, 풍경, 세트

What a fine scene it is.
얼마나 아름다운 경치냐!

scent
[sént] 센트 ■ 2780

타 냄새맡다 명 향기, 냄새, 향내

The dog is keen of scent.
개는 후각이 예민하다.

schedule
[skédʒu(ː)l] 스케쥴 ■ 2781

명 일람표, 스케줄 타 스케줄을 짜다

Train schedules change regularly.
기차 시간표는 규칙적으로 바뀐다.

scheme
[skíːm] 스키-임 ■ 2782

명 설계, 계획 타 자 계획하다

He introduced a scheme to build a new high school.
그는 고등학교 설립 계획을 제안하였다.

scholar
[skálər] 스칼러 ■ 2783

명 학자, 장학생, 고전학자

He is a scholar of worldwide fame.
그는 세계적으로 유명한 학자이다.

school
[skúːl] 스쿠-울 ■ 2784

명 학교, 연구소 타 교육하다

We play tennis after school.
우리는 수업이 끝나고 테니스를 친다.

science
[sáiəns] 사이언스 ■ 2785

명 학문, 기량, 과학, 기술

Science is not always correct.
과학이 언제나 맞는 것은 아니다.

scientific
[sàiəntífik] 사이언티픽 ■ 2786

형 과학의, 과학적인, 학술상의

He explained the phenomenon with scientific knowledge.
그는 그 현상을 과학적인 지식으로 설명했다.

scientist
[sáiəntist] 사이언티스트 ■ 2787

명 과학자, 자연과학자

Einstein was a great scientist.
아인슈타인은 위대한 과학자였다.

scissors
[sízərz] 시저즈 ■ 2788

명 가위

Can I use your scissors?
가위 좀 써도 될까요?

scoop
[skú:p] 스쿠-프 ■ 2789

명 큰 숟가락, 국자 타 푸다, 뜨다

Seeds are scooped from the bucket.
들통에서 씨앗을 퍼내고 있다.

scope
[skóup] 스코웁 ■ 2790

명 범위, 영역, 시야, 배출구

He feels that it falls outwith his scope.
그는 그 일이 자신의 범위를 벗어난 것으로 느끼고 있다.

score
[skɔ́:r] 스코- ■ 2791

명 득점, 점수 타 자 득점하다

The team won by a score of 3 to 0.
그 팀은 3:0으로 이겼다.

scorn
[skɔ́:rn] 스코-온 ■ 2792

명 경멸, 웃음거리 타 자 경멸하다

They scorns compromising.
그들은 타협을 경멸합니다.

Scotch
[skátʃ] 스카취 ■ 2793

형 스코틀랜드의 명 스코틀랜드사람, 스카치위스키

He's a scotch man?
그는 스코틀랜드 사람이다.

S

scratch ■2794
[skrǽtʃ] 스크래치

타 자 할퀴다, 긋다 명 할큄

The cat scratched my on the arm.
고양이가 팔을 할퀴었다.

scream ■2795
[skríːm] 스크리-임

타 자 악 소리치다 명 절규

All of a sudden, she screamed in her room.
갑자기 그녀는 방에서 비명을 질렀다.

screen ■2796
[skríːn] 스크리-인

명 병풍, 망, 칸막이 타 가리다, 지키다

Take a look at the screen.
모니터를 보십시오.

screw ■2797
[skrúː] 스크루-

명 나사, 볼트 타 비틀어 죄다

The screw is loose, so tighten it firmly.
나사가 헐거우니 단단히 죄라.

sculpture ■2798
[skʌ́lptʃər] 스컬프쳐

명 조각 타 조각하다

She sculptured a head out of the marble.
그녀는 대리석을 조각하여 두상을 만들었다.

sea ■2799
[síː] 씨-

명 바다, 큰 물결, 대해, 대양

Let's go to the sea.
바다에 가자.

seal ■2800
[síːl] 씨-일

명 바다표범, 도장 타 날인하다, 도장을 찍다

He sealed the envelope.
그는 봉투에 봉함을 했다.

S

search [sə́ːrtʃ] 서-취 ■ 2801
타 자 탐색하다, 뒤지다 명 수색

Finally, the police called off the search for a missing child.
마침내, 경찰은 미아 수색을 중단했다.

season [síːzn] 시-즌 ■ 2802
명 계절, 철 타 자 익히다, 맛이 들다

There are four distinctive seasons in Korea.
한국은 뚜렷한 4계절이 있다.

seat [síːt] 시-트 ■ 2803
명 걸상, 자리, 좌석 타 앉게 하다

Can I have the front seat of a car?
내가 차의 앞좌석에 앉아도 될까?

seclude [siklúːd] 시클루-드 ■ 2804
타 격리하다, 분리하다

He remains secluded in his room.
그는 그의 방에 은둔하고 있다.

second [sékənd] 세컨드 ■ 2805
형 제2의 명 두번째, 초, 순간

Wait a second.
일초만 기다려.

secondary [sékəndèri] 세컨더리 ■ 2806
형 제2위의, 2류의 명 대리자

This matter is secondary to that.
이 문제는 그 문제에 비하면 부차적이다.

secret [síːkrit] 시-크리트 ■ 2807
형 비밀의, 숨은, 은밀한 명 비밀

Keep a secret.
비밀을 지켜라.

secretary
[sékrətèri] 세크러테리 ■ 2808

명 비서(관), 서기(관), 장관

His girl friend used to be his secretary.
그의 여자 친구는 그의 비서였다.

section
[sékʃən] 섹션 ■ 2809

명 부분, 절, 구역 타 구분하다

One million won was allotted to our section.
100만원이 우리 과에 할당되었다.

secure
[sikjúər] 시큐어 ■ 2810

형 안전한, 보증한 타 자 안전하게 하다

This area is completely secure.
이 지역은 매우 안전하다.

security
[sikjúərəti] 시큐어리티 ■ 2811

명 안전, 안심, 무사

Set up a security perimeter.
보안 경계선을 세워라.

see
[síː] 시- ■ 2812

타 자 보다, 만나다, 알다

See you later.
다음에 보자.

seed
[síːd] 시-드 ■ 2813

명 씨, 열매 타 자 씨를 뿌리다

Bad seed must produce bad corn.
나쁜 씨에서는 나쁜 열매가 맺게 마련이다.

seek
[síːk] 시-크 ■ 2814

동 찾다, 구하다, 추구하다

It is far to seek what the truth is.
진리를 찾기란 힘든 일이다.

S

seldom
[séldəm] 셀덤 ■ 2815

🖲 드물게, 좀처럼 ~하지 않는

She seldom gets angry.
그녀는 좀처럼 화내지 않는다.

select
[silékt] 실렉트 ■ 2816

🖲 선택하다, 뽑다 🖲 고른

I have selected it carefully.
나는 그것을 신중하게 선택했다.

selection
[silékʃən] 실렉션 ■ 2817

🖲 선택, 선발, 선정

Click your selection in this list.
목록에서 선택하려는 항목을 클릭하십시오.

selfish
[sélfiʃ] 셀피쉬 ■ 2818

🖲 이기적인, 자기 본위의

Most people are selfish up to a point.
대부분의 사람들은 어느 정도 이기적이다.

sell
[sél] 셀 ■ 2819

🖲 팔다, 팔리다 🖲 판매

They sell bread at the store.
그 가게에서는 빵을 판다.

seller
[sélər] 셀러 ■ 2820

🖲 파는 사람, 판매인, 잘 팔리는 상품

This book was the best-seller.
이 책이 가장 잘 팔렸다.

senate
[sénət] 세너트 ■ 2821

🖲 (고대 로마의) 원로원, 상원

The senate must confirm all treatyties.
상원은 모든 조약을 비준해야 한다.

send
[sénd] 센드 — 2822
타 자 보내다, 발송하다

He sent me a watch.
그는 나에게 시계를 보내주었다.

senior
[síːnjər] 시니어 — 2823
형 나이 많은, 연상의 명 선배

I'm a senior in college.
대학교 4학년이에요.

sensation
[senséiʃən] 센세이션 — 2824
명 감각, 느낌, 지각

I felt a delightful sensation.
즐거운 기분이 들었어요.

sense
[séns] 센스 — 2825
명 감각(기관), 관능, 육감, 분별

It was common sense.
그것은 일반적인 상식입니다.

sensible
[sénsəbl] 센서벌 — 2826
형 느낄 정도의, 분별있는, 깨닫고

I gave you credit for being a more sensible fellow.
나는 자네가 좀 더 분별 있는 사람이라고 생각했어.

sensitive
[sénsətiv] 센서티브 — 2827
형 민감한, 예민한

She is very sensitive.
그녀는 매우 민감하다.

sentence
[séntəns] 센턴스 — 2828
명 문장, 판정, 판결 타 선고하다

What does this sentence mean.
이 글은 어떤 의미입니까?

separate
[sépərèit] 세퍼레이트 ■ 2829

타 자 가르다, 떼다 명 나눠진 물건, 별책

After world war II, Pakistan separated from India.
2차 세계 대전 이 후, 파키스탄은 인도로부터 독립했다.

separation
[sèpəréiʃən] 세퍼레이션 ■ 2830

명 분리, 이탈, 분열, 별거

Today we take separation of church and state for granted.
오늘날 우리는 정교분리를 당연하게 생각한다.

September
[septémbər] 셉템버 ■ 2831

명 9월(약어 Sept.)

Do you remember the September we met?
우리가 만났던 그 9월을 기억하나요?

sequence
[síːkwəns] 시-퀀스 ■ 2832

명 연속, 연쇄, 차례, 순서

The sequence of events led up to the war.
일련의 사건들이 전쟁을 야기했다.

serene
[səríːn] 서리-인 ■ 2833

형 맑게 갠, 고요한, 잔잔한

She looked as calm and serene.
그녀는 차분하고 조용해 보였다.

sergeant
[sáːrdʒənt] 사-전트 ■ 2834

명 하사, 중사, 병장, 경사

He was promoted to sergeant.
그는 하사관으로 진급되었다.

series
[síəriːz] 시어리-즈 ■ 2835

명 연속, 계열, 총서, 일련

I don't like the series of Harry Potter.
나는 해리포터 시리즈를 좋아하지 않아.

S

serious ■2836
[síəriəs] 시어리어스

혱 엄숙한, 진지한, 중대한

So I guess it's pretty serious.
일이 꽤 심각한 것 같아.

sermon ■2837
[sə́ːrmən] 서-먼

명 설교, 훈계, 잔소리

The preacher delivers a sermon every Sunday.
그 전도자는 매주 일요일 설교를 한다.

servant ■2838
[sə́ːrvənt] 서-번트

명 사용인, 고용인, 공무원

The servants are serving foods busily.
하인들은 바쁘게 음식들을 서빙하고 있다.

serve ■2839
[sə́ːrv] 서-브

타 자 ~을 섬기다 명 서브

She will be proud to serve.
그녀는 봉사하는 것을 긍지로 여길 것이다.

service ■2840
[sə́ːrvis] 서-비스

명 봉사, 근무, 공무, 서비스

So service charge is included.
그럼 봉사료가 포함되었군요.

session ■2841
[séʃən] 세션

명 개회, 학기, 수업시간, 학년

The National Assembly is now in session.
국회는 지금 개회 중이다.

set ■2842
[sét] 세트

타 자 놓다, 두다 명 한벌 형 고정된

He set a cup down on the desk.
그는 컵을 책상 위에 내려 놓았다.

setting
[sétiŋ] 세팅 ■ 2843

명 둠, 놓음, 장치, 고정시킴

That was a great setting for a secret meeting.
그 곳은 비밀 회담을 위한 훌륭한 장소였다.

settle
[sétl] 세틀 ■ 2844

타 자 정착하다, 고정시키다

The pilgrims failed to find the place to settle down.
순교자들은 정착할 곳을 찾는 데 실패했다.

settlement
[sétlmənt] 세틀먼트 ■ 2845

명 정착, 이민, 거류지, 고정, 결정

They arrived their settlement.
그들은 자신들의 거주지에 도착하였다.

several
[sévərəl] 세버럴 ■ 2846

형 몇몇의, 몇 개의, 각각의

She stayed there for several days.
그녀는 거기에 며칠 머물렀다.

severe
[səvíər] 시비어 ■ 2847

형 호된, 모진, 용서없는, 엄한

The heat of late summer is severe this year.
올해는 늦더위가 심하다.

severely
[səvíərli] 세비얼리 ■ 2848

부 격렬하게, 엄격히, 모질게

Her skin was severely burned.
그녀는 피부에 심한 화상을 입었다.

sewing
[sóuiŋ] 소우잉 ■ 2849

명 재봉, 재봉업, 바느질감

He is sewing a button?
그가 단추를 꿰매고 있다.

shade
[ʃéid] 쉐이드
- 명 그늘, 응답 타 자 빛(볕)을 가리다

The tree makes a pleasant shade.
나무는 기분 좋은 그늘을 만든다.

shadow
[ʃǽdou] 쉐도우
- 명 그림자, 영상 타 가리다

He is afraid of his own shadow.
그는 자신의 그림자를 두려워한다.

shake
[ʃéik] 쉐이크
- 동 떨다, 흔들다 명 진동, 떨림

She shook her head.
그녀는 머리를 흔들었다.

shallow
[ʃǽlou] 쉘로우
- 형 얕은, 천박한 타 자 얕게 하다

You should swim in shallow water.
물이 얕은 곳에서 수영을 해라.

shame
[ʃéim] 쉐임
- 명 수치심 타 부끄럽게 하다

It was a shame that I got 50 out of 100.
100점 중에 50점을 맞다니 수치스럽다.

shape
[ʃéip] 쉐이프
- 명 모양, 외형, 형태 타 자 모양짓다

What shape is it?
그것은 어떤 형태입니까?

share
[ʃɛ́ər] 쉐어
- 명 몫, 할당, 부담 타 분배하다

Can I share your umbrella?
우산을 같이 써도 될까요?

S

sharp [ʃɑːrp] 샤-프 ■2857
형 날카로운, 뾰족한 부 예리하게, 정각에

The desk has sharp corners.
그 책상은 모서리가 각이 져 있다.

shave [ʃéiv] 쉐이브 ■2858
동 깎다, 수염을 깎다 명 면도

Water should be off while you are shaving.
면도를 할 땐 물을 잠그시오.

sheep [ʃíːp] 쉬-프 ■2859
명 양, 면양

Hundreds of sheep were grazing in the meadow.
수백 마리의 양이 초원에서 풀을 뜯고 있었다.

sheer [ʃíər] 쉬어 ■2860
형 얇은, 순수한 부 수직으로, 정면으로

He scouted the sheer mountain face.
그는 깎아지른 듯한 암벽을 살펴 보았다.

sheet [ʃíːt] 쉬-트 ■2861
명 시이트, 홑이불, 얇은 판, 박판

We are lack of answer sheets.
답안지가 부족합니다.

shelf [ʃélf] 쉘프 ■2862
명 선반, 시렁, 모래톱, 턱진 장소

The dishes are put on the shelf.
접시들이 선반에 얹혀 있다.

shell [ʃél] 쉘 ■2863
명 껍데기 타 자 껍질을 벗기다

She made shell necklaces.
그녀는 조개껍질 목걸이를 만들었다.

S

shelter
[ʃéltər] 쉘터 ■2864

명 은신처, 피난처 타 자 보호하다

I sheltered from the shower under a tree.
소나기를 피해 나무 밑으로 피했다.

shield
[ʃíːld] 쉬-일드 ■2865

명 방패, 보호물 타 보호하다

It is a sword and a shield.
이것은 창과 방패입니다.

shine
[ʃáin] 샤인 ■2866

타 자 빛나다, 비추다, 반짝이다

The sun is shining.
태양이 빛나고 있다.

ship
[ʃíp] 쉽 ■2867

명 배, 함(艦) 타 자 배에 싣다(타다)

Titanic was a very big ship.
디이타닉은 매우 큰 배였다.

shock
[ʃák] 샤크 ■2868

명 진격, 충격 타 자 충격을 주다

I got shocked when I heard it.
그것을 들었을 때 충격을 받았어.

shoe
[ʃúː] 슈- ■2869

명 신, 구두, 단화, 편자

I bought a pair of shoes.
나는 신발을 샀다.

shoot
[ʃúːt] 슈-트 ■2870

타 자 발사하다, 쏘다 명 사격

Don't shoot the rabbit.
그 토끼를 쏘지 마.

415

S

shopping 2871
[ʃápiŋ] 샤핑

명 물건 사기, 쇼핑, 장보기

My girlfriend loves shopping.
내 여자 친구는 쇼핑을 정말 좋아해.

shore 2872
[ʃɔːr] 쇼어

명 (강, 호수의) 언덕, 해안, 물가

He was standing on the shore.
그는 바닷가에 서 있었다.

short 2873
[ʃɔːrt] 쇼-트

형 짧은, 간결한 부 짧게, 갑자기

Her skirt is too short.
그녀의 치마는 너무 짧다.

shortage 2874
[ʃɔːrtidʒ] 쇼-티쥐

명 결핍, 부족

The shortage of water grew all the more serious.
물의 부족은 더욱 심각해졌다.

shot 2875
[ʃat] 샤트

명 포성, 발포 타 장탄하다

The shot was off target.
총탄은 목표를 벗어났다.

shoulder 2876
[ʃóuldər] 쇼울더

명 어깨 타 자 어깨에 메다

I caught him by the shoulder.
나는 그의 어깨를 붙들었다.

shout 2877
[ʃaut] 샤우트

타 자 외치다, 고함치다

I shouted for help.
도와 달라고 외쳤다.

S

show — 2878
[ʃóu] 쇼우

동 보이다, 알리다, 지적하다

She showed her album to me.
그녀는 내게 앨범을 보여줬다.

shower — 2879
[ʃáuər] 샤워

명 소나기, 샤워 타 자 소나기로 적시다

We were caught in a shower.
우리는 소나기를 만났다.

shrewd — 2880
[ʃrúːd] 쉬루-드

형 재빠른, 빈틈 없는, 영리한

She is shrewd in business.
그녀는 사업에 빈틈이 없다.

shrink — 2881
[ʃríŋk] 쉬링크

동 줄어들다, 오그라들다 명 수축

This won't shrink in the wash.
이것은 세탁을 해도 줄어들지 않습니다.

shrug — 2882
[ʃrʌ́g] 쉬러그

동 (어깨를) 으쓱하다

She gave a shrug of her shoulders.
그녀가 어깨를 한 번 으쓱했다.

shut — 2883
[ʃʌ́t] 셔트

동 닫(히)다 명 닫음 형 닫은

Can you shut the door when you come in?
들어올 때 문을 닫아주겠니?

shy — 2884
[ʃái] 샤이

형 수줍어하는 자 물건을 내던지다

He was very shy with girls.
그는 소녀들 앞에서 아주 수줍어 했다.

sick
2885

[sík] 씩크

[형] 병의, 병난, 환자의

He is sick in bed.
그는 병으로 누워 있다.

side
2886

[sáid] 사이드

[명] 곁, 측 [형] 곁의 [자] 편들다

The windows are on the south side.
창문은 남쪽에 있다.

siege
2887

[síːdʒ] 시 -쥐

[명] 포위 공격, 공성(攻城)

They pressed the siege at the town.
그들은 마을에서 포위공격을 했다.

sight
2888

[sáit] 사이트

[명] 시력, 시각, 견해 [타] 보다, 발견하다

The ship came into sight.
그 배가 시야에 들어왔다.

sign
2889

[sáin] 사인

[명] 부호, 표시, 기호 [타] [자] 표시하다

He made a sign with his hand.
그는 손으로 신호했다.

signal
2890

[sígnəl] 시그늘

[명] 신호 [형] 신호의, 뛰어난

This is a signal to run away.
이건 도망가라는 신호야.

signature
2891

[sígnətʃər] 시그너쳐

[명] 서명(하기), 사인

Can I get your signature on this invoice, please?
이 송장에 서명 좀 해 주시겠어요?

S

significance 2892
[signífikəns] 시그니피컨스

명 중요, 중요성, 의미

He is a person significance to me.
그는 내겐 중요한 사람이다.

silent 2893
[sáilənt] 사일런트

형 무언의, 침묵의, 말없는

When money speaks, the truth keeps silent.
돈이 말할 때는 진실은 입을 다문다.

silk 2894
[sílk] 실크

명 비단, 견사, 명주, 견직물, 생사

Her clothes were made of the finest silk.
그녀의 옷은 최고급 실크로 만들어졌다.

silly 2895
[síli] 실리

형 분별없는, 바보 같은 명 바보

You are a silly man.
너는 웃겨.

silver 2896
[sílvər] 실버

명 은 형 은색의 타 은을 입히다

Speech is silver, silence is golden.
웅변은 은이요, 침묵은 금이다.

similar 2897
[símələr] 시멀러

형 유사한, 비슷한

Twins are similar in many ways.
쌍둥이는 여러 가지로 비슷하다.

simple 2898
[símpl] 심플

형 수월한, 간단한 명 단일체

It's a simple question.
간단한 질문이잖아요.

S

sin
[sín] 신 ■ 2899

명 (도덕상의) 죄 타 자 죄를 짓다

He is penitent for his sin.
그는 자신의 죄를 뉘우치고 있다.

sincere
[sinsíər] 신시어 ■ 2900

형 성실한, 진실한, 거짓 없는

You have my sincere apology.
진심으로 사과 드립니다.

sing
[síŋ] 싱 ■ 2901

타 자 노래하다, 울다, 지저귀다

The singer sings well.
그 가수는 노래를 잘한다.

single
[síŋgl] 싱글 ■ 2902

형 단일의 명 한 개 타 선발하다

I'm single now.
나는 지금 싱글이다.

singular
[síŋgjulər] 싱걸러 ■ 2903

형 남다른, 희귀한 명 (문법) 단수

The word 'you' can be singular or plural.
'you'라는 단어는 단수형이나 복수형으로 쓸 수 있다.

sinister
[sínəstər] 시니스터 ■ 2904

형 불길한, 재난의, 부정직한

Events began to take on a more sinister aspect.
사건은 더 불길한 양상을 띠기 시작했다.

sink
[síŋk] 싱크 ■ 2905

타 자 가라앉다 명 (부엌의) 수채

The sun was sinking in the west.
해가 서쪽으로 지고 있었다.

sir
[sə:r] 서-
명 님, 선생님, 나리, 각위, 귀중

Thank you, sir.
감사합니다, 선생님.

sit
[sít] 시트
타 자 앉아 있다, 착석시키다, 앉다

He sat next to me.
그는 내 옆에 앉았다.

site
[sáit] 사이트
명 대지, 장소, 부지

You can download from our Web site.
저희 웹사이트에서 다운받으시면 됩니다.

situation
[sìtʃuéiʃən] 시츄에이션
명 위치, 장소, 처지, 소재, 환경

Does anyone explain this situation here.
누구라도 여기 이 상황을 설명해 줄래요?

size
[sáiz] 사이즈
명 크기 타 ~의 크기를 재다

What size shoes do you wear?
어떤 사이즈의 신발을 신고 있습니까?

skate
[skéit] 스케이트
명 스케이트 자 스케이트를 타다

Isn't it difficult to learn to skate?
스케이트를 배우는 것이 어렵지 않니?

skill
[skíl] 스킬
명 숙련, 교묘, 솜씨, 노련

He played with great skill.
그는 아주 훌륭하게 연기를 했다.

S

skin ■ 2913
[skín] 스킨

명 가죽, 피혁, 피부 타 가죽을 벗기다

It keeps my skin soft.
피부를 부드럽게 해줘요.

skirt ■ 2914
[skə́ːrt] 스커-트

명 스커트 타 둘러싸다

She wore a short skirt.
그녀는 짧은 치마를 입었다.

skyscraper ■ 2915
[skáiskrèipər] 스카이스크레이퍼

명 마천루, 고층 건물

The new skyscraper is under construction.
새 마천루가 건설되고 있다.

slang ■ 2916
[slǽŋ] 슬랭

명 속어, 전문어 타 자 속어를 쓰다

Koreans are always looking for some kind of slang.
한국인들은 슬랭 같은 것을 늘 알고 싶어한다.

slavery ■ 2917
[sléivəri] 슬레이버리

명 노예의 신분, 노예상태, 고역

Abraham Lincoln agreed to end slavery.
아브라함 링컨은 노예 제도를 종식시키기는 것에 찬성했다.

sleep ■ 2918
[slíːp] 슬리-프

타 자 자다, 묵다 명 수면, 영면

The child soon went to sleep.
그 아이는 곧 잠들었다.

sleeve ■ 2919
[slíːv] 슬리-브

명 소매 타 소매를 달다

He pulled me by the sleeve.
그는 내 소매를 잡아당겼다.

slice ■ 2920
[sláis] 슬라이스

명 한 조각, 한 점 타 자 얇게 베다

Thinly slice a cucumber.
오이를 얇게 썰어 주세요.

slide ■ 2921
[sláid] 슬라이드

타 자 미끄러지다 명 활주, 미끄러짐

I want to slide across the floor like Tom Cruise.
탐크루즈처럼 바닥을 미끄러지듯이 넘어가고 싶다.

slight ■ 2922
[sláit] 슬라이트

형 근소한, 가벼운 명 경멸 타 자 얕보다

She had a slight attack of influenza.
그 여자는 가벼운 독감이 들었다.

slip ■ 2923
[slíp] 슬립

동 미끄러지다 명 미끄러짐

I slipped on a banana peel this morning.
나는 오늘 아침에 바나나 껍질에 미끄러졌어.

slope ■ 2924
[slóup] 슬로우프

명 경사, 비탈 타 자 비탈지다

The house was built on a slope.
그 집은 경사면에 지어졌다.

slow ■ 2925
[slóu] 슬로우

형 더딘 부 느리게 타 자 더디게 하다

He is a slow runner.
그는 천천히 달린다.

slumber ■ 2926
[slʌ́mbər] 슬럼버

명 잠, 선잠 타 자 잠자다

The baby slumbers peacefully for hours.
아기는 몇 시간이고 편안히 잠잔다.

S

small
[smɔ́ːl] 스모-올 ■ 2927

형 작은 부 작게, 잘게 명 소량

The shirt is too small for me.
그 셔츠는 나에게는 너무 작다.

smart
[smáːrt] 스마-트 ■ 2928

형 날렵한, 똑똑한 명 격통

My girlfriend is pretty and smart.
내 여자 친구는 예쁘고 똑똑해.

smell
[smél] 스멜 ■ 2929

타 자 냄새맡다 명 후각, 냄새

The rose smells sweet.
그 장미는 좋은 향기가 난다.

smile
[smáil] 스마일 ■ 2930

명 미소, 방긋거림 자 미소짓다

She has a beautiful smile.
그녀는 아름다운 미소를 가졌다.

smoke
[smóuk] 스모우크 ■ 2931

명 연기, 흡연 타 자 담배를 피우다

He told the students not to smoke.
그는 학생들에게 담배를 피우지 말라고 했다.

smooth
[smúːð] 스무-드 ■ 2932

형 미끄러운 타 자 반반하게 하다

The baby's skin is very smooth and soft.
그 애기의 피부는 매우 부드럽고 매끄러워.

snake
[snéik] 스네이크 ■ 2933

명 뱀, 음흉한 사람, 교활한 사람

A frog is eaten by a snake.
개구리는 뱀에게 잡아 먹힌다.

snare
[snɛ́ər] 스네어

명 덫, 함정 타 덫에 걸리게 하다

He set a snare for rabbit.
그는 토끼를 잡으려고 덫을 놓았다.

sneer
[sníər] 스니어

명 비웃음, 조소 타 자 비웃다

He continued to sneer at and provoke me.
그는 계속 비웃으며 나를 화나게 했다.

sniff
[sníf] 스니프

타 자 코로 들이쉬다, 킁킁 냄새 맡다

I get drunk if I only sniff alcohol.
저는 술냄새를 맡는 것만으로도 취합니다.

snow
[snóu] 스노우

명 눈, 적설 타 자 눈이 내리다

It snows a lot in winter.
겨울에는 눈이 많이 내린다.

soar
[sɔ́ːr] 소-

자 높이 날다

The rocket soars into orbit.
로켓이 궤도로 솟아오른다.

sober
[sóubər] 소우버

형 취하지 않은 타 자 술이 깨다

Let's talk when you sober up.
당신 술 깬 다음에 얘기합시다.

social
[sóuʃəl] 소우셜

형 사회의, 사회적인, 친목적인

Social position is the position of an individual in a given society.
사회적인 지위란 주어진 사회에서의 개인의 지위를 말한다.

S

society
[səsáiəti] 서사이어티 ■ 2941

명 사회, 사교계, 사교, 교제

Greed is a disease of modern society.
탐욕은 현대 사회의 병폐이다.

sock
[sák] 사크 ■ 2942

명 짧은 양말 타 때리다

There is a hole in his socks.
그의 양말에 구멍이 뚫어져 있다.

soft
[sɔ́:ft] 소프트 ■ 2943

형 부드러운, 유연한 부 부드럽게

She has a soft voice.
그녀는 부드러운 목소리를 가졌다.

soil
[sɔ́il] 소일 ■ 2944

명 흙, 땅, 토지 타 자 더럽히다

The soil in this area is fecund.
이 지역의 토양은 비옥하다.

sojourn
[sóudʒəːrn] 소우져-언 ■ 2945

명 체재, 머무름 자 체류하다

We sojourned at the beach for a month.
우리는 한 달 동안 해변에 머물렀다.

soldier
[sóuldʒər] 소울져 ■ 2946

명 군인, 하사관 자 군대에 복무하다

I was a soldier of fortune.
나는 운 좋은 병사였다.

sole
[sóul] 소울 ■ 2947

형 유일한, 독점적인, 하나의

Fishing is his sole comfort.
낚시질이 그의 유일한 재미다.

solid
[sálid] 솔리드 ■ 2948

형 고체의, 단단한, 견고한

This house has a solid foundation.
이 집은 토대가 굳건하다.

solitude
[sálətjùːd] 솔리튜-드 ■ 2949

명 고독, 외로움, 홀로 삶, 장소

She longed for peace and solitude.
그녀는 평화와 고독을 열망했다.

solution
[səljúːʃən] 설루-션 ■ 2950

명 해결, 해명, 용해, 분해

Where can I find a solution to this game?
이 게임의 설명을 어디서 찾을 수 있을까?

solve
[sálv] 솔브 ■ 2951

타 해결하다, 설명하다, 풀다

The problem is solved.
문제는 풀렸다.

somebody
[sámbàdi] 섬바디 ■ 2952

대 어떤 사람 명 누군가

Somebody helped the girl.
누군가가 그 소녀를 도와 주었다.

somehow
[sámhàu] 섬하우 ■ 2953

부 어떻게든지 하여, 어떻든지

I will see to it somehow or other.
어떻게 하여 보겠습니다.

sometime
[sámtàim] 섬타임 ■ 2954

부 언젠가, 조만간, 후에

I hope we could meet again sometime soon.
조만간 다시 만나기를 바래.

S

somewhere ■ 2955
[sÁm*h*wèər] 섬웨어

🟦 어딘가에, 어디론가, 어느 땐가

Can we go somewhere else?
우리 다른 데 가면 안 돼?

son ■ 2956
[sÁn] 선

🟩 아들, 자손, 자식

This is my son.
얘가 내 아들이야.

song ■ 2957
[sɔ́ːŋ] 송

🟩 노래, 창가, 작곡, 성악

He makes good songs.
그는 좋은 노래들을 만든다.

soothe ■ 2958
[súːð] 수-드

🟧 🟦 위로하다, 진정시키다, 달래다

She soothed her crying baby.
그녀는 자신의 우는 아기를 달랬다.

sore ■ 2959
[sɔ́ːr] 소-어

🟨 아픈, 슬픈, 쓰라린 🟩 상처

I have a sore throat.
나는 목이 아프다.

sorry ■ 2960
[sári] 쏘리

🟨 유감스러운, 미안한, 가엾은

I am sorry.
미안해.

sort ■ 2961
[sɔ́ːrt] 소-트

🟩 종류, 분류, 성질 🟧 분류하다

Is this some sort of religious thing?
이것은 종교적인 문제의 일종인가요?

sound
[sáund] 사운드 ■ 2962

명 소리 타 자 소리가 나다

Not a sound was heard.
소리 하나 들리지 않았다.

soup
[súːp] 수-프 ■ 2963

명 수프, 고깃국

I made the soup myself.
내가 직접 수프를 만들었다.

source
[sɔ́ːrs] 소-스 ■ 2964

명 수원, 원천, 원인, 근원

We've found the source of the trouble.
우리는 그 문제의 원인을 찾았다.

south
[sáuθ] 사우쓰 ■ 2965

명 남쪽 형 남향의 부 남으로

I'm from South Korea.
나는 남한 출신입니다.

sow
[sóu] 소우 ■ 2966

동 씨를 뿌리다 명 (다 큰) 암돼지

As you sow, so shall you reap.
뿌린 대로 거둘 것이다.

space
[spéis] 스페이스 ■ 2967

명 공간, 우주 타 자 간격을 두다

The bed takes too much space in my room.
내 방에 있는 침대가 자리를 너무 많이 차지한다.

spade
[spéid] 스페이드 ■ 2968

명 가래, 삽, 끌 타 삽으로 파다

The guy was digging a hole in the garden with a spade.
그 남자는 정원에서 삽으로 구멍을 파고 있다.

S

Spanish — 2969
[spǽniʃ] 스패니쉬

명 스페인말 형 스페인의

Can you speak Spanish?
스페인어 할 수 있어요?

spare — 2970
[spɛ́ər] 스페어

타 자 아끼다 형 여분의 명 예비품

Please spare him his life.
그의 목숨을 구해주세요.

speak — 2971
[spíːk] 스피-크

타 자 말하다, 지껄이다

A stranger spoke to me.
낯선 사람이 나에게 말을 걸었다.

special — 2972
[spéʃəl] 스페셜

형 특별한, 특수한 명 독특한 사람

She is a special friend of mine.
그녀는 나의 특별한 친구이다.

species — 2973
[spíːʃiːz] 스피-쉬즈

명 (생물의) 종, 종류

Many species of plants and animals live in a forest.
다양한 종의 식물과 동물이 숲 속에 산다.

specific — 2974
[spisífik] 스피시픽

형 특수한, 독특한, 일정한

Could you be more specific?
좀 더 구체적으로 말씀해 주시겠습니까?

specimen — 2975
[spésəmən] 스페서먼

명 견본, 표본, 실례

He has a collection of rare insect specimens.
그는 진기한 곤충 표본을 모은다.

spectacle
[spéktəkl] 스펙티컬

명 미관, 장관, 구경거리

He peered at her over his spectacles.
그는 안경 너머로 그녀를 응시했다.

spectacular
[spektǽkjulər] 스펙택컬러

형 구경거리의, 눈부신, 장관인

The view from up there is spectacular.
저 위에서 보는 전경은 정말 장관입니다.

spectrum
[spéktrəm] 스펙트럼

명 스펙트럼, 분광, 범위

Red and violet are at opposite ends of the spectrum.
빨간색과 보라색은 스펙트럼의 정반대 편 양 끝에 있다.

speech
[spíːtʃ] 스피-취

명 말, 언어, 표현력

He's good at making a speech.
그는 연설을 잘한다.

spell
[spél] 스펠

타 자 철자하다 명 주문, 마력

Can you spell that, please?
철자를 말씀해 주시겠습니까?

spend
[spénd] 스펜드

동 소비하다, 낭비하다, 쓰다

I have spent all the money.
나는 그 돈을 몽땅 써버렸다.

sphere
[sfíər] 스피어

명 공, 공모양, 구형, 영역

He has a wide sphere of action.
그의 활동 범위는 넓다.

spider ■ 2983
[spáidər] 스파이더

명 거미, 삼발이

Spiders spin cobwebs.
거미는 거미줄을 친다.

spin ■ 2984
[spín] 스핀

동 (실을) 잣다, 방적하다

She spun the wool into thread.
그녀는 양털로 실을 자았다.

spirit ■ 2985
[spírit] 스피어릿트

명 정신, 영혼, 마음 타 북돋다

I saw a spirit of my dead grandfather.
나는 죽은 할아버지의 영혼을 보았어.

spiritual ■ 2986
[spíritʃuəl] 스피어츄얼

형 정신적인, 영적인, 고상한

She is our spiritual leader.
그녀는 우리의 영적 지도자이다.

split ■ 2987
[splít] 스플리트

자 분열하다 형 쪼개진

We have now split up.
저희는 지금은 헤어졌어요.

spoil ■ 2988
[spóil] 스포일

동 망쳐놓다 명 약탈, 노획품

Too many cooks spoil the broth.
사공이 많으면 배가 산으로 오른다.

sponsor ■ 2989
[spánsər] 스판서

명 보증인, 광고주 타 보증하다, 후원하다

He has a mighty sponsor.
그에게는 강력한 후원자가 있습니다.

S

spoon ■2990
[spúːn] 스푸-운

명 숟가락 타 자 숟가락으로 뜨다

I don't need a spoon for this.
이거 먹는데 난 스푼이 필요하지 않아.

sport ■2991
[spɔ́ːrt] 스포-트

명 운동, 경기, 오락 자 놀다

What sports do you like?
어떤 운동을 좋아합니까?

spot ■2992
[spát] 스파트

명 점, 반점, 오점 동 더럽히다

The butterfly has black spots on its body.
그 나비는 몸체에 검은 점들이 있다.

spray ■2993
[spréi] 스프레이

명 물보라 타 자 물보라를 일으키다

Have you used the spray I gave you?
제가 드린 스프레이를 써보셨나요?

spread ■2994
[spréd] 스프레드

동 펴다, 늘이다 명 퍼짐, 폭

The gossip spread out quickly.
그 가십은 빠르게 퍼져나갔다.

spring ■2995
[spríŋ] 스프링

명 봄, 원천, 도약 타 자 뛰어오르다

It is spring now.
지금은 봄이다.

spur ■2996
[spə́ːr] 스퍼-

명 박차, 격려 동 격려하다

He dug his spurs into the sides of the horse.
그가 말에 박차를 가했다.

square
[skwɛ́ər] 스퀘어 ■ 2997

명 정사각형 형 네모의, 사각의

The building faces the square.
그 건물은 광장에 면하고 있다.

squirrel
[skwə́ːrəl] 스쿼-럴 ■ 2998

명 다람쥐, 다람쥐 가죽

The squirrel is sitting in the tree.
다람쥐가 나무에 앉아 있다.

stable
[stéibl] 스테이블 ■ 2999

명 가축우리 타 자 마굿간에 넣다

She led the horse back into the stable.
그녀가 그 말을 다시 마구간으로 데리고 갔다.

staff
[stǽf] 스태프 ■ 3000

명 직원, 지팡이

The staff is certainly enthusiastic.
직원들이 확실히 열성적입니다.

stage
[stéidʒ] 스테이쥐 ■ 3001

명 무대, 극장 타 자 상영하다

I always get nervous on stage.
무대에 서면 항상 긴장돼요.

stair
[stɛ́ər] 스테어 ■ 3002

명 계단, 사다리의 한 단

The man is waiting on the stair.
그 남자는 계단에서 기다리고 있다.

stamp
[stǽmp] 스탬프 ■ 3003

명 도장, 타인기, 소인, 스탬프

My hobby is collecting stamps.
내 취미는 우표 수집이다.

stand
[stǽnd] 스탠드 ■3004

타 자 서다, 세우다, 참다, 견디다

The church stands on a hill.
교회는 언덕 위에 있다.

standard
[stǽndərd] 스탠더드 ■3005

명 표준, 규격, 규범 형 표준의

People maintain their standard of living.
사람들은 그들의 표준 생활수준을 유지한다.

standpoint
[stǽndpɔ̀int] 스탠드포인트 ■3006

명 입장, 견지, 관점

Let's consider it from a different standpoint.
다른 관점에서 생각해 봅시다.

star
[stɑ́ːr] 스타- ■3007

명 별, 항성, 유성, 훈장

Look at the stars.
저 별들을 봐.

stare
[stɛ́ər] 스테어 ■3008

타 자 응시하다 명 응시

He stared at me with silence.
그는 침묵하면서 나를 응시하였다.

start
[stɑ́ːrt] 스타-트 ■3009

타 자 시작하다 명 출발, 개시

He started for London.
그는 런던을 향해 출발했다.

state
[stéit] 스테이트 ■3010

명 상태, 국가 형 국가의

This flower is native to our state.
이 꽃은 우리나라가 원산지이다.

S

stately
[stéitli] 스테이틀리 ■ 3011

형 위엄있는, 장엄한

He acted in a very stately manner.
그는 매우 위풍당당하게 행동했다.

station
[stéiʃən] 스테이션 ■ 3012

명 위치, 장소, 정거장, 역

Where is Seoul station?
서울역이 어디인가요?

statue
[stǽtʃuː] 스태츄- ■ 3013

명 상, 조상, 입상

France sent the Statue of Liberty to America.
프랑스는 미국에 자유의 여신상을 보냈다.

stature
[stǽtʃər] 스태쳐 ■ 3014

명 신장, 성장, 키

She is above average stature.
그녀는 평균 신장보다 크다.

status
[stéitəs] 스테이터스 ■ 3015

명 상태, 지위, 신분

His public status will be maintained.
그의 공적 신분은 그대로 유지된다.

stay
[stéi] 스테이 ■ 3016

타 자 머무르다, 버티다 명 체류

Can I stay here tonight?
오늘 저녁에 여기에 머물러도 될까요?

steady
[stédi] 스테디 ■ 3017

형 고정된 동 확고하게 하다

This book is not a bestseller, but a steadyseller.
이 책은 베스트셀러가 아니지만 스테디셀러야.

steal
[stíːl] 스티-일 ■ 3018

동 훔치다, 절취하다

He stole my money.
그가 내 돈을 훔쳤어.

steam
[stíːm] 스티-임 ■ 3019

명 증기, 스팀 타 자 김을 올리다

The water vaporizes into steam.
물은 증발하여 증기가 된다.

steel
[stíːl] 스티-일 ■ 3020

명 강철, 부시 형 강철로 만든

China is the world's largest producer and consumer of steel.
중국은 세계 최대 규모의 철강 생산국이자 소비국이다.

steep
[stíːp] 스티-프 ■ 3021

형 가파른 타 담그다 명 담금

The road became steeper and steeper.
길은 점점 더 가파라졌다.

steer
[stíər] 스티어 ■ 3022

타 자 키를 잡다, 조종하다, 향하다

Where are you steering for?
어디로 가는 길입니까?

stem
[stém] 스템 ■ 3023

명 줄기 타 자 거슬러서 나아가다

A potato grows on a stem.
감자는 줄기에서 자란다.

step
[stép] 스텝 ■ 3024

명 걸음, 일보 타 자 걷다, 나아가다

Step this way, please.
이쪽으로 오세요.

S

stern ■ 3025
[stə́ːrn] 스터-언

◉ 엄격한, 준엄한 ◉ 고물

He was brought up in a stern family.
그는 엄격한 가정에서 자랐다.

stick ■ 3026
[stík] 스틱

◉ 막대기 ◉ ◉ 찌르다, 매질하다

The boy has two honey sticks.
그 소년은 두 개의 허니 스틱을 가지고 있었다.

stiff ■ 3027
[stíf] 스티프

◉ 뻣뻣한, 굳은, 경직한

Her face gets stiff.
그녀의 표정이 굳어 진다.

still ■ 3028
[stíl] 스틸

◉ 정지한 ◉ ◉ 조용하게 하다

She is still sleeping.
그녀는 아직 자고 있다.

stimulus ■ 3029
[stímjuləs] 스티멀러스

◉ 흥분제, 자극(물)

Nerves respond to a stimulus.
신경은 자극에 반응한다.

sting ■ 3030
[stíŋ] 스팅

◉ ◉ 쏘다, 찌르다 ◉ 쏨, 찌름

The spot stung by the bee is tingling.
벌에 쏘인 데가 따끔따끔 아프다.

stir ■ 3031
[stə́ːr] 스터-

◉ 움직이다, 휘젓다 ◉ 활동

Boil and stir for one minute.
1분 동안 저으면서 끓이세요.

3032
stock
[sták] 스탁

[명] 줄기, 나무밑둥, 재고품

This item is not in stock.
이 품목은 재고가 없다.

3033
stomach
[stʌ́mək] 스터먹

[명] 위, 복부, 식욕 [타] 먹다, 참다

Keep your stomach warm.
배를 따뜻하게 해라.

3034
stone
[stóun] 스토운

[명] 돌맹이 [형] 돌의 [타] 돌을 깔다

This stone is not worth a tinker's cuss.
이 돌은 한 푼의 가치도 없는 것이다.

3035
stop
[stáp] 스탑

[동] 멈추다, 세우다 [명] 멈춤

He stopped smoking.
그는 흡연을 그만뒀다.

3036
store
[stɔ́ːr] 스토-

[명] 가게, 상점 [타] 저축하다

This store does not give you credit.
이 가게는 외상이 안 된다.

3037
stormy
[stɔ́ːrmi] 스토-미

[형] 폭풍우의, 날씨가 험악한

Stormy clouds are coming.
폭풍 구름이 오고 있다.

3038
stout
[stáut] 스타우트

[형] 살찐, 튼튼한 [명] 뚱뚱함

He has a stout body.
그는 뚱뚱하다.

S

straight
[stréit] 스트레이트 — 3039

형 똑바른 부 똑바로 명 일직선

Go straight.
똑바로 가세요.

strain
[stréin] 스트레인 — 3040

타 자 팽팽하게 하다 명 긴장, 꽉 죔

I repeated a mistake under the strain.
나는 긴장하여 실수를 반복했다.

strange
[stréindʒ] 스트레인쥐 — 3041

형 묘한, 이상한 부 묘하게

I heard a strange sound.
기묘한 소리가 들렸다.

stranger
[stréindʒər] 스트레인져 — 3042

명 낯선 사람, 외국인, 타인

I am a stranger here.
저는 여기가 처음입니다.

stream
[strí:m] 스트리-임 — 3043

명 개울, 시내 타 자 흐르다

It sounds like a stream.
냇가의 물소리 같군.

street
[strí:t] 스트리-트 — 3044

명 거리, 차도, ~가(街), ~로(路)

Don't play on (in) the street.
길거리에서 놀지 마라.

strenuous
[strénjuəs] 스트레뉴스 — 3045

형 분투적인, 열렬한

Avoid strenuous exercise immediately after a meal.
식사 직후에는 격렬한 운동을 피하세요.

stress
[strés] 스트레스
명 모진 시련, 압박, 강제 타 강조하다

Stress the first sound.
첫 번째 소리를 강조해라.

stretch
[strétʃ] 스트레취
타 자 뻗치다, 펴다, 늘이다

I'll stretch my legs.
다리나 펴야겠다.

strict
[stríkt] 스트릭트
형 엄격한, 정확한, 절대적인

I have a very strict father.
저희 아버지는 매우 엄격하십니다.

strife
[stráif] 스트라이프
명 다툼, 싸움, 투쟁

The country was torn apart by strife.
그 나라는 갈등으로 분열되었다.

strike
[stráik] 스트라이크
타 자 두드리다, 때리다 명 타격, 파업

Strike the ball with your bat.
방망이로 그 공을 쳐.

strip
[stríp] 스트립
동 벗기다 명 작은 조각

All prisoners strip now.
죄수들은 지금 전부 옷을 벗는다.

stripe
[stráip] 스트라이프
명 줄무늬 타 줄무늬를 넣다

Giraffe has stripes on body.
기린은 몸에 줄무늬를 가지고 있다.

stroll
[stróul] 스트로울
■ 3053
타 자 **산책하다, 방랑하다**

The man is strolling in the park.
남자가 공원을 한가로이 걷고 있다.

strong
[strɔ́ːŋ] 스트롱
■ 3054
형 **강대한, 튼튼한, 강한, 견고한**

He is very strong.
그는 매우 강하다.

structure
[strʌ́ktʃər] 스트럭처
■ 3055
명 **구조, 조직, 조립, 구성**

A new structure model has been introduced.
새로운 구조 모델이 소개되었다.

struggle
[strʌ́gl] 스트러걸
■ 3056
자 **버둥거리다** 명 **노력, 고투**

They struggled to remain alive.
그들은 살아 남으려고 발버둥쳤다.

student
[stjúːdnt] 스튜-던트
■ 3057
명 **학생, 연구가, 대학생**

We are junior school students.
우리는 중학생입니다.

study
[stʌ́di] 스터디
■ 3058
명 **공부, 학문** 타 자 **연구하다**

Study harder.
더 열심히 공부하세요.

stuff
[stʌ́f] 스터프
■ 3059
명 **원료, 물자** 타 자 **채워 넣다**

Stuff a pillow with feathers.
깃털로 베개를 채우세요.

stumble
[stʌ́mbl] 스**텀**벌

타 자 비틀거리다, 넘어지다, 더듬거리다

She stumbled over her words.
그녀는 말을 더듬거렸다.

stupid
[stjúːpid] 스**튜**-피드

형 어리석은, 우둔한, 바보같은

What a stupid idea!
참, 바보 같은 생각이다!

subdue
[səbdjúː] 섭**듀**-

타 정복하다, 복종하다, 억제하다

He was subdued.
그는 차분했다.

subject
[sʌ́bdʒikt] **섭**쥑트

형 지배를 받는 명 주제, 학과

What subject do you like most?
어떤 과목을 가장 좋아합니까?

subjective
[səbdʒéktiv] 섭**젝**티브

형 주관적인, (문법) 주어의, 사적인

Everyone's opinion is bound to be subjective.
모든 사람들의 의견은 주관적일 수밖에 없다.

sublime
[səbláim] 섭**라**임

형 고상한 타 자 고상하게 하다

What a sublime view that was!
얼마나 장엄한 광경이었는가!

submit
[səbmít] 섭**미**트

동 복종시키다, 제출하다

The contractors have to submit estimates.
계약자는 견적서를 제출해야만 한다.

subscribe
[səbskráib] 섭스크라이브

타 자 기부하다, 승낙하다

She subscribed a large sum to charities.
그녀는 자선 사업에 큰 금액을 기부했다.

substance
[sʌ́bstəns] 섭스턴스

명 물질, 물체, 본질, 요지

Ice and water are the same substance.
얼음과 물은 똑같은 물질이다.

substantial
[səbstǽnʃəl] 섭스탠셜

형 상당한, 실체의, 튼튼한

Cell phone have been knocked down by substantial amounts.
휴대전화 값이 상당히 많이 내렸다.

substitute
[sʌ́bstətjùːt] 섭스티튜-트

명 대리인, 대용품 **타 자** 대리하다

Can I substitute margarine for butter in the recipe?
요리법에서 버터 대신 마가린을 사용해도 되나요?

subtle
[sʌ́tl] 서틀

형 포착하기 어려운, 미묘한

This drama has a subtle allure.
이 드라마는 미묘한 매력이 있다.

subway
[sʌ́bwèi] 섭웨이

명 지하도, 지하철

Where is the subway line four?
지하철 4호선이 어디에 있나요?

succeed
[səksíːd] 석시-드

타 자 성공하다, 출세하다

Do you want to succeed in an online business?
당신은 인터넷 사업에서 성공하고 싶습니까?

success
[səksés] 석세스
■ 3074
명 성공, 성과

I read a success story in that business area.
그 사업 분야의 성공 스토리를 읽었다.

successful
[səksésfəl] 석세스펄
■ 3075
형 성공한, 행운의, 성대한

The successful business man recently got married.
그 성공한 사업가는 최근에 결혼했다.

such
[sʌ́tʃ] 서취
■ 3076
형 이러한, 그러한 대 이와 같은

Don't do such a bad thing.
그런 나쁜 짓은 하지 마라.

suck
[sʌ́k] 서크
■ 3077
타 자 빨다, 흡수하다 명 빨기, 빨아들임

Mosquitoes suck the blood of people and animals.
모기들은 사람과 동물의 피를 빨아 먹는다.

sudden
[sʌ́dn] 서든
■ 3078
형 갑작스러운, 별안간의

I'm feeling a lot better all of a sudden.
갑자기 상태가 많이 좋아진 것 같아요.

suffer
[sʌ́fər] 서퍼
■ 3079
타 자 입다, 경험하다, 당하다

She can't bear it when they suffer.
그녀는 그들이 괴로워하는 것을 참지 못한다.

sufficient
[səfíʃənt] 서피션트
■ 3080
형 충분한, 넉넉한, 족한

We had sufficient grounds to sue.
우리는 소송을 제기하는 데 충분한 근거가 있다.

suffrage
[sʌ́frids] 서프리쥐

⦿ 투표, 선거권, 투표권

They cried loudly for female suffrage.
그들은 여성 참정권을 외쳤다.

sugar
[ʃúgər] 슈거

⦿ 설탕 ⦿ 설탕으로 달게 하다

There isn't any sugar.
설탕이 조금도 없다.

suggest
[səgdʒést] 서제스트

⦿ 암시하다, 제안하다, 비추다

Her words suggest that she loves him.
그녀의 말은 그녀가 그를 사랑한다는 것을 암시하고 있다.

suggestion
[səgdʒéstʃən] 서제스쳔

⦿ 암시, 연상, 제안, 유발

She shrugged at the suggestion.
그녀는 그 제안을 무시해 버렸다.

suit
[súːt] 수-트

⦿ 소송, 고소 ⦿ ~에 알맞다

This suit is for leisure.
이 옷은 레저를 위한 옷이다.

suitcase
[súːtkèis] 수-트케이스

⦿ 소형 여행가방, 슈트케이스

It is also my suitcase!
이건 내 가방이기도 해요!

sullen
[sʌ́lən] 설런

⦿ 음침한, 부르퉁한, 무뚝뚝한

The sullen skies threatened rain.
음울한 하늘은 곧 비가 쏟아질 듯했다.

sum
[sʌm] 섬

명 합계 **동** 합계하다, 요약하다

Will you do this sum for me?
이 계산을 해 주겠어요?

summary
[sʌ́məri] 서머리

형 개략의, 간결한 **명** 적요, 요약

Would you write me a summary of this report?
이 리포트를 요약하여 써 주시겠어요?

summit
[sʌ́mit] 서밋

명 정상, 절정, 꼭대기, 극점

The APEC summit will kick off tomorrow.
APEC 정상 회담이 내일 시작된다.

summon
[sʌ́mən] 서먼

타 호출하다, 소환하다, 요구하다

They will be summoned this week.
그들은 이번 주에 소환될 예정이다.

Sunday
[sʌ́ndei] 선데이

명 일요일, 안식일(약어 Sun.)

I like Sunday morning.
나는 일요일 아침이 좋아.

sunset
[sʌ́nsèt] 선세트

명 해거름, 일몰, 저녁놀

The sunset from the beach was very beautiful.
해변에서의 일몰은 매우 아름다웠다.

superficial
[sùːpərfíʃəl] 수-퍼피셜

형 표면의, 피상적인, 외면의

You take a superficial view of the matter.
당신은 문제를 외관상으로만 보고 있습니다.

superior
[səpíəriər] 서피어리어
■ 3095
형 우수한, 뛰어난, 우량한, 양질의

This goods is superior in quality.
이 상품은 질적으로 우수하다.

superstition
[sù:pərstíʃən] 수-퍼스티션
■ 3096
명 미신, 사교, 미신적 관습

It's not superstition.
그것은 미신이 아니다.

supplement
[sʌ́pləmənt] 서플러먼트
■ 3097
명 보충, 추가 타 보충하다, 메우다

Can I recommend some nutritional supplements for you?
제가 영양보충제 추천해 드릴까요?

supply
[səplái] 서플라이
■ 3098
통 공급하다, 지급하다 명 공급

The supply can't meet the demand.
공급이 수요를 충족할 수 없다.

support
[səpɔ́:rt] 서포-트
■ 3099
타 지탱하다, 버티다 명 받침, 지지

I'll always support you.
난 항상 너를 지지할 거야.

suppose
[səpóuz] 서포우즈
■ 3100
타 상상하다, 가정하다, 추측하다

I suppose so.
아마 그렇겠지.

supreme
[səprí:m] 서프리-임
■ 3101
형 최고의, 가장 중요한, 최후의

He was found not guilty in the Supreme Court.
그는 대법원에서 무죄 확정판결을 받았다.

3102
sure
[ʃúər] 슈어

[형] 확실한, 자신있는, 틀림없는

I am sure of his success.
나는 그의 성공을 확신하고 있다.

3103
surface
[sə́ːrfis] 서-피스

[명] 외부, 표면, 외관 [형] 표면의

The surface of the new road is smooth.
새로운 도로의 표면은 부드럽다.

3104
surgery
[sə́ːrdʒəri] 서-져리

[명] 외과(의술), 수술실, 외과 의원

I had to have emergency surgery.
응급 수술을 받아야만 했다.

3105
surname
[sə́ːrnèim] 서-네임

[명] 성(姓), 별명 [타] 성을 달다

How do you pronounce your surname?
당신의 성씨를 어떻게 발음합니까?

3106
surpass
[sərpǽs] 서패스

[타] ~을 능가하다, 보다 뛰어나다

His success surpassed our expectations.
그의 성공은 우리 기대를 압도한 것이다.

3107
surplus
[sə́ːrplʌs] 서-플러스

[명] 여분, 과잉, 초과액 [형] 여분의

There is surplus fat in his body.
그는 지나치게 지방분이 많다.

3108
surprise
[sərpráiz] 서프라이즈

[명] 놀람 [타] 놀라게 하다

It's quite a surprise to see you here.
당신을 여기서 만나다니 참으로 뜻밖이다.

S

surround ■3109
[səráund] 서라운드

🖎 둘러싸다, 에워싸다

I was surrounded by monkeys.
나는 원숭이들에게 둘러싸여 있었다.

survey ■3110
[sərvéi] 서어베이

🖎 🖎 바라다보다, 측량하다

I'm doing a survey for my book.
책을 위해서 설문 조사를 하고 있다.

survive ■3111
[sərváiv] 서바이브

🖎 🖎 ~의 후까지 살다, 생존하다

To survive in the society, we have to study hard.
사회에서 살아남기 위해서, 우리는 열심히 공부해야만 한다.

suspect ■3112
[səspékt] 서스펙트

🖎 알아채다, 수상히 여기다, 짐작하다

The suspect was examined by the police.
용의자는 경찰에게 심문을 받았다.

suspend ■3113
[səspénd] 서스펜드

🖎 🖎 공중에 매달다, 정지하다

The big chandelier is suspended from the ceiling.
큰 샹들리에가 천장에 달려 있다.

suspicion ■3114
[səspíʃən] 서스피션

🖎 느낌, 의심, 혐의, 기미

The police attached suspicion to the strange man.
경찰은 용의자에게 혐의를 두었다.

sustain ■3115
[səstéin] 서스테인

🖎 버티다, 유지하다, 떠받치다

The court sustained him in his claim.
법정은 그의 주장을 인정했다.

swallow
[swάlou] 스왈로우 — 3116

타 자 삼키다, 참다 명 삼킴, 제비

The return of swallows ushered in spring.
돌아온 제비들이 봄을 알렸다.

swear
[swɛ́ər] 스웨어 — 3117

타 자 맹세하다, 선서하다

The deponent had to swear an affidavit.
선서 증인은 진술서에 거짓이 없음을 선서해야 했다.

sweat
[swét] 스웨트 — 3118

명 땀 타 자 땀을 흘리다

He smelled of sweat.
그에게서 땀내가 났다.

sweet
[swíːt] 스위-트 — 3119

형 달콤한 명 단 것 부 달게

Children like sweet candies.
아이들은 달콤한 사탕을 좋아한다.

swell
[swél] 스웰 — 3120

타 자 부풀다 명 팽창, 증대, 커짐

The streams have swollen with melted snow.
눈이 녹아 강물이 불었다.

swim
[swím] 스윔 — 3121

타 자 헤엄치다, 뜨다 명 헤엄, 수영

He can swim fast.
그는 빨리 헤엄칠 수 있다.

swing
[swíŋ] 스윙 — 3122

타 흔들거리다 명 동요, 흔들림, 그네

The swings swung in the wind.
그네가 바람에 흔들렸다.

S

switch
[swítʃ] 스위취

명 스위치 타자 스위치를 틀다

Switch back and turn off the light.
스위치를 제자리에 돌려 놓고 불 좀 꺼라.

sword
[sɔ́ːrd] 소-드

명 검, 칼, 무력, 병력

The pen is stronger than the sword.
펜은 칼보다 강하다.

symbol
[símbəl] 심벌

명 상징, 표상, 부호 타 상징하다

The forsythia is the symbol of the spring.
개나리는 봄의 상징이다.

sympathetic
[sìmpəθétik] 심퍼쎄틱

형 동정심이 있는, 공감하는

He looks like a sympathetic person.
그는 동정심 많은 사람이라는 인상을 주었다.

sympathy
[símpəθi] 심퍼씨

명 동정, 연민, 위문, 문상

I feel a lot of sympathy for you.
당신에게 깊은 동정심을 표합니다.

symptom
[símptəm] 심프텀

명 징후, 증상, 징조

People with autism have other symptoms, too.
자폐증이 있는 사람들에게는 다른 증상들도 나타난다.

system
[sístəm] 시스템

명 조직, 체계, 계통, 학설, 방식

I'm sending it to your system.
시스템으로 전송할게요.

t

table
[téibl] 테이블 ■ 3130

명 테이블, 탁자, 식탁

Let's move the table together.
식탁을 함께 옮기자.

tackle
[tǽkl] 태클 ■ 3131

명 도구, 연장 타 자 ~에 도구를 달다

I got injured by deep tackle.
나는 태클에 의해 다쳤다.

tail
[téil] 테일 ■ 3132

명 꼬리, 꽁지 타 자 꼬리를 달다

Dogs have only one tail.
개는 오직 하나의 꼬리만을 갖는다.

taint
[téint] 테인트 ■ 3133

타 자 더럽히다, 오염하다 명 얼룩

His mind has been tainted by his evil companions.
그는 나쁜 친구들의 영향으로 타락했다.

take
[téik] 테이크 ■ 3134

타 자 취하다, 잡다, 쥐다, 받다

The child took her mother's hand.
그 아이는 엄마 손을 쥐었다.

tale
[téil] 테일 ■ 3135

명 이야기, 고자질, 소문, 설화

Dead men tell no tales.
죽은 자는 말이 없다.

talent
[tǽlənt] 탤런트 ■ 3136

명 재능, 수완, 솜씨

You have a talent in music.
너는 음악에 재능이 있다.

T

talk
[tɔ́ːk] 토-크 ■ 3137

타 자 말하다 명 담화, 이야기

They are talking about music.
그들은 음악에 대해서 이야기하고 있다.

tall
[tɔ́ːl] 토-올 ■ 3138

형 (키가) 큰, 높은, 엄청난

How tall is he?
그는 키가 어느 정도입니까?

tank
[tǽŋk] 탱크 ■ 3139

명 (물, 가스 등의) 탱크, 전차, 저수지

He is filling his car's gas tank.
그는 자동차 연료 탱크에 급유하고 있다.

tape
[téip] 테이프 ■ 3140

명 납작한 끈, 줄자 타 테이프로 묶다

Did you see the tape?
그 테이프를 보셨어요?

task
[tǽsk] 태스크 ■ 3141

명 일, 직무, 과업 타 혹사하다

He is not competent enough for the task.
그는 이 일에 충분한 능력이 없다.

taste
[téist] 테이스트 ■ 3142

타 자 맛보다 명 맛, 미각, 풍미

Now let's see how it tastes.
자, 이제 맛이 어떤지 보자.

tax
[tǽks] 택스 ■ 3143

명 세금, 무거운 짐, 부담 타 과세하다

Tax rate has been increased.
세율이 증가되었다.

t

tea
[tíː] 티-

명 차, 홍차, 차나무

She made black tea for me.
그녀는 나에게 홍차를 타주었다.

teach
[tíːtʃ] 티-취

타 자 가르치다, 교육하다

He teaches history to us.
그는 우리에게 역사를 가르쳐 준다.

teacher
[tíːtʃər] 티-처

명 선생, 교사

She is my English teacher.
그녀는 제 영어 선생님이에요.

team
[tíːm] 티-임

명 팀, 패 **타 자** 한 수레에 매다

Which team are you in?
너는 어떤 팀에 있니?

tear
[tíər] 티어

명 눈물, 비애, 비탄

Her eyes filled with tears.
그녀는 눈물이 글썽했다.

technical
[téknikəl] 테크니컬

형 공업의, 기술적인, 전문의

Do you have any special technical background?
특별한 기술분야 경력이 있으신지요?

tedious
[tíːdiəs] 티-디어스

형 지루한, 장황한

His speech was long and tedious.
그의 연설은 길고 지루했다.

telephone [3151]
[téləfòun] 텔러포운

명 전화(기) 타 자 전화로 말하다

We need to buy a new telephone.
새로운 전화기를 사야해.

tell [3152]
[tél] 텔

타 자 말하다, 이야기하다, 고하다

He told me the story.
그는 나에게 그 이야기를 들려주었다.

temper [3153]
[témpər] 템퍼

명 기질, 기분, 성질, 천성

She has a sweet temper but poor sense.
그녀는 마음씨는 좋은데 센스가 없는 편이다.

temperance [3154]
[témpərəns] 템퍼런스

명 절제, 삼감, 금주

Temperance is conducive to long life.
절제는 장수를 가져온다.

temperature [3155]
[témpərətʃər] 템퍼러처

명 온도, 체온, 기온

The temperature dropped suddenly.
급격히 온도가 떨어졌다.

temporary [3156]
[témpərèri] 템퍼레리

형 일시의, 덧없는, 임시의

I am looking for a temporary position.
임시직을 찾고 있어요.

tempt [3157]
[témpt] 템프트

타 유혹하다, ~할 기분이 나게 하다

The offer tempts me.
그 제안에 마음이 끌린다.

tend
[ténd] 텐드 ■3158

타 자 지키다, ~의 경향이 있다

The particles tend to unite.
입자들은 결합하려는 경향이 있다.

tender
[téndər] 텐더 ■3159

형 상냥한, 부드러운, 어린

The work is too heavy for a tender woman.
그 일은 연약한 여성에게는 힘겨운 일이다.

tension
[ténʃən] 텐션 ■3160

명 팽팽함, 긴장, 흥분, 노력

Tension was mounting on the border.
긴장이 국경에서 늘어 가고 있었다.

term
[tə́ːrm] 터-엄 ■3161

명 기한, 임기, 학기 (학습) 용어

The term of redemption is ten years.
상환 기한은 10년이다.

terrible
[térəbl] 테러벌 ■3162

형 무서운, 무시무시한, 호된, 심한

I had a terrible accident.
끔찍한 사고를 당했다.

territory
[térətɔ̀ːri] 테러토-리 ■3163

명 영토, 판도, 지방, 구역

The males establish a breeding territory.
수컷들은 자기만의 번식 영역을 구축한다.

test
[tést] 테스트 ■3164

명 시험, 검사 **타** 시험하다

We had a math test today.
우리들은 오늘 수학 시험을 쳤다.

testimony
[téstəmóuni] 테스터머니 · 3165

명 전언, 증명, 증언, 성명

The witness gave testimony against the defendant.
증인은 피고에게 불리한 진술을 했다.

thank
[θæŋk] 쌩크 · 3166

타 감사하다 명 감사, 사례

Thank you so much.
정말 감사합니다.

that
[ðæt] 댓 · 3167

대 저것, 그것 형 그, 저

That is a flower called the rose.
저것은 장미라고 하는 꽃이다.

theater
[θíːətər] 씨어터 · 3168

명 극장, 강당, 무대, 연극

I went to a theater with my boyfriend.
남자친구와 극장에 갔다.

theme
[θíːm] 씨-임 · 3169

명 논지, 화제, 근거, 주제

His question made excursions from the main theme.
그의 질문은 주제에서 벗어났다.

then
[ðén] 덴 · 3170

부 그때, 그당시, 그 다음에

She was still young then.
그녀는 그때 아직 나이가 어렸다.

theory
[θíəri] 씨어리 · 3171

명 학설, 이론, 공론, ~설

His theory has been confirmed by an experiment.
그의 이론은 실험으로 확증되었다.

t

thermometer ■ 3172
[θərmámətər] 써마미터

명 온도계, 검온기, 한란계

The thermometer recorded 20℃.
온도계는 섭씨 20도를 가리키고 있었다.

thick ■ 3173
[θík] 씩

형 두꺼운 부 진하게, 굵게

A thick fog came on.
짙은 안개가 끼었다.

thief ■ 3174
[θíːf] 씨-프

명 도둑, 절도, 도적

I am not a thief.
난 도둑이 아니야.

thin ■ 3175
[θín] 씬

형 얇은, 홀쭉한 타 얇게 하다

This book is thin.
이 책은 얇다.

thing ■ 3176
[θíŋ] 씽

명 물건, 물체, 사태, 도구

I have a lot of things to do.
나는 할 일이 많다.

think ■ 3177
[θíŋk] 씽크

타 자 생각하다, 상상하다

I think that he is an American.
나는 그가 미국사람이라고 생각한다.

thirsty ■ 3178
[θə́ːrsti] 써-스티

형 목 마른, 건조한, 갈망하는

People are probably getting thirsty.
사람들이 목말라 하고 있을 거예요.

T

thorough ■3179
[θə́ːrou] 써-로

형 충분한, 철저한, 완벽한

He is a thorough vegetarian.
그는 철저한 채식주의자이다.

those ■3180
[ðouz] 도우즈

형 그들의 **대** 그들, that의 복수

Those who violate the rules will have their gruel.
규칙을 위반하는 자들은 엄벌을 받을 것이다.

thought ■3181
[θɔ́ːt] 쏘-트

명 사고(력), 생각 **통** think의 과거

My thought is a little different from yours.
내 생각은 좀 달라요.

thousand ■3182
[θáuzənd] 싸우전드

명 1000, 천, 무수 **형** 1000의

Thousands of people visited the city.
수천 명의 사람들이 그 도시를 방문했다.

thread ■3183
[θréd] 쓰레드

명 실, 섬유, 줄 **타자** 실을 꿰다

She looked for a needle and thread to sew the button.
그녀는 단추를 달려고 바늘과 실을 찾았다.

threat ■3184
[θrét] 쓰레트

명 위험, 협박, 흉조

He made a threat to kill her.
그는 그녀를 죽이겠다고 협박했다.

thrive ■3185
[θráiv] 쓰라이브

자 성공하다, 번영하다, 무성하다

The town thrives primarily on tourism.
그 도시는 주로 관광수입을 올려 번성하고 있다.

t

throat ■3186
[θróut] 쓰로우트

명 목구멍, 기관, 목소리

I have a soar throat.
나는 목이 아프다.

throne ■3187
[θróun] 쓰로운

명 왕좌, 옥좌 타 즉위시키다

Crown Prince Charles of Wales is heir to the British throne.
찰스 황태자는 영국 왕좌의 후계자이다.

through ■3188
[θrúː] 쓰루-

전 ~을 통하여 부 통해서 형 끝난

The river runs through the town.
강은 마을 가운데로 흐르고 있다.

throughout ■3189
[θruːáut] 쓰루-아우트

부 도처에, 죄다 전 ~동안

His fame is diffused throughout the city.
그의 명성은 시중에 널리 퍼져 있다.

throw ■3190
[θróu] 쓰로우

동 던지다, 발사하다 명 던지기

He threw the ball to me.
그는 나에게 공을 던졌다.

thumb ■3191
[θʌ́m] 썸

명 엄지손가락 타 만지작거리다

Do not suck your thumb.
손가락을 빨지 마세요.

Thursday ■3192
[θə́ːrzdei] 썰-즈데이

명 목요일(약어 Thurs.)

I visit my grandfather every Thursday.
나는 매주 목요일에 할아버지를 방문한다.

T

ticket
[tíkit] 티키트
■ 3193
명 표, 승차권, 게시표, 입장권

Can I see your ticket, please?
입장권을 보여주시겠어요?

tide
[táid] 타이드
■ 3194
명 조수, 조류 타 자 극복하다

The tide has the ebb and flow.
조수에는 간만이 있다.

tidy
[táidi] 타이디
■ 3195
형 말쑥한, 정연한 타 자 정돈하다

The way he dresses is always neat and tidy.
그는 언제나 옷차림이 단정하다.

tie
[tái] 타이
■ 3196
동 매다, 동이다 명 매듭, 맴

He tied his shoelaces.
그는 신발 끈을 묶었다.

tight
[táit] 타이트
■ 3197
형 탄탄한, 견고한 부 단단히

Hold me tight in your arms.
당신 품에 절 꼭 안아주세요.

till
[tíl] 틸
■ 3198
전 ~까지 접 ~할 때까지 타 자 갈다

Everything is fine till now.
지금까지는 다 괜찮아요.

timber
[tímbər] 팀버
■ 3199
명 재목, 용재, 큰 목재, 대들보

The roof was braced by lengths of timber.
지붕은 긴 목재 기둥들로 떠받쳐져 있었다.

time 3200
[táim] 타임

[명] 때, 시간, 세월, 기간, 시대

What time is it now?
지금 몇 시니?

timid 3201
[tímid] 티미드

[형] 겁 많은, 겁에 질린, 소심한

Don't be timid but hold your head up.
소심해하지 말고 당당하게 굴어라.

tiny 3202
[táini] 타이니

[형] 아주 작은, 몹시 작은

A tiny mistake can hurt the relationship.
작은 실수가 관계를 파괴할 수도 있다.

tire 3203
[táiər] 타이어

[타] [자] 피로하게 하다 [명] 저격병

He's replacing a tire on a car.
그는 자동차의 타이어를 교체하고 있다.

tired 3204
[táiərd] 타이어드

[형] 피로한, 싫증난, 지친, 물린

I'm very tired now.
난 지금 매우 피곤해.

today 3205
[tədéi] 투데이

[명] [부] 오늘, 현재 [형] 현대의, 최신의

Today is Sunday.
오늘은 일요일이다.

together 3206
[təgéðər] 투게더

[부] 함께, 동반해서, 같이, 동시에

They worked together.
그들은 함께 일했다.

T

toilet ■3207
[tɔ́ilit] 토일리트

명 화장, 복장, 화장실, 목욕실

Where can I find the toilet?
화장실이 어디 있지요?

token ■3208
[tóukən] 토우컨

명 표, 상징, 부호, 기념품

A subway token cost 15 cents then.
그때는 지하철 토큰이 15센트 였어요.

tolerable ■3209
[tálərəl] 타러벌

형 참을 수 있는, 견딜수 있는, 웬만큼 괜찮은

He gained tolerable proficiency in foreign languages.
그는 외국어에 상당히 능통하다.

tomato ■3210
[təméitou] 터매이토우

명 토마토

Ripe tomatoes are red.
익은 토마토는 빨갛다.

tomorrow ■3211
[təmɔ́:rou] 터모-로우

부 명 내일, 미래

Tomorrow is another day.
내일은 또 다른 날이다.

tone ■3212
[tóun] 토운

명 가락, 음(조) 타 자 가락을 붙이다

He is tone-deaf and cannot carry a tone.
그는 음치라서 노래를 제대로 못한다.

tongue ■3213
[tʌ́ŋ] 텅

명 혀, 말, 언어, 변설, 말투

Why do pineapples make your tongue hurt?
왜 파인애플을 먹으면 혀가 아프지요?

too
[túː] 투-
■ 3214
🕐 그 위에, 또한, 너무, 지나치게

I like math, too.
나도 수학을 좋아해.

tool
[túːl] 투-울
■ 3215
🕐 도구, 공구, 연장

Where are the tools?
공구들은 어디 있나?

tooth
[túːθ] 투-쓰
■ 3216
🕐 이, 치아, 이 모양의 물건

A tooth came out.
이가 빠졌다.

topic
[tápik] 타픽
■ 3217
🕐 화제, 논제, 제목, 원리

We changed the topic of conversation.
우리는 화제를 바꾸었다.

torment
[tɔ́ːrment] 토-먼트
■ 3218
🕐 고통, 가책 🕐 괴롭히다

He suffered torments from his aching teeth.
그는 아픈 이 때문에 고통을 받았다.

torture
[tɔ́ːrtʃər] 토-처
■ 3219
🕐 고문, 고통 🕐 고통을 주다

He confessed under torture.
그는 고문 아래에 자백을 했다.

total
[tóutl] 토우틀
■ 3220
🕐 총계 🕐 전체의 🕐 합계하다

The total amounts to about ten thousand won.
총계하면 약 만 원이 된다.

T

touch ■ 3221
[tʌ́tʃ] 터취

타 자 대다, 닿다, 만지다 명 접촉

Don't touch the baby.
아기에게 손대지 마세요.

tough ■ 3222
[tʌ́f] 터프

형 강인한, 완고한, 질긴

The outgoing year was a tough one.
지난해는 힘든 한 해였다.

toward ■ 3223
[tɔ́ːrd] 토-드

전 ~의 쪽으로, ~에 대하여

He was walking toward the sea.
그는 바다 쪽으로 걸어가고 있었다.

towel ■ 3224
[táuəl] 타월

명 수건, 타올, 행주

Don't forget to bring a towel when you go to take a shower.
샤워하러 갈 때 수건 들고 가는 거 잊지 마.

tower ■ 3225
[táuər] 타워

명 탑, 성루 자 우뚝 솟다

The tower leans to one side.
탑이 한쪽으로 기울었다.

town ■ 3226
[táun] 타운

명 읍, 소도시, 지방의 중심지

He has his shop in town.
그는 시내에 가게를 갖고 있다.

trace ■ 3227
[tréis] 트레이스

명 발자국, 형적 타 자 추적하다

They disappeared without a trace.
그들은 흔적도 없이 사라졌다.

track
[træk] 트랙 ■ 3228

명 흔적 타 ~에 발자국을 남기다

We jogged around the track.
우리는 조깅을 하며 트랙을 돌았다.

trade
[treid] 트레이드 ■ 3229

명 상업, 장사 타 자 장사하다

Trade between the two countries is active.
두 나라의 교역은 활발하다.

tradition
[trədíʃən] 트러디션 ■ 3230

명 전설, 구전, 전통, 관례

This is a tradition from age to age.
이것은 대대로 내려오는 전통이다.

traffic
[trǽfik] 트래픽 ■ 3231

명 교통, 왕래 타 자 왕래하다

The traffic is very bad.
교통이 매우 나쁘다.

tragedy
[trǽdʒədi] 트래저디 ■ 3232

명 비극, 참사, 비참

He went insane from the tragedy.
그는 그 비극적인 사건 때문에 정신이 이상해졌다.

train
[tréin] 트레인 ■ 3233

타 자 훈련하다, 길들이다 명 열차

The train arrives at 9:15.
그 기차는 9시 15분에 도착한다.

trait
[tréit] 트레이트 ■ 3234

명 특색, 특징, 모습, 버릇

It's one of the traits that runs in my family.
그건 우리 집안에 내려오는 특성 중 하나이다.

T

transact [3235]
[trænsǽkt] 트랜색트

타 자 처리하다, 거래하다, 집행하다

He transacts business with a large number of stores.
그는 수많은 상점과 거래를 하고 있다.

transform [3236]
[trænsfɔ́ːrm] 트랜스포-옴

타 변형시키다, 바꾸다

That desert was transformed into a park.
그 사막이 공원으로 바뀌었다.

transient [3237]
[trǽnʃənt] 트랜션트

형 일시적인, 덧없는, 순간적인

Man's life is as transient as dew.
사람의 목숨은 이슬처럼 덧없는 것이다.

translate [3238]
[trænsléit] 트랜슬레이트

타 자 번역하다, 해석하다, 고치다

It is difficult to translate this book.
이 책은 번역하기가 어렵다.

transmit [3239]
[trænsmít] 트랜스미트

동 보내다, 발송하다, 전달하다

I found what was transmitting.
부치신 물건을 찾았어요.

transparent [3240]
[trænspɛ́ərənt] 트랜스페어런트

형 투명한, 명료한, 솔직한

She has transparent and clear skin.
그녀는 투명하고 깨끗한 피부를 갖고 있다.

transport [3241]
[trænspɔ́ːrt] 트랜스포-트

타 수송하다, 유형에 처하다

We think he's transporting the computer virus.
우린 그가 컴퓨터바이러스를 퍼트린다고 생각한다.

trap
[træp] 트랩 ■ 3242

⦁ 덫, 함정 ⦁ 덫으로 잡다

It's called a devil's trap.
그것은 악마의 덫이라고 불린다.

travel
[trǽvəl] 트래블 ■ 3243

⦁ 여행하다, 나아가다 ⦁ 여행

This is a very good city for travel.
이곳은 여행하기 매우 좋은 도시입니다.

treachery
[trétʃəri] 트레처리 ■ 3244

⦁ 배신, 배반, 반역

I prefer poverty to treachery.
배반하느니 가난한 것이 더 낫다.

treasure
[tréʒər] 트레져 ■ 3245

⦁ 보배, 보물 ⦁ 진귀하게 여기다

Children are the treasure of our country.
어린이는 나라의 보배이다.

treat
[tríːt] 트리-트 ■ 3246

⦁ 취급하다, 다루다 ⦁ 향응

They treated him with respect.
그들은 존경심을 가지고 그를 대했다.

treaty
[tríːti] 트리-티 ■ 3247

⦁ 조약, 맹약, 협정, 약속

The peace treaty was signed over the whole habitable globe.
평화 조약이 온 세계에 걸쳐 이루어졌다.

tremendous
[triméndəs] 트리멘더스 ■ 3248

⦁ 무서운, 무시무시한

He got a tremendous amount of property.
그는 거대한 재산을 갖고 있다.

T

trend ■ 3249
[trénd] 트렌드

명 방향, 향(向) 자 향하다, 기울다

What trend is popular in styling these days?
요즘 어떤 트렌드가 유행입니까?

trial ■ 3250
[tráiəl] 트라이얼

명 공판, 시험, 시련, 재판

She testified at his trial.
그녀는 그의 재판에서 증언했다.

tribe ■ 3251
[tráib] 트라이브

명 부족, 종족, 야만족

We're kind of a tribe.
우린 한 부족의 종류이다.

trick ■ 3252
[trík] 트릭

명 묘기, 재주, 속임수 타 자 속이다

She played a trick on me.
그녀가 나에게 장난을 쳤다.

trifle ■ 3253
[tráifl] 트라이펄

명 하찮은 일 타 자 장난치다

Don't be disappointed about such a trifle.
그만한 일에 낙심하지 마라.

trip ■ 3254
[tríp] 트립

명 여행, 소풍 타 자 여행하다

Let's go on a trip.
여행을 떠나자

triumph ■ 3255
[tráiəmf] 트라이엄프

명 개선, 승리 자 이기다

The new drama was a triumph.
새로운 드라마는 대성공이었다.

trivial
[tríviəl] 트리비얼 ■3256

형 하찮은, 보잘 것 없는, 시시한

Don't be afflicted at such a trivial thing.
그런 사소한 일로 괴로워하지 마라.

tropical
[trápikəl] 트라피컬 ■3257

형 열대의, 열대적인, 열렬한

Most plantations are in tropical or semitropical regions.
대부분의 농원은 열대나 아열대 지방에 있다.

trouble
[trʌ́bl] 트러블 ■3258

명 걱정, 근심, 고생 타 자 괴롭히다

I'm in trouble.
곤란에 빠졌어.

trousers
[tráuzərz] 트라우저즈 ■3259

명 바지, 즈봉

I have only two trousers.
바지가 두 벌만 있다.

trumpet
[trʌ́mpit] 트럼피트 ■3260

명 트럼펫, 나팔 타 자 나팔 불다

His trumpet used to send me.
그의 트럼펫은 늘 나를 흥분시키곤 했다.

trust
[trʌ́st] 트러스트 ■3261

명 신용, 신임 타 자 신뢰하다

Can I trust you?
제가 당신을 신뢰해도 될까요?

truth
[trúːθ] 트루-쓰 ■3262

명 진리, 진실, 사실, 참

She always speaks the truth.
그녀는 항상 진실을 얘기한다.

tube
[tjuːb] 튜-브
■ 3263
- 명 관, 튜우브, 지하철, 통

I bought a tube of toothpaste yesterday.
어제 치약을 샀다.

tumult
[tjúːməlt] 튜-멀트
■ 3264
- 명 소란, 떠들썩함, 혼란, 폭동

The tumult subsides.
소동이 가라앉다.

tune
[tjuːn] 튜-운
■ 3265
- 명 곡조, 멜로디 타 음조를 맞추다

The tune exactly fits the words.
곡이 가사에 꼭 들어맞는다.

turn
[təːrn] 터-언
■ 3266
- 타 자 돌리다, 켜다 명 회전

Turn to the left.
좌회전 하시오.

twice
[twais] 타이스
■ 3267
- 부 두번, 2회, 2배로

It was not necessary to tell him twice.
그에게 두 번 말할 필요가 없었다.

twin
[twín] 튄
■ 3268
- 형 쌍둥이의 명 쌍둥이중의 하나

The twins were born in 2009.
쌍둥이가 2009년에 태어났다.

type
[táip] 타잎
■ 3269
- 명 형, 전형 타 타이프라이터로 찍다

She's not my type.
그녀는 내 타입이 아니야.

3270
ugly
[ʌ́gli] 어글리

[형] 추한, 보기싫은, 불쾌한 [명] 보기 흉한 것

She is ugly enough to stop a clock.
그 여자는 둘도 없는 박색이다.

3271
ultimate
[ʌ́ltəmət] 얼터미트

[형] 최후의, 마지막의, 가장 먼

What is your ultimate aspiration?
궁극적인 소망은 무엇인가요?

3272
umbrella
[ʌmbrélə] 엄브렐러

[명] 우산

Take an umbrella with you.
우산 가지고 가거라.

3273
umpire
[ʌ́mpaiər] 엄파이어

[명] (경기의) 심판자 [타] [자] 심판하다

The umpire called him out.
심판은 그에게 아웃을 선언했다.

3274
unable
[ʌ̀néibl] 어네이벌

[형] ~할 수 없는, 연약한, 무력한

He was unable to attend the party.
그는 그 파티에 참석할 수 없었다.

3275
unanimous
[juːnǽnəməs] 유-내너머스

[형] 만장일치의, 이구동성의

They unanimous already have passed the bill.
그들은 이미 만장일치로 이 법안을 통과시켰다.

3276
unbearable
[ʌ̀nbέərəbl] 언베어러벌

[형] 참을 수 없는, 견딜 수 없는

The pain from a severe toothache is unbearable.
심한 치통으로 인한 고통은 참을 수가 없다.

U

uncertain [3277]
[ʌnsə́ːrtn] 언서-튼

형 의심스러운, 불안한

She was uncertain of success.
그녀는 성공의 확신이 없었다.

uncle [3278]
[ʌ́ŋkl] 엉클

명 백부, 숙부, 외삼촌, 고모부, 아저씨

When did I see the uncle?
내가 언제 그 삼촌을 봤어요?

unclean [3279]
[ʌnklíːn] 언크린

형 불결한, 더럽혀진, 부정한

It's unclean not to brush your teeth.
이를 닦지 않다니 불결하다.

uncomfortable [3280]
[ʌnkʌ́mfərtəbl] 언컴퍼터벌

형 불안한, 불편한, 거북한

Many people say seat belts are uncomfortable.
많은 사람들이 안전벨트는 불편하다고 말한다.

unconscious [3281]
[ʌnkʌ́nʃəs] 언칸셔스

형 무의식의, 부지중의, 모르는

My child suddenly became unconscious.
제 아이가 갑자기 의식을 잃었습니다.

under [3282]
[ʌ́ndər] 언더

전 ~아래에 부 ~속에 형 아래쪽의

What is under the desk?
책상 아래에 뭐가 있나요?

underground [3283]
[ʌ́ndərgràund] 언더그라운드

형 지하의, 비밀의 명 지하도

They are working underground.
그들은 지하에서 일하고 있다.

u

understand
[ʌ̀ndərstǽnd] 언더스탠드 ■3284
타 자 이해하다, 알아듣다

Do you understand me?
내 말 알겠니?

undertake
[ʌ̀ndərtéik] 언더테이크 ■3285
동 떠맡다, 인수하다, 착수하다

You must undertake the study as soon as possible.
너는 가능한 한 빨리 그 연구에 착수해야 한다.

underwear
[ʌ́ndərwɛ̀ər] 언더웨어 ■3286
명 내의, 속옷

He stripped down to his underwear.
그는 겉옷을 벗어 속옷 바람이 되었다.

undo
[ʌndúː] 언두우 ■3287
동 원상태로 돌리다, 취소하다

What's done cannot be undone.
엎질러진 물은 다시 담을 수 없다.

unemployed
[ʌ̀nimplɔ́id] 언임프로이드 ■3288
형 일이 없는, 실직한, 쓰지 않는

He told us he was unemployed.
그는 우리한테는 실업자라고 했다.

unfortunate
[ʌnfɔ́ːrtʃənət] 언포-쳐니트 ■3289
형 불행한 명 불운한 사람

She was unfortunate to lose her son.
그녀는 불행하게도 아들을 잃었다.

unhappy
[ʌnhǽpi] 언해피 ■3290
형 불행한, 비참한, 불운한

Why are you unhappy with your self?
왜 너는 스스로에 대해 행복하지 않니?

U

uniform
[júːnəfɔ̀ːrm] 유-니포옴

형 한결같은 명 제복

The students must attend school in uniform.
등교할 때에는 제복을 착용해야 한다.

unimportant
[ʌ̀nimpɔ́ːrtənt] 언임포-턴트

형 중요하지 않은, 보잘것없는

Your problems make mine seem unimportant.
네 문제를 보니 내 문제는 중요치 않은 것 같다.

union
[júːnjən] 유-니언

명 결합, 동맹, 일치, 합동

The union defied the management and went on strike.
노조는 경영진에 반발해 파업을 계속했다.

unique
[juːníːk] 유-니-크

형 유일의, 독자의, 진기한

What is unique about this program?
이 프로그램이 특별한 이유는 무엇인가요?

unit
[júːnit] 유-니트

명 한 개, 한 사람, 단위, 단일체

The family is the basic unit of a society.
가족은 사회의 기본단위이다.

unite
[juːnáit] 유-나이트

타 자 일치하다, 결합하다

The particles tend to unite.
입자들은 결합하려는 경향이 있다.

unity
[júː(ː)nəti] 유-너티

명 단일, 통일, 일치, 화합

They are discussing company unity.
그들은 회사간의 결속에 대해서 논의하고 있다.

u

universe ■3298
[júːnəvəːrs] 유-너버-스
명 우주, 만물, 전 세계
There are many stars in the universe.
우주에는 많은 별들이 있다.

university ■3299
[jùːnəvə́ːrsəti] 유-너버-시티
명 종합 대학교, 대학팀
She goes to a good university.
그녀는 좋은 대학에 다니고 있다.

unkind ■3300
[ʌ̀nkáind] 언카인드
형 불친절한, 매정한, 냉혹한
Her unkind words injured my pride.
그녀의 불친절한 말에 자존심이 상했다.

unknown ■3301
[ʌ̀nnóun] 언노운
형 알 수 없는, 미지의, 불명의
His whereabouts is unknown.
그는 행방불명이다.

unless ■3302
[ənlés] 언레스
접 만약 ~이 아니면, ~외에는
Study hard unless you want to be poor.
가난해지고 싶지 않다면 공부를 열심히 해라.

unlike ■3303
[ʌ̀nláik] 언라이크
형 다른 전 ~을 닮지 않고
Unlike you, hs is very gentle and thoughtful.
당신과 달리, 그는 매우 부드럽고 사려가 깊다.

unload ■3304
[ʌ̀nlóud] 언로우드
타 자 (짐을) 부리다, 내리다
Cargo was unloaded from the ship.
화물이 배에서 내려졌다.

U

unlucky ■3305
[ʌ̀nlʌ́ki] 언러키

형 불행한, 불운한, 운이 없는

The unlucky ones just disappeared.
불운한 사람들은 그냥 행방불명 되었다.

unnecessary ■3306
[ʌ̀nnésəsèri] 언네서세리

형 불필요한, 무익한, 쓸데없는

It's unnecessary for us to wait.
우리는 기다릴 필요는 없다.

unpleasant ■3307
[ʌ̀nplézənt] 언플레전트

형 불쾌한, 마음에 들지 않는

He was very unpleasant to me.
그는 나에게 몹시 불쾌하게 했다.

unreasonable ■3308
[ʌ̀nríːzənəbl] 언리-저너벌

형 부조리한, 터무니없는

The price is unpleasonable.
그 가격은 경우에 없습니다.

until ■3309
[əntíl] 언틸

전 까지 접 ~때까지

Wait here until I come back.
내가 돌아올때까지 여기서 기다려라.

unwilling ■3310
[ʌ̀nwíliŋ] 언윌링

형 본의가 아닌, 마음내키지 않는

He gave an unwilling consent.
그는 마지못해 승낙을 하였다.

up ■3311
[ʌ́p] 업

부 위쪽으로, 위로 전 ~의 위로

He walked up and down the room.
그는 방을 왔다갔다 했다.

u

upper ■ 3312
[ʌ́pər] 어퍼
형 위의, 상부의, 상위의

She seems to have the upper hand.
그녀가 우위를 점하는 것 같습니다.

upright ■ 3313
[ʌ́pràit] 업라이트
형 곧은, 곧게 선, 올바른, 정직한 부 똑바로

He is an honest, upright person.
그는 정직하고 똑바른 사람이다.

upset ■ 3314
[ʌpsét] 업세트
동 뒤집어 엎다 명 전복

Is that what you're upset about?
그것 때문에 화난 거예요?

upstairs ■ 3315
[ʌ́pstéərz] 엎스테어즈
부 2층에, 위층으로 형 2층의

Why don't we go upstairs?
우리 위층으로 올라갈까?

upward ■ 3316
[ʌ́pwərd] 엎워드
형 상승하는, 향상하는 부 위쪽으로

Stretch your arms upward, over your head.
두 팔을 머리 위 쪽으로 쭉 펴세요.

urge ■ 3317
[əːrdʒ] 어-쥐
타 몰아내다, 재촉하다 명 자극

I couldn't resist the urge to tell the truth.
진실을 이야기하고 싶은 충동을 도저히 억제할 수 없었어요.

urgent ■ 3318
[ə́ːrdʒənt] 어전트
형 긴급한, 중요한, 절박한

What was so urgent it couldn't wait?
무엇이 그렇게 긴급하기에 기다릴 수 없었나요?

U

usage ■3319
[júːsidʒ] 유-시쥐

명 사용법, 취급법, 관습, 습관

The diskette is going out of usage.
디스켓은 쓰이지 않게 되고 있다.

use ■3320
[júːs] 유-스

명 사용, 이용, 용법, 실용

The copying machine is in use.
복사기는 사용 중이다.

use ■3321
[júːz] 유-즈

타 쓰다, 사용하다, 취급하다, 소비하다

May I use your telephone?
전화 좀 써도 될까요?

used ■3322
[júːst] 유-스트

형 ~에 익숙하여 자 ~하곤 했다(to)

He used to slough over my ability.
그는 내 능력을 무시하곤 했다.

useful ■3323
[júːsfəl] 유-스펄

형 유용한, 편리한, 도움이 되는

This dictionary is very useful.
이 사전이 매우 도움이 된다.

useless ■3324
[júːslis] 유-슬리스

형 쓸모 없는, 무익한, 헛된

You can have it because it is useless to me.
그건 나한테 쓸모 없으니까 네가 가져도 돼.

usher ■3325
[ʌ́ʃər] 어셔

명 안내인, 수위 타 안내하다

The usher conducted me into the seat.
안내인이 나를 자리로 안내해 주었다.

usual
[júːʒuəl] 유-주얼

📖 보통의, 평소의, 평범한

He left home at the usual time.
그는 항상 그 시간에 집을 떠났다.

usually
[júːʒuəli] 유-쥴리

📖 보통, 언제나, 평소에

I usually get up at seven.
나는 대개 일곱 시에 일어난다.

utensil
[juːténsəl] 유-텐설

📖 가정용품, (부엌)세간, 도구

Cooking utensils are provided in the kitchen.
요리 기구들이 주방에 갖춰져 있다.

utility
[uːtíləti] 유-틸러티

📖 유용, 실용, 유익

It is of no utility.
그건 쓸모가 없다.

utilize
[júːtəlàiz] 유-털라이즈

📖 이용하다, 활용하다

We can utilize the sun as an energy source.
우리는 태양을 에너지원으로 이용할 수 있다.

utmost
[ʌ́tmòust] 엇모우스트

📖 극도의, 최대의 📖 최대한도

We are resolved to do our utmost.
우리는 최선을 다할 결심이다.

utter
[ʌ́tər] 어터

📖 철저한, 온전한 📖 말하다

He did not utter a word about the case.
그는 그 사건에 대해 한 마디도 말하지 않았다.

V

vacant ■ 3333
[véikənt] 베이컨트

형 공허한, 빈, 비어 있는

There are a couple of vacant aisle seats.
통로쪽 빈 좌석이 두 자리 있습니다.

vacation ■ 3334
[veikéiʃən] 베이케이션

명 휴가, 방학 자 휴가를 얻다

I had a lonely vacation.
나는 쓸쓸한 휴가를 가졌어.

vague ■ 3335
[véig] 베이그

형 애매한, 분명치 않은, 막연한

His speeches are always too vague.
그의 연설은 언제나 너무 모호하다.

valley ■ 3336
[væli] 밸리

명 골짜기, 계곡, (강의) 유역

The San Fernando valley is very beautiful.
센 페르난도 계곡은 매우 아름답다.

valuable ■ 3337
[væljuəbl] 밸류어벌

형 소중한, 값비싼, 귀중한

Gold is valuable to everybody.
금은 누구에게나 가치가 있는 것이다.

value ■ 3338
[vælju:] 밸류-

명 가치, 값어치 타 평가하다

The house to the value of five million dollars collapsed during the earthquake.
오백만 달러 가치의 저택이 지진으로 무너졌다.

vanish ■ 3339
[væniʃ] 배니쉬

자 사라지다, 자취를 감추다

He vanished behind the dark forest.
그는 어두운 숲 속으로 사라져버렸다.

vanity
[vǽnəti] 배너티 ■ 3340

명 공허, 무가치, 무익, 허무

The pomps and vanities will bring the destruction.
허영은 파멸을 부를 것이다.

variation
[vɛ̀əriéiʃən] 베어리에이션 ■ 3341

명 변화, 변동, 변화물, 변이

It shows a wide range of variations.
그것은 폭넓은 다양성을 보여준다.

various
[vɛ́əriəs] 베어리어스 ■ 3342

형 다른, 여러 가지의, 틀리는

This store has various kinds of computers.
이 가게는 다양한 종류의 컴퓨터를 가지고 있다.

vary
[vɛ́əri] 베어리 ■ 3343

동 바꾸다, 변하다, 변경하다

The rates vary according to the distance.
운임은 거리에 따라 다르다.

vast
[væst] 베스트 ■ 3344

형 거대한, 광대한, 굉장히

The cost reached to a vast amount.
비용은 막대한 금액에 달했다.

vegetable
[védʒətəbl] 베저터벌 ■ 3345

명 푸성귀, 야채, 식물 형 식물의

Eat more vegetables.
야채를 좀 더 드세요.

vehement
[víːəmənt] 비-어먼트 ■ 3346

형 간절한, 열렬한, 격렬한

The labor union vehemently opposed the new overtime rules.
노조는 새로운 잔업 규정에 격렬히 반대했다.

vehicle
[víːikl] 비-컬 ■3347

명 차량, 탈 것, 매개물

Air is the vehicle of sound.
공기는 소리의 매개물이다.

venerable
[vénərəbl] 베너러벌 ■3348

형 존경할 만한, 존엄한, 훌륭한

This building bis venerable.
이 건물은 고색창연하다.

venture
[véntʃər] 벤쳐 ■3349

명 모험 타 자 감히 하다

He has over 10 joint venture companies in China.
그는 중국에 10여개의 합작회사를 가지고 있다.

verify
[vérəfài] 베러파이 ■3350

타 확인하다, 입증하다, 증명하다

Can anyone verify that?
그것을 증명해 줄 사람있어요?

version
[və́ːrʒən] 버-전 ■3351

명 번역, 역서, 해석

It's the redacted version.
그것은 수정본입니다.

vertical
[və́ːrtikəl] 버-티컬 ■3352

형 수직의, 세로의, 연직의

Floors are horizontal and walls are vertical.
바닥들은 수평하고 벽들은 수직이다.

very
[véri] 베리 ■3353

부 대단히, 매우, 참말로 형 참된

It is not very cold today.
오늘은 별로 춥지 않다.

victim
[víktim] 빅텀 ■ 3354

명 희생(자), 피해자, 조난자

His wife was a victim of deception.
그의 아내는 사기의 희생자였다.

victory
[víktəri] 빅터리 ■ 3355

명 승리, 극복

A victory is a success in a competition.
승리는 경쟁에서의 성공이다.

view
[vjúː] 뷰- ■ 3356

명 경치, 시력, 의견 동 보다

We have a room with a view.
전망 좋은 방이 있습니다.

village
[vílidʒ] 빌리쥐 ■ 3357

명 마을, 촌(락)

I used to live in that village.
나는 그 마을에서 살았었어.

violence
[váiələns] 바이얼런스 ■ 3358

명 맹렬, 폭력, 난폭, 침해

There was an upsurge in violence.
폭력이 급증했다.

virtue
[vɚ́ːrtʃuː] 버-츄- ■ 3359

명 덕, 미덕, 장점, 가치

Virtue is its own reward.
덕행은 그 자체가 보상이다.

visible
[vízəbl] 비저벌 ■ 3360

형 눈에 보이는, 명백한, 실제의

The city was visible in the distance.
도시가 저 멀리 보였다.

V

vision ■ 3361
[víʒən] 비젼
명 시력, 시각, 상상력, 선견

His mental vision is broad.
그는 시야가 넓다.

visit ■ 3362
[vízit] 비짓
타 자 방문하다 명 방문, 견학

Have you ever visited Gyeongju?
경주에 가 본 적이 있니?

visitor ■ 3363
[vízitər] 비지터
명 방문자, 문병객, 손님

I'm not a visitor.
난 방문객이 아니야.

vital ■ 3364
[váitl] 바이틀
형 생명의, 생명이 있는

The heart is a vital organ.
심장은 매우 중요한 기관이다.

voice ■ 3365
[vɔ́is] 보이스
명 목소리, 음성 타 목소리를 내다

He spoke in a loud voice.
그는 큰 소리로 말했다.

volume ■ 3366
[válju:m] 발류-ㅁ
명 권, 책, 서적, 부피, 양

Can you turn up the volume?
볼륨 좀 올려줄래요?

vote ■ 3367
[vóut] 보우트
명 표결, 투표 타 투표하다

I'll vote for Barack Obama.
나는 버락 오바마를 뽑겠어.

wage
[wéidʒ] 웨이쥐 ■ 3368

명 임금 타 (전쟁, 투쟁을) 수행하다

The union successfully negotiated a higher wage.
노조는 임금 인상 협상에 성공했다.

wagon
[wǽgən] 왜건 ■ 3369

명 4륜의 짐마차, 화차, 왜건

Do you mind moving this wagon?
마차 좀 옮겨 주실래요?

waist
[wéist] 웨이스트 ■ 3370

명 허리, 요부, 중앙부

She has a slim waist.
그녀는 허리가 날씬해요.

wait
[wéit] 웨이트 ■ 3371

타 자 기다리다, 대기하다, 모시다

I waited for the train for an hour.
열차를 한 시간 기다렸다.

wake
[wéik] 웨이크 ■ 3372

타 자 깨다, 일어나다, 잠깨다

I woke up at five this morning.
아침 5시에 눈을 떴다.

walk
[wɔ́ːk] 워-크 ■ 3373

타 자 걷다, 산책하다 명 산보

She generally walks to school.
그녀는 대개 걸어서 학교에 간다.

wall
[wɔ́ːl] 워-얼 ■ 3374

명 벽, 담, 둑 타 담을 싸다

There is a map on the wall.
벽에 지도가 있다.

W

wallet ■ 3375
[wálit] 왈리트

명 지갑, 돈주머니, (여행용) 바랑

Give me back my wallet!
지갑 돌려줘요!

wander ■ 3376
[wándər] 원더

타 자 돌아다니다, 헤매다, 방랑하다

I wandered lonely all night.
나는 밤새도록 외롭게 방랑하였다.

want ■ 3377
[wɔ́ːnt] 원트

타 자 원하다, 탐내다 명 결핍

She wanted to buy the dress.
그녀는 그 드레스를 사고 싶어 했다.

war ■ 3378
[wɔ́ːr] 워-

명 전쟁, 싸움 자 전쟁하다

No one wants to start a war here.
여기에서 아무도 전쟁을 원하는 사람은 없다.

warfare ■ 3379
[wɔ́ːrfɛ̀ər] 워-페어

명 전쟁, 교전, 싸움

Fierce warfare is not an immediate prospect.
격렬한 전쟁이 금방 일어날 가망은 없다.

warm ■ 3380
[wɔ́ːrm] 워-엄

형 따뜻한 타 자 따뜻하게 하다

It is warm inside.
안은 따뜻해.

warn ■ 3381
[wɔ́ːrn] 워-언

타 자 경고하다, 주의하다

The judge warns him to appear in court.
그 판사는 그에게 법원에 나오라고 경고했다.

W

warrant ■ 3382
[wɔ́:rənt] 워런트

명 근거, 보증, 권리 타 보증하다

Diligence is a sure warrant of success.
근면은 성공의 확실한 보증이다.

wash ■ 3383
[wáʃ] 와쉬

타 자 씻다, 빨다 명 세탁

Wash the dishes.
접시를 씻어라.

waste ■ 3384
[wéist] 웨이스트

형 거친 타 자 낭비하다 명 황무지

Then this is a waste of time.
그럼 이건 시간 낭비군.

watch ■ 3385
[wátʃ] 와취

명 회중시계, 경계 타 자 주시하다

I watch television every night.
나는 매일 저녁 텔레비전을 본다.

water ■ 3386
[wɔ́:tər] 워-러

명 물, 호수, 바다 타 자 물을 주다

We can't live without water.
우리는 물 없이는 살 수 없다.

wave ■ 3387
[wéiv] 웨이브

명 물결, 파도 타 자 물결치다

He waved his arms about.
그는 팔을 흔들었다.

way ■ 3388
[wéi] 웨이

명 길, 도로, 통로, 진로, 방향

Please tell me the way to the zoo.
동물원으로 가는 길 좀 가르쳐 주세요.

W

weak ■3389
[wíːk] 위-크

형 약한, 힘 없는, 무력한

He has a weak body.
그는 몸이 약하다.

wealth ■3390
[wélθ] 웰쓰

명 부, 재산, 풍부, 부유

He's from a wealthy family.
그는 부유한 집안사람이다.

weapon ■3391
[wépən] 웨펀

명 무기, 병기, 흉기

North Korea tested a nuclear weapon.
북한은 핵무기 실험을 했다.

wear ■3392
[wɛ́ər] 웨어

동 입고 있다 명 착용, 소모

He wore a coat.
그는 코트를 입고 있었다.

weary ■3393
[wíəri] 위어리

형 피로한, 지쳐있는, 피곤한

I am weary in body and mind.
몸과 마음이 모두 지친다.

weather ■3394
[wéðər] 웨더

명 일기, 날씨 타 자 풍화하다

How is the weather today?
오늘 날씨는 어떻습니까?

web ■3395
[wéb] 웹

명 거미집, 거미줄

I run a web site.
난 웹사이트를 운영한다.

wedding
[wédiŋ] 웨딩 ■ 3396

명 결혼, 결혼식, 혼례

I look forward to seeing you at my wedding.
제 결혼식에서 뵙기를 고대하고 있습니다.

Wednesday
[wénzdei] 웬즈데이 ■ 3397

명 수요일(약어 Wed.)

Wednesday afternoon would be better for me.
수요일 오후가 괜찮은데요.

week
[wíːk] 위-크 ■ 3398

명 주, 일주일간, 7일간

What day of the week is it today?
오늘은 무슨 요일이니?

weigh
[wéi] 웨이 ■ 3399

타 자 저울에 달다, 무게를 달다

How much do you weigh?
체중이 얼마냐고?

weight
[wéit] 웨이트 ■ 3400

명 무게, 체중 타 무겁게 하다

I lost some weight.
살 좀 뺐어요.

welcome
[wélkəm] 웰컴 ■ 3401

명 환영 형 환영받는 타 환영하다

Welcome to Korea.
한국에 오신 걸 환영합니다.

welfare
[wélfɛ̀ər] 웰페어 ■ 3402

명 복지사업, 복지, 후생

The government tried to promote the welfare of the people.
정부는 국민의 복지 증진에 노력했다.

W

well
[wél] 웰
■ 3403
명 샘 부 잘, 훌륭히 형 건강한 관 저런

He can speak English well.
그는 영어를 잘 한다.

west
[wést] 웨스트
■ 3404
명 서쪽 형 서쪽의 부 서쪽에

The sun goes down to the west.
태양은 서쪽으로 진다.

wet
[wét] 웨트
■ 3405
형 젖은, 축축한 자 적시다, 젖다

I was wet through.
흠뻑 젖었다.

what
[hwát] 와트
■ 3406
대 어떤 것, 얼마, 무엇 형 무슨, 어떤

What color is your car?
네 차는 무슨 색이니?

wheel
[hwíːl] 휘-일
■ 3407
명 바퀴, 수레바퀴, 차륜

The worn wheel must be repaired.
낡은 바퀴를 수리해야 한다.

when
[hwén] 웬
■ 3408
부 언제 접 ~할 때 대 언제

When did you buy the watch?
언제 시계를 샀어요?

where
[hwɛ́ər] 웨어
■ 3409
부 어디에, 어느 위치에 명 장소

Where did she go?
그녀는 어디 갔니?

492

W

whether [3410]
[hwéðər] 웨더

접 ~인지 어떤지, ~인지 또는

He asked whether she could help him.
그녀가 그를 도울 수 있는지 물었다.

which [3411]
[hwítʃ] 휘치

대 어느 것, 어느 쪽 형 어느 쪽의

Which is your racket?
어느 쪽이 네 라켓이니?

while [3412]
[hwáil] 화일

명 때, 시간, 잠시 접 ~하는 동안에

Be quiet while I am speaking.
내가 이야기하고 있는 동안은 조용히 해라.

whisker [3413]
[hwískər] 휘스커

명 구레나룻, (고양이, 쥐의) 수염

Only he is wearing whiskers.
오직 그만이 턱수염이 있다.

whisper [3414]
[hwíspər] 휘스퍼

타 자 속삭이다 명 속삭임

What do they whisper about?
그들이 뭐라고 속삭이는 거야?

whistle [3415]
[hwísl] 휘슬

타 자 휘파람을 불다 명 휘파람, 호각

He can whistle a tune.
그는 휘파람으로 노래를 부를 수 있다.

white [3416]
[hwáit] 화이트

형 흰, 백색의, 창백한 명 흰옷

I like that white dress more.
저 하얀 드레스가 더 좋아.

W

who
[húː] 후-
■ 3417
때 누구, 어떤 사람, ~하는 사람

Who wrote this book?
누가 이 책을 썼지?

whole
[hóul] 호울
■ 3418
형 전체의, 전부의, 모든 명 전부

You ruined the whole plan.
네가 모든 계획을 망쳤어.

wholesome
[hóulsəm] 호울섬
■ 3419
형 건강에 좋은, 건전한, 위생적인

Jogging is a wholesome exercise.
조깅은 건강에 좋은 운동이다.

why
[hwái] 와이
■ 3420
부 왜, 어째서, ~하는 명 이유

Why did he come here?
왜 그가 여기에 왔니?

wicked
[wíkid] 위키드
■ 3421
형 나쁜, 사악한, 심술궂은

The wicked have regained their strength.
악의 세력이 다시 살아났다.

wide
[wáid] 와이드
■ 3422
형 폭이 넓은, 너른, 낙낙한

An ordinarily wide road is a "street."
전형적인 넓은 길을 도로라고 부른다.

width
[wídθ] 위드쓰
■ 3423
명 넓이, 폭

It has a width of one meter.
그것은 폭이 1미터이다.

wife
[wáif] 와이프 ■ 3424

명 처, 아내, 부인, 마누라

My wife loves me a lot.
내 아내는 나를 많이 사랑한다.

wild
[wáild] 와일드 ■ 3425

형 야생의, 야만의 부 난폭하게

Wild hedgehog can swim well.
야생 고슴도치는 수영을 잘한다.

will
[wíl] 윌 ■ 3426

조 ~할 것이다 명 의지, 결의

He will come back soon.
그는 곧 돌아올 것이다.

win
[wín] 윈 ■ 3427

동 획득하다, 이기다 명 승리

He exerted himself to win the race.
그는 경주에 이기기 위해 노력했다.

wind
[wínd] 윈드 ■ 3428

명 바람, 강풍 동 바람에 쐬다

The wind is strong.
바람이 강하다.

window
[wíndou] 윈도우 ■ 3429

명 창, 창구, 유리창, 창틀

Can I open the window?
내가 창문을 열어도 될까요?

wine
[wáin] 와인 ■ 3430

명 포도주, 과실주, 검붉은 빛

Shall we drink Wine?
와인 마실까요?

W

wing ■ 3431
[wíŋ] 윙

몡 날개 태 날개를 달다, 날리다

How big are your wings?
너 날개가 얼마만 하냐?

wink ■ 3432
[wíŋk] 윙크

태 재 눈을 깜박이다, 눈짓하다 몡 눈짓

He gave me a knowing wink.
그는 나를 보고 알았다는 눈짓을 했다.

winter ■ 3433
[wíntər] 윈터

몡 겨울, 만년 태 재 겨울을 나다

Snow comes in winter.
눈은 겨울에 온다.

wire ■ 3434
[wáiər] 와이어

몡 철사, 전선 태 재 철사로 묶다

Connect this wire to that.
이 철사를 저것과 연결시켜라.

wisdom ■ 3435
[wízdəm] 위즈덤

몡 지혜, 현명, 학문, 분별

Knowledge has little to do with wisdom.
지식은 지혜와 별로 관계가 없다.

wise ■ 3436
[wáiz] 와이즈

형 현명한, 분별 있는 태 재 알다

A wise man is strong.
현명한 사람은 강하다.

wish ■ 3437
[wíʃ] 위쉬

태 재 원하다, 바라다 몡 소망

I wish to go to France.
나는 프랑스에 가고 싶다.

W

with ■ 3438
[wið] 위드

전 ~와 함께, ~을 가진

I went to church with him.
그와 함께 교회에 갔다.

withdraw ■ 3439
[wiðdrɔ́ː] 위드로-

타 물러서게 하다, 회수하다, 인출하다

How much money would you like to withdraw?
어느 정도 금액을 인출하고 싶으세요?

wither ■ 3440
[wíðər] 위더

타 자 시들다, 쇠퇴시키다

These blooms are withering.
이 꽃들은 시들어 가고 있다.

withhold ■ 3441
[wiθhóuld] 위드호울드

타 자 보류하다, 억누르다

He withhold his payment.
그는 지불을 보류하고 있다.

witness ■ 3442
[wítnis] 위트니스

명 증인 타 자 목격하다, 증언하다

The witness may step down.
증인은 내려가도 좋습니다.

wolf ■ 3443
[wúlf] 울프

명 이리(동물), 탐욕스런 사람

A wolf tried to attack me.
늑대가 날 공격하려고 했어.

wonder ■ 3444
[wʌ́ndər] 원더

명 놀라움, 경이, 경탄 타 자 놀라다

I was just wondering.
단지 궁금했을 뿐이야.

W

wonderful 3445
[wʌ́ndərfəl] 원더펄

형 놀라운, 불가사의한, 훌륭한

We enjoyed a wonderful trip.
우리는 멋진 여행을 했다.

wood 3446
[wúd] 우드

명 숲, 수풀, 삼림, 나무, 재목

This desk is made of wood.
이 책상은 나무로 되어 있다.

wool 3447
[wúl] 울

명 양털, 털실, 모직물, 울

This coat is made of natural wool.
이 코트는 자연산 양모로 만들어졌습니다.

word 3448
[wə́ːrd] 워-드

명 말, 단어, 서언, 낱말

What does this word mean?
이 말은 무슨 뜻이니?

work 3449
[wə́ːrk] 워-크

명 일, 작업 타 자 일하다

She works at the store.
그녀는 그 가게에서 일한다.

world 3450
[wə́ːrld] 워-얼드

명 지구, 현세, 세상, 인류, 세속 형 세계의

The world is beautiful.
세상은 아름답다.

worry 3451
[wə́ːri] 워-리

동 괴롭히다, 고민하다, 걱정시키다

Don't worry about the exam.
시험 따위는 걱정하지 마라.

498

W

worse
[wə́ːrs] 워-스
형 보다 나쁜 **부** 더욱 나쁘게

This dress is worse than that.
이 드레스는 저것보다 나쁘다.

worship
[wə́ːrʃip] 워-십
명 숭배, 경모 **동** 숭배하다

Don't worship the author of evil.
악마를 숭배하지 마라.

worth
[wə́ːrθ] 워-쓰
형 ~만큼의 값어치가 있는 **명** 가치

It's not worth it.
그것은 그럴만한 가치가 없어.

wound
[wúːnd] 우-운드
명 부상, 상처, 타격 **타** 상처입히다

He was wounded in the war.
그는 전쟁 중에 부상을 당했다.

wrap
[rǽp] 랩
동 싸다, 덮다 **명** 싸개, 덮개

Can you wrap this up, please?
이것 좀 싸 주시겠어요?

write
[ráit] 라이트
타 **자** 쓰다, 저작하다, 기록하다

Please write a letter in English.
영어로 편지를 써주세요.

wrong
[rɔ́ːŋ] 로-옹
형 부정의 **타** 해치다 **명** 부정

Your answer is wrong.
너의 대답은 틀렸다.

Y

yard ■3459
[jɑ́ːrd] 야-드

명 울안, 마당, 구내, 야드(길이의 단위)

It's only 120 yards long.
110미터 정도밖에 안 돼요.

yawn ■3460
[jɔ́ːn] 요-ㄴ

타 자 하품하다 **명** 하품, 틈

Yawning is infectious.
하품은 전염된다.

year ■3461
[jíər] 이어

명 년, 해, 연도, 나이, 연령

A year has twelve months.
한 해는 열두 달이다.

yell ■3462
[jél] 옐

타 자 고함치다, 외치다 **명** 고함

She yelled with delight.
그녀는 기쁜 나머지 소리질렀다.

yellow ■3463
[jélou] 옐로우

형 황색의 **명** 황색, 노란 옷

The yellow flower is very pretty.
그 노랑꽃은 매우 예쁘네요.

yesterday ■3464
[jéstərdèi] 예스터데이

명 부 어제, 어저께, 과거

What did you do yesterday?
어제 뭐했니?

yet ■3465
[jét] 예트

부 아직, 지금까지 **접** 그럼에도 불구하고

He has not come yet.
그는 아직 오지 않았다.

W

yield
[jíːld] 일-드 ■ 3466

타 자 산출하다, 생기게 하다 **명** 산출

Young men should not yield up to any temptation.
젊은이는 어떤 유혹에도 져서는 안 된다.

young
[jʌ́ŋ] 영 ■ 3467

형 젊은, 어린 **명** (동물의) 새끼

She is young and smart.
그녀는 젊고 영리하다.

youngster
[jʌ́ŋstər] 영스터 ■ 3468

명 어린이, 젊은이, 청소년

The game is popular among the youngsters.
그 게임은 젊은이들 사이에서 인기가 있다.

youth
[júːθ] 유-쓰 ■ 3469

명 젊음, 청춘, 원기, 혈기

The youth of my life was all about you.
내 젊은 시절은 온통 너에 관한 것이었어.

zeal
[zíːl] 지-일 ■ 3470

명 열심, 열중, 열성, 열정

He works with zeal for his company.
그는 회사를 위해 열심히 일한다.

zero
[zíːrou] 지어로우 ■ 3471

명 제로, 영점, 영, 최하점

To repeat this message, press zero.
메시지 반복 청취는 0번을 눌러 주십시오.

zone
[zóun] 조운 ■ 3472

명 띠, 지대 **타 자** 띠로 두르다

Japan is in an earthquake zone.
일본은 지진대에 속해 있다.

무한지존 영단어 VOCA

2판 3쇄 발행 | 2019년 1월 25일

엮은이 | 영어학습연구회
감수자 | 정희영
펴낸이 | 윤다시
펴낸곳 | 도서출판 예가

주소 | 서울시 영등포구 영신로 45길 2
전화 | 02) 2633-5462
팩스 | 02) 2633-5463
E-mail | yegabook@hanmail.net
블로그 | http://blog.daum.net/yegabook
등록번호 | 제 8-216호

ISBN 978-89-7567-531-7 13740

※ 잘못된 책은 바꿔드립니다.
※ 가격은 표지 뒷면에 있습니다.
※ 인지는 저자와의 합의하에 생략합니다.